国家出版基金项目
NATIONAL PUBLICATION FOUNDATION

曾巩学术思想研究

罗克洲 著
朱文娟 李林芳 整理

ZENG GONG XUESHU SIXIANG YANJIU

曾巩研究书系
ZENG GONG YANJIU SHUXI

闵定庆 主编

江西高校出版社
JIANGXI UNIVERSITIES AND COLLEGES PRESS

图书在版编目（CIP）数据

曾巩学术思想研究 / 罗克洲著 . 朱文娟，李林芳整理 . -- 南昌：江西高校出版社，2022.12
（曾巩研究书系 / 闵定庆主编）
ISBN 978-7-5762-2297-5

Ⅰ.①曾… Ⅱ.①罗… ②朱… ③李… Ⅲ.①曾巩（1019-1083）— 思想评论 Ⅳ.① K825.6

中国版本图书馆 CIP 数据核字 (2021) 第 251446 号

出版发行	江西高校出版社
社　　址	江西省南昌市洪都北大道 96 号
总编室电话	（0791）88504319
网　　址	www.juacp.com
印　　刷	浙江海虹彩色印务有限公司
经　　销	全国新华书店
开　　本	700mm×1000mm　1/16
印　　张	22
字　　数	300 千字
版　　次	2022 年 12 月第 1 版 2022 年 12 月第 1 次印刷
书　　号	ISBN 978-7-5762-2297-5
定　　价	66.00 元

赣版权登字 -07-2021-1568
版权所有　侵权必究
图书若有印装问题，请随时向本社印制部（0791-88513257）退换

主编简介

闵定庆，男，江西永修人，1964年生，苏州大学中国古代文学博士、中山大学中国古代文学博士后。现任华南师范大学文学院中国近代文学研究室主任，教授。主要研究方向为唐宋文学、近代文学、古籍整理。

作者简介

罗克洲，男，1949年生。文学博士，研究领域：曾巩学术思想、语文教育学、编辑学等。

整理者简介

朱文娟，女，河南驻马店人，1995年生，2014年至2018年就读于长春师范大学文学院中文系，获文学学士学位。2018年9月考入华南师范大学中国古代文学专业学习，师从闵定庆教授，从事近代文学的研究，于2021年6月获文学硕士学位。现为深圳市光明区理创实验学校语文教师。

李林芳，女，江西赣州人，1996年生，2014年至2018年就读于赣南师范大学中文系，获文学学士学位。2018年9月考入华南师范大学中国古代文学专业学习，师从闵定庆教授，研究方向为近代文学，获文学硕士学位。2021年9月至今，在深圳市光明区玉律学校工作，任初中语文教师。

总　序

曾巩（1019—1083），字子固，北宋建昌军南丰（今江西省南丰县）人，北宋文学家、史学家、政治家，人称"南丰先生"。曾巩早年遭逢变故，一方面"经营食众口，四方走遑遑"，一方面刻苦治学，备尝艰辛困苦，迟至三十九岁才得中进士。虽偃蹇不偶，却久负才名，在文学、经学、史学、金石、治政等方面皆取得巨大成就。他追随欧阳修进行诗文革新，成为北宋古文运动的骨干，其文在当时极受欢迎，"学士大夫手抄口诵，唯恐得之晚"。在学术方面，敬承欧学之"醇"，与欧阳修一起推动"孟子升格"运动，又折冲于张载、二程之间，上续孟韩，下启濂洛，对"宋学"的形成起到了不可替代的作用；馆阁九年，校勘古籍，成就斐然，尽传向、歆校雠学的精髓。在为政方面，他不愿卷入无谓的政治争斗，自求外放，相继主政七州，居官勤政廉洁，积极造福一方，深受百姓的爱戴，南昌"子固路"，济南"南丰祠""南丰桥""曾堤"等"活地名"，就是当地百姓对这位地方长官的肯定。

曾巩是两宋时期一颗极其耀眼的"明星"，当时有"两宋文人半江西"之说，曾巩与众多江西文人一起谱写了江西文化史上最璀璨的篇章。他有力推动了"宋学"的建立，在很大程度上改变了中国封建后期文化史的建设，为后学奉为"千古醇儒"。一代宗师欧阳修视其为"传人"，亲授经史、文学之"秘"。王安石有诗赞云："曾子文章众无有，水之江汉星之斗。"

陈师道有诗称道："向来一瓣香，敬为曾南丰。"朱熹更奠定了"曾巩崇拜"的基调，他说："公之文高矣，自孟、韩以来，作者之盛，未有至于斯。"故《宋史·曾巩传》做了以下"定论"："曾巩立言于欧阳修、王安石间，纡徐而不烦，简奥而不晦，卓然自成一家，可谓难矣。……宋之中叶，文学法理，咸精其能，若刘氏、曾氏之家学，盖有两汉之风焉。"明初朱右创辑《八先生文集》，由此开启中国文化史上独具特色的"唐宋八大家"选学系统与文脉体系。清初张伯行编《唐宋八大家文钞》，于曾文情有独钟，选文一百二十八篇，略等于欧、三苏、王之文的总和。清乾隆帝《唐宋文醇》不但选曾文最多，且于评点中再三致意，抉出"醇儒"风致。曾巩，作为一个"文学－文化现象"，很早就为人所瞩目，并一度形成了"曾巩崇拜"。无论是就中国文化史而言，还是就中国文学史而言，曾巩作为一个标志性人物，一直是人们无法绕过去的"明星般的存在"。

1983年，江西省有关部门发起、组织了曾巩逝世九百周年的纪念活动，会议论文集结为《曾巩研究论文集》，引发了曾巩研究的热潮。2019年，适逢曾巩诞辰一千年。我们认为，最好的纪念便是恢复曾巩本来的面目，既可消除"唐宋八大家""千古醇儒"等标签化认知，又可祛"唐宋八大家中最不受重视的一个"等论述的"悲情"之魅。在全球化的文化语境中，如何以现代的、宏通的视野，按严格的学术规范，对曾巩其人其文进行新的整合、新的理解、新的思考，描摹其内在精神、个性特征、独特内涵，并做好传统价值的转换工作，揭示其现实意义，运圆览之力，收会通之功，塑造出一个南丰的、江西的、中国的、世界的曾巩形象，是我们应该担当起的一项迫切而光荣的使命。

有鉴于此，我们诚邀海内外曾巩研究专家共襄盛举。他们当中既有学有凤成的文化名家，也有崭露头角的学术新锐，大家分工协作，从曾巩的家族、年谱、传记、思想、诗歌、散文、学术及接受史等方面切入，运用了新材料和新发现，多维、立体、全面地展现曾巩的文学造诣、学术成就，及他对中华优秀传统文化的发展所做出的重大贡献。各书稿均为重新撰作，充分吸收学界的研究成果，并在此基础上有所出新，体现出材料新、语境新、观点新的特点。我们深知，由于学力有限，见闻不广，必然出现这样或那样的问题，在此，热切期盼各位方家、读者批评指正，在以后的研究和写作中一定加以改进、提高。

闵定庆
己亥五月于华南师范大学

目 录

绪言 /001

第一章 时代背景与思想渊源

第一节 宋代的学术环境 /005

一、政治情势 /006

二、社会环境 /008

三、科举制度 /012

四、学校制度 /015

第二节 北宋儒学的发展 /020

一、宋初诸帝的倡导 /021

二、宋初儒学的风气 /023

三、先驱人物的风范 /026

第三节 思想渊源 /031

一、师友影响 /031

二、家学环境 /038

第二章 曾巩的经学思想

第一节 曾巩的经学基础 /062

一、对经学历史的回顾 /063

二、成长岁月中的体认 /066

三、对经学研究的意见 /070

四、曾巩与经学的发展　　/078

第二节　曾巩的修身思想　　/082

　　一、传承与延续　　/082

　　二、天命与人事　　/088

　　三、治心与养性　　/098

　　四、格物与致知　　/108

　　五、认知与表达　　/113

　　六、论学与思辨　　/122

第三节　曾巩的为政思想　　/132

　　一、为政的态度　　/134

　　二、中庸与王道　　/145

　　三、德化的治术　　/154

　　四、教导的内容　　/162

　　五、政刑的施用　　/179

第三章　曾巩的史学思想

第一节　宋初的史学环境　　/188

　　一、官修史书缘起　　/189

　　二、宋初修史纪要　　/191

第二节　曾巩早期的史书因缘　　/193

　　一、参与欧阳修史事　　/194

　　二、序《新五代史》事　　/200

　　三、曾巩叙录《陈书》　　/201

第三节　曾巩与目录学　/203

　　一、缘起　/203

　　二、目录考原　/205

　　三、曾巩的"目录序"　/210

　　四、曾巩的目录学成就　/217

第四节　曾巩与《英宗实录》　/219

　　一、奉诏编修实录　/219

　　二、参与编修官员　/221

　　三、罢实录检讨官　/223

　　四、编修实录的经验　/226

　　五、《英宗实录》的成就　/231

第五节　修撰《五朝国史》　/233

　　一、奉诏修史　/234

　　二、编撰过程　/237

　　三、元丰改官制　/243

　　四、罢修原因　/244

　　五、草创《隆平集》　/249

第六节　曾巩的史学见解　/252

　　一、史官素养　/252

　　二、史著编撰　/258

　　三、史书体裁　/261

　　四、史笔裁量　/263

第四章　曾巩的文学思想
第一节　文道关系论　/267
　　一、源自经术　/268
　　二、道德明备　/272
　　三、文道相关　/276
　　四、先道后文　/279
　　五、以文会友　/287
第二节　文学创作论　/292
　　一、创作法则　/292
　　二、创作目标　/303
第三节　文学批评论　/317
　　一、论前代文　/317
　　二、论当代文　/320
　　三、史志文字　/322
第四节　文学成就　/328

结论　/331
主要参考文献　/335

绪　言

儒家思想历代传承，由孔孟历秦汉魏晋南北朝以至隋唐，代有贤哲。它虽然不能在每个时代都居于引领风骚的独尊地位，可是无论在治国、待人、处世的哪个层面，其作为社会主流价值的地位，始终不变。发展到宋朝，在各种条件的适当配合之下，儒家思想已实际主导着当时的政治形态，对社会发展发挥了全面影响。

北宋儒者甚多，或致力事功，或致力文章，或致力学术研究，三方面俱能兼备者虽不乏其人，但曾巩允为其中之巨擘。

曾巩为古文大家，而于其作品，人们一般以《元丰类稿》为其渊薮。"元丰类稿"这一书名，在曾巩的行状、墓志铭、神道碑中都明确提及。[1]《类

---

[1] 曾巩生平参见《宋史·曾巩传》及曾肇所撰《子固先生行状》（见〔宋〕曾肇：《曲阜集》卷三，《四库全书》本。）。而《曾巩墓志》《元丰类稿》诸刻本及选本虽多有载录，但不记作者之名。《南丰县志》卷十七《茔墓》条下云："孙固志铭。"前人或沿此说。1970年，源头里附近农民，掘得早已圮毁的曾巩墓，有灯一盏，铭："元丰甲子六月丁酉中书舍人曾公灯。"有志盖与墓志两石。志盖镌"宋中书舍人曾公墓志铭"，署林希撰。（参见洛原：《宋曾巩墓志》，《文物》，1973年第3期。）元丰甲子即元丰七年，曾肇《行状》、韩维《神道碑》均记"七年六月丁酉葬"。曾肇以亲弟身份述曾巩生平，亲切细腻，最为详尽。韩维时居宰执，叙述同僚偏在典重。林希，字子中，福建人，传见《宋史》卷三百四十三，也是当时重臣。英宗治平三年（1066），曾巩作《相国寺维摩院听琴序》，叙同舍馆臣有林希子中。治平四年（1067），作《天长县君黄氏墓志铭》，黄氏乃林希之祖母。神宗熙宁五年（1072），曾巩在齐州时又有《次道子中书问归期》。准此，林希与曾巩交往时程甚长，对曾巩必定了解颇深。

稿》之辑，不晚于元丰七年（1084）六月丁酉其下葬之日，不易杂入他人作品，其平生精品大致皆已辑入，故后世引用曾巩文章，多以此辑为准。唯编辑者姓名难以考索，然广陵古籍刻印社据乾隆复刊本影印者，未做考证，径署"陈师道编辑"，实则乾隆刊本系复刊自明万历丁酉（二十五年）查溪曾敏才等校刊本，源流线索清晰，似无从印证。而《元丰类稿》现存的最早书序，为元丰八年（1085）季春三月朔日王震所撰，似在辑稿完成之时。该书传世已久，只是辗转刊刻的版本极多，现存各版本刊刻互有出入，文字伪舛者甚多，检校十分不易。

1984年11月，由陈杏珍、晁继周点校，北京中华书局出版发行的《曾巩集》，为最晚出，搜罗既富，校对尚精，更兼取得较为容易。本研究不以校勘为要务，遂即依据此辑为原则。然而，在研读之际，有未能惬于心者，辄取江苏广陵古籍刻印社据清乾隆刊本影印出版之《元丰类稿》、金刻本《南丰曾子固先生集》三十四卷本等数本互相考校，参校之间亦颇有发现，辄就便于文中随文讨论。

曾巩，字子固，宋真宗天禧三年（1019）生，江西建昌军南丰县（今江西南丰）人。祖父曾致尧、父亲曾易占，都是宋朝的进士，并曾担任官职。

曾巩自幼为学甚勤，能研读六经与古今文章，尤其深爱欧阳修的作品。宋仁宗庆历元年（1041），入京师应礼部试，曾拜会欧阳修，深受奖爱，然而，这次考试他却不幸落第。

宋仁宗庆历七年（1047），他抱病随父赴京求官，其间曾经转往滁州，探访被贬官的欧阳修，盘桓约二十日后才分别。其后，曾易占在途中病卒，他扶棺回乡，从此蛰居十年，全力承担家事并率弟妹读书。曾巩昆仲，除异母兄曾晔之外，曾巩与其弟牟、宰、布、肇，均先后及进士第，足见曾巩有身率弟妹读书之功。

宋仁宗嘉祐二年（1057），曾巩与弟牟、布同时及进士第。次年春，曾巩赴太平州任司法参军。嘉祐五年（1060）冬，应召启程赴京，担任编校史馆书籍职务。

宋神宗熙宁元年（1068），曾巩任集贤校理，兼判官告院，并参与修《英宗实录》。次年，通判越州（今浙江绍兴）。

熙宁四年（1071），改知齐州（今山东济南），首度主持地方政务，任职期间深得居民爱戴与拥护。

熙宁六年（1073）九月，徙知襄州（今湖北襄阳）。

熙宁八年（1075）秋，离开襄州回到家乡。冬，至洪州（今江西南昌），权知洪州，充江南西路兵马都钤辖。

熙宁十年（1077）春，授直龙图阁、移知福州（今福建福州），兼福建路兵马都钤辖，赐绯章服。曾巩极力请辞直龙图阁等职位，不愿往福州就职。不获允许，遂于八月初九到任。福建路因饥荒而迭有叛乱，虽屡次镇压，却收效有限。曾巩改行招安政策，而以翦除辅之，政绩卓著。

宋神宗元丰二年（1079），曾巩改知明州（今浙江宁波），正月二十五日到任。其间承担重修明州城事，亲自巡行督工，裁减工费甚多。五月三十日，徙知亳州（今安徽亳州），致力配合朝廷推行保甲法。九月，以奉派改知沧州，道经京师，受神宗召见，留京勾当三班院。

元丰四年（1081）八月，充史馆修撰，奉旨专典史事，编纂《五朝国史》。十一月，为配合官制改革，编修院并入史馆，曾巩仍任史馆修撰。

元丰五年（1082）四月，擢为中书舍人，并谕令立即就职，任职期间所为制辞，辞约义尽，神宗数称其典雅。寻掌延安郡王笺奏，在职百余日，染病。九月，丁母忧。

元丰六年（1083），曾巩抱病持母丧过金陵，王安石登舟吊祭，并每日登船探视曾巩病情。四月丙辰，曾巩卒于江宁府。归葬南丰，曾肇《行状》、韩维《神道碑》均记"七年六月丁酉葬"。

曾巩与王安石并世而生，同乡而兼有戚谊。曾、王两家透过吴蕡有辗转之亲属关系，当于后文述及吴蕃时讨论。他们聚处之时日虽少，然有大量诗文往来，彼此之相互影响不为不深，但和而不同，互有坚持。王安石出任相职之后，由于彼此看法不同，竟不能相庆，反而分在朝野，从此乖隔十余年之久。两人各有进退风范，却始终都不失为儒者的行径。王安石在宋神宗熙宁年间推行新法，史家往往以法家视之，然而察其立法、审势、用术的诸般作为，与先秦诸子之所谓"法家"大有不同，充其量只能以积极入世的儒者观之。

王安石在诗文与思想的各个领域，都有耐人寻味的内容与成就，长久以来就是研究者注意的焦点。至于曾巩，或因名位不够显赫，一般的研究者多留心其诗文，其思想的特质则关注得较少，至于有关其思想内涵的研究专论，除偶有短章外，未尝见有全面的探讨，殊为可惜。

一般而言，曾巩主要是以文学成就著名于当时。他追随欧阳修从事诗文革新运动，在北宋文坛拥有崇高的声誉，为后世所推许，被列为唐宋八大家之一。他在中国文化史上，虽然并未被定位为思想家，但是他的思想，正如他的诗文一样，在当代与后世都有相当程度的影响。要想深刻地了解曾巩的成就，进而给予公允的评价，先行厘清他在学术思想上的轮廓，应该是一件最起码的重要事务。

"本原《六经》"是曾巩思想的基调，由追求内圣的修身思想，追求外王的为政思想，以至形之于文字的史学思想与文学思想，莫不如此。然而此等思想的由来，则与其所处的时空环境、家学渊源、师友影响，都有密切的关系。本书试图通过详加检视曾巩毕生的重要行谊与其文章，期盼寻找出其中相关的思想脉络，从而对此一足以作为北宋知识分子之代表性人物的胸襟与理想，获取清晰的印象。

第一章

时代背景与思想渊源

第一节　宋代的学术环境

公元960年，赵匡胤建立宋朝，建元"建隆"。他以武定天下，却奋力建构以文治为导向的政治制度，对学术环境实有莫大的影响。历经唐朝末年以来的长期混乱，赵宋王朝特别强调加强中央集权，以寻求国家与社会资源的密切整合。《宋史·文苑传序》云："自古创业垂统之君，即其一时之好尚，而一代之规模，可以豫知矣。艺祖革命，首用文吏而夺武臣之权，宋之尚文，端本乎此。太宗、真宗其在藩邸，已有好学之名，作其即位，弥文日增。自时厥后，子孙相承，上之为人君者，无不典学；下之为人臣者，自宰相以至令录，无不擢科，海内文士彬彬辈出焉。"[1]在施政方面，宋朝历代皇帝均广泛起用文教人才，兴文备、抑武事，在历史上出现了"政治纯出于士大夫之手"的时代，使得宋代在知

---

[1]〔元〕脱脱等撰：《宋史》卷四百三十九《文苑传序》，中华书局，1977年，第12997页。以下所引《宋史》皆依此版本。

识分子的主导之下，学术思想的发展取得较为宽广的空间。①

下文将分别从政治、社会、科举考试及学校制度等方面进行讨论。

一、政治情势

唐代中叶以后，藩镇拥兵割据，兵强地大，朝廷无力约束，以至于被藩镇篡夺而灭亡。五代时期，战祸连年，五十三年之间，皇室更换达五姓十三君；兴灭无常，生灵涂炭，为前所未有。然而唐代以前严于士庶尊卑之分的门阀观念，经此无数动乱之摧残，亦烟云散尽，不再具有重大影响。宋太祖赵匡胤黄袍加身之后，用以建国治国之法，于矫治五代之乱着眼，确实也能切中时弊，有以开创新局。曾巩《进太祖皇帝总序》云:"太祖为天下所戴，践尊位""晚喜读书……举贤良，崇孝弟，缀礼乐，明考课，虽宇内初辑，然庶政大体，弥纶备具；遗文故事，施于后世，皆可为法"。②宋太祖从本身做起，切实从制度的层面改弦更张，坚持以文治为先，所以在政策走向方面，都能重视社会事务。自此文臣辈出，在文教方面颇有建树，其中以下各项影响尤大。

1. 重用文臣

晚唐、五代时期，地方长官多由藩镇兼领，朝廷政令无法下达。宋太祖为约束节度使，多设知军州事以高阶文臣取而代之。又为避免州府

---

① 《中国文化史》:"自汉以来，君主政体无所变革，然政治之中心，往往不在君主本身，而旁及于女主、外戚、宦寺、嬖幸、宗王、强藩之手。有宋尽革其弊，虽间有女主垂帘、宦官得势之时，要皆视两汉、晋、唐为不侔……盖宋之政治，士大夫之政治也。政治之纯出于士大夫之手者，惟宋为然。故惟宋无女主、外戚、宗王、强藩之祸。宦寺虽为祸，而亦不多。"(见柳诒徵:《中国文化史》中册，中华书局，2015年，第221页。)

② 〔宋〕曾巩:《进太祖皇帝总序》，〔宋〕曾巩撰，陈杏珍、晁继周点校:《曾巩集》卷十，中华书局，1984年，第171、173页。本书所引《曾巩集》皆依此版本。

长官独掌大权，宋太祖于建隆四年（963），诏各州设通判。①通判虽然不具备行政权力，然而凡是地方上有关军政、民政诸事，皆可以专文上达朝廷，实际担任监督行政运作的职责。甚至规定，原来由节度使所属镇将管理的事务，也改派县令和县尉负责。地方官职增加，士人经由读书考试等管道而出仕的机会增多，当然会带动文教风气，对学术思想也有正面影响。

2. 优礼大臣

赵匡胤虽出身行伍，却置文治于武功之上，立碑将"不杀士大夫及上书言事人"作为祖训，②文士即使经裁定有罪，亦仅贬谪远方，不加诛戮。③知识分子得到充分的尊重，朝中大臣遂能尽忠职守，敢于建言。于是在朝廷之上，面议廷争，蔚为常事。

朝廷大臣难免因事得罪，也仅以贬谪为限，时过境迁又往往重新被重用。范仲淹、欧阳修等名臣被贬又用就是这类的著名例子。于是群臣得以尽心政事，国家文治之善，为历代所不及。

---

① 《宋会要辑稿》职官四七之一："通判，州各一人，与长吏均理州府之政，无不统治。"（见〔清〕徐松辑，刘琳等校点：《宋会要辑稿》，上海古籍出版社，2014年，第4265页。以下所引《宋会要辑稿》皆依此版本。）陈邦瞻《宋史纪事本末》卷二："五代方镇残虐，民受其祸。朕今用儒臣干事者百余人分治大藩，纵皆贪浊，亦未及武臣十之一也。"（见〔明〕陈邦瞻：《宋史纪事本末》卷二，第10页。）
② 潘永因《宋稗类钞》卷一："艺祖受命之三年，密镌一碑，立于太庙寝殿之夹室，谓之誓碑。用销金黄幔蔽之，门钥封闭甚严。因敕有司，自后时享及新天子即位，谒庙礼毕，奏请恭读誓词。独一小黄门不识字者一人从，余皆远立庭中，不敢仰视。上至碑前再拜，跪瞻默诵讫，复再拜而出。群臣及近侍，皆不知所誓何事。自后列圣相承，皆踵故事。岁时伏谒，恭读如仪，不敢泄漏。靖康之变，悉取礼乐祭祀诸法物而去。门皆洞开，人得纵观。碑止高七八尺，阔四尺余。誓词三行：一云，柴氏子孙有罪，不得加刑。纵犯谋逆，止于狱中赐尽，不得市曹刑戮，亦不得连坐支属。一云，不得杀士大夫及上书言事人。一云，子孙有渝此誓者，天必殛之。后建炎中，曹勋自金回，太上寄语，祖宗誓碑在太庙，恐今天子不及知云。"（见〔清〕潘永因：《宋稗类钞》，《四库全书》本。）
③ 虞云国《宋代台谏制度研究》："顾炎武《日知录》赞宋朝家法过于前人者有四，其一即为'不杀大臣及言事官'。"（见虞云国著：《宋代台谏制度研究》，上海社会科学院出版社，2001年，第6页。）

大臣地位既受尊重，士人就能直道而行，具有勇于敢为的精神，于是知识分子就能以天下为己任，互相砥砺。延至真宗、仁宗以后，宰相的权限更重，其砥砺志节、标举风宪之影响，也更加深远。凡此风气，皆自太祖优礼士大夫而来。

3. 慎选人才

《宋史·太祖本纪》载，乾德五年（967）"三月甲辰，诏翰林学士、常参官于幕职、州县及京官内各举堪任常参官者一人"，并规定所举"不当者连坐"，乙巳又"诏诸道举部内官吏才德优异者"。皇帝既给予中级以上的重要臣僚推荐人才的机会，也规定了推荐不当的处罚。这既能增加优秀人才的来源，也对推荐的质量有了严格的把控。

另外，皇帝还下诏，考试官不许借机建立私恩的网络，《宋史纪事本末》卷七《太祖建隆以来诸政》即谓"文衡公器，岂宜私滥！自今举人，凡关食禄之家，悉委中书覆试"[①]。由于慎重维护考试制度，侥幸被录取的现象自然就不易发生。于是贤人君子相望于仕宦之途，其公正公平的状况，可说为亘古以来所少有。

以上这些做法，太祖创制于前，太宗、真宗以下各帝谨守遗规。它虽然不能免去重文轻武的讥评，甚至后来国势的积弱不振、偏安江南，也有人溯源归因于这些制度，可是在这样的政治格局之下，能给予学术文化之广大空间，也是历代政权所无出其右的。

二、社会环境

北宋朝廷为了改变五代十国政权纷乱的局面，宋太祖在陈桥兵变取得对国家的统治权之后，迅速收回宿将石守信等之兵权，行更戍法，使

---

① 〔明〕陈邦瞻：《太祖建隆以来诸政》，〔明〕陈邦瞻撰，河北师范学院历史系中国古代史组点校：《宋史纪事本末》卷七，中华书局，2015年，第39页。本书所引《宋史纪事本末》皆依此版本。

将不专兵，很大程度上排除了威胁政权的重大隐患，进而为社会各行各业的发展提供了机会。

1. 产业形态

太祖建国之初，对护持百姓的民生事业，用心良多。在农政方面采取了减免农民租税及供应农具等办法，奖励垦荒。太宗太平兴国七年（982），又通令推举熟识农事者，任为农师，如《宋会要辑稿》食货一所言："惰农务为饮博者，里胥与农师谨察教诲之，不率教者，州县依法科罚。"所以，农业生产稳定增长，工商百业也随之发达，国内各地之圩、集、草市逐渐形成。等到各地市肆商务活动发展、税收广增之后，国力也因而渐渐强大。

2. 文化事业

自古以来，各种手工业恒以配合生产与生活所需之五金、器械、家具为重心。至于刻书、印书以及造纸等行业，五代时才渐渐发展起来。北宋以后，相关的文化产业尤其兴旺，对文教事业之发展贡献极多。各级政府机构以公家之力，竞相刊刻图书。书籍数量丰富之后，加上流通便利，更造就了较多的文化人口。

太宗淳化五年（994）以后，国子监专设书库监官，负责出版书籍，除供官用之外，部分公开销售。宋初，国子监所藏印书版尚不及四千，到真宗景德二年（1005）时已超十万。文风既开，书籍数量呈倍数增加。其余各路司、各州县府学亦盛行刻书。利之所趋，私家刻书亦从此时开始。公私所印书籍大致都能满足社会之需求。书籍的内容，经史子集医算律法乃至类书，均在刊印之列。然而基于应考之需要，考生求购的则以儒家经典为最大宗。

北宋时期，印书业集中于四川成都、福建建安与浙江杭州。太祖开宝四年（971），官府在成都刻印了五千卷《大藏经》，刻印规模可见一斑。福建盛产竹木，造纸业发达，故刻书之业亦盛。杭州自五代吴越王钱镠以后刻书之精美已名噪当代，由国子监委托刻印者颇多。叶梦得认为，北宋印书以杭州为上，蜀本次之，福建最下；京师比岁印板殆不减于杭州，但纸不佳。其对刻印技术追求精致如此，故宋刊精美之书籍，迄今仍为藏书家钟爱之对象。

3. 佛道思想

两汉之后，儒学渐渐式微，道家之学起而代之，魏晋时已经极为盛行。唐朝时，因老子姓李，唐玄宗便尊之为"大圣祖玄元皇帝"，诏各州修玄元皇帝庙，州学生习《道德经》《庄子》《文子》《庚桑子》等书，并置有博士助教，以教授学生。科举考试也设专科，考生可循此被进用为官吏。朝廷敕封庄子为"南华真人"、列子为"冲虚真人"、文子为"通玄真人"、庚桑子为"洞灵真人"，还以内亲王为女道士。所以，唐代道家学说非常盛行，已经超越炼制金丹的藩篱，在思想内涵方面有了新的升华。

到了宋朝初年，宋太祖对道教也极为尊崇。建隆三年（962），皇帝五度亲诣崇祀太清观，并且经常探访道士，给予厚赐。当时道士苏澄隐、处士王昭素进言无为无欲、爱民寡欲。太祖对此深表赞赏，同时也要求肃正道流，严禁私度，试其道业。朝廷对道教的管理，已经不像唐朝一样采取放任态度。

宋太宗对道教尤其尊崇，不但大修宫观，也致力于道教典籍的搜集与整理。宋真宗尊信道教至为诚笃，除积极修建道观以外，还任命宰相王钦若续修《道藏》，辑得道书四千三百多卷。流风所至，大中祥符年间（1008—1016）且有道士肆行"降天书""圣祖天尊降临"等种种荒谬举措。天禧五年（1021）时总计有道士一万九千六十六人，女冠七百三十一人。这时道教的发展，已达到巅峰，但其在学术层面之拓展则较为有限。

佛教大约在西汉末年传入中国，相传东汉永平十一年（68年）建白马寺，佛教从此与中华文化建立了深度关系。始则西僧东来，传播浸盛；继则有东僧西学，对于佛学之开展贡献甚大。尤其是南北朝时，人主崇之于上，士大夫追随信奉，往往广建寺庙，翻译佛经，甚至于在南朝则结社讲经，在北朝则广习禅诵，营造石窟，蔚为当时盛事。唐朝以后，佛学昌明，日僧凝然所撰《三国佛法传通缘起》认为，佛教自鸠摩罗什以后在中国所开宗派至少有十三种之多。[①] 各宗派规模不一，或仅有宗义与师承关系，间有细微难察的派别意识所建构的教义体系；有些则有明确的宗义、师承体系，还有专宗的寺院、组织制度，以及强烈的派别、宗祖与道统意识，是完整的宗教团体。然而，在"三武一宗"的连续法难冲击之后，早期各宗派互有短长的情形，逐渐转变为禅宗一派独大的局面，各宗派对于社会的影响力也渐次衰弱。所以，一般士大夫研读佛经的风尚，也逐渐淡化。

宋朝建国以后，对于佛教的宣传稍有贬抑。志磐《佛祖统纪》卷五十四《僧籍免丁》载，宋太祖虽诏雕刻《大藏经》，但也曾以"携妇人酣饮传舍"等罪名杖杀寺僧、流配佛徒，并率先下诏规定："出家求度，策试经业。"宋太宗时佛教势力迅速扩张，朝廷还派员主持翻译佛经的工作，两次普度僧众数十万人，广建寺塔，耗费无数。宋真宗兼重佛道，明订优待僧道的法律，认为"释道二门，有补世教""三教之设，其旨一也"，并作《崇释论》，以之为释氏戒律之书，与周孔孟荀迹异道同。然而，在宋朝，不仅无新颖的宗派出现，就连禅宗也呈现强弩之末的状态。

北宋农业稳定发展，工商业也随之获得了全面发展，形成了北宋国势的高度繁荣。在此环境中，宗教与学术思想获得了拓展的好机会。更

---

① 所谓"十三宗"，通常包括毗昙宗、成实宗、律宗、三论宗、涅槃宗、地论宗、净土宗、禅宗、摄论宗、天台宗、华严宗、法相宗、真言宗。而岑仲勉《隋唐史》中另列有"俱舍宗"，汤用彤《论中国佛教无"十宗"》中亦有"三阶教"一种，故颜尚文《隋唐佛教宗派研究》以为有十五宗。

由于历代君主搜求典籍，纂录文字史料，蔚成风尚，宰相全由文人担任，也难免有竞尚风雅的偏好，加上造纸印书等行业的迅速发展，传统学术因而取得极为优越的统整机会。

三、科举制度

政治与社会环境的改变，对学术思想而言，终究只是外缘而已，书院规模与科举制度的发展与充实，才是整个社会的学术风气得以有所变革的直接因素。

科举制度，肇端于隋，奠基于唐，至北宋时已臻于完善。众所周知，唐代考试，在进士及第之后，还需参加吏部的释褐试，始能任官。倘若朝中无人汲引，往往不易入选。韩愈在唐德宗贞元八年（792）登进士第以后，三试于吏部而毫无所成，因而历经十年犹然布衣。到了宋朝，朝廷尤其强调取士之公平，宋太祖建隆三年（962）有诏曰："国家悬科取士，为官择人。既擢第于公朝，宁谢恩于私室。将惩薄俗，宜举明文。"[①]宋太宗太平兴国二年（977）有诏曰："朕欲博求俊乂于科场中，非敢望拔十得五，止得一二，亦可为致治之具矣。"[②]这一系列诏令，宣示了皇帝从科举制度中拔擢官吏的决心。于是，只要进士及第，立即授予官职。一般先授以相当于大理评事的职衔，担任诸州通判或各类参军，经过三年考评之后，如果能列在高第，则升迁迅速，往往十余年间就能位列宰辅，得以畅其经国济世之志。宋太宗年间的吕蒙正、苏易简诸人，成就在先，其后滋多，渐渐成为用人的范例。

《续资治通鉴长编》卷三十三"淳化三年三月"条，记录了宋太宗

---

① 〔清〕徐松：《宋会要辑稿》选举三，第5285页。
② 〔宋〕李焘：《续资治通鉴长编》卷十八，中华书局，2004年，第393页。以下所引《续资治通鉴长编》皆依此版本。按：马端临《文献通考》卷三十同此，唯"俊乂"作"俊彦"。

朝殿试采用弥封的办法,由于效果良好,遂在各级考试中广泛运用,正式宣告取士不问家世时代的来临。士子既不必奔走于权贵之门,也不致有前代竞相所谓"温卷投牒"的现象。朝廷甚至还有限制权势子弟与孤寒竞进的设计,用以削减荫补高官子弟的员额,如卷九"开宝元年三月"条云:"自今举人凡关食禄之家,委礼部具析以闻,当令复试。"又,卷六十七"景德四年十二月"条云:"取士之意,务在至公,擢寒畯有艺者。"俱可见鲜明的政治用意。

此外,为严防考官营私,宋朝还设置了各种以防考生作弊之制度与措施,俾使考试结果尽量臻于公平。于是乎考生个人的学识成绩,得以取代门第血统,成为考生能否从人群中脱颖而出的重要条件。天下学子既无法追求幸进,唯有专心研读典籍。从此以后,有志青年的进取之途完全打开,各地学风鼎盛,遂成风气,这为学术思想的深化与优质化,提供了广阔的空间。

取士用人之法,素来影响一代之学风,影响尤大者,乃在考试科目之设计。宋代科举有贡举、制举两种。制举兴废无常,影响较小。贡举有进士、九经、五经、开元礼、三史、三礼、三传、学究、明经等科。诸科除进士科之外,均以儒家典籍为内容,唯诸科之重要性均莫如进士。进士历来既为朝廷所重视,士子自然也就趋之若鹜。

《宋史·选举志》云:"凡进士,试诗、赋、论各一首,策五道,帖《论语》十帖,对《春秋》或《礼记》墨义十条。"[①] 可见,宋初省试亦间用诗赋策论与帖经、墨义等不同的测验方式,与唐五代之制度相同,都是以考试儒家典籍为主。然唐人封演之《封氏闻见记》卷三记:"文士多于经不精,至有白首举场者,故进士以帖经为大。天宝初,达奚珣、李严相次知贡举,进士文名高而帖落者,时谓试时放过,谓之赎帖。"唐

---

① 〔元〕脱脱等撰:《宋史》卷一百五十五《选举志一》,第3604页。

朝时既然有以文名赎帖的案例，则进士科中经籍研治之重要性已有动摇。其实，北宋之初虽仍有帖经、墨义的形式，但已渐渐形同告朔之饩羊。《续资治通鉴长编》卷二十四记：宋太宗在太平兴国八年（983）就尝下令："进士免贴经，只试墨义二十道，皆以经中正文大义为问题。"然而，在英宗治平年间，司马光尝上《贡院定夺科场不用诗赋状》中有谓"所有进士帖经、墨义一场，从来不曾考校，显是虚设，乞更不试"[1]，足见一斑。然据此以谓儒家典籍已见弃于科场，则又不然。范仲淹的《上时相议制举书》就针对以经书作为考试内容的意义，有所讨论：

> 夫善国者，莫先育材。育材之方，莫先劝学。劝学之要，莫尚宗经。宗经则道大，道大则才大，才大则功大。盖圣人法度之言存乎《书》，安危之几存乎《易》，得失之鉴存乎《诗》，是非之辨存乎《春秋》，天下之制存乎《礼》，万物之情存乎《乐》。故俊哲之人，入乎六经，则能服法度之言，察安危之几，陈得失之鉴，析是非之辨，明天下之制，尽万物之情。[2]

《宋会要辑稿》选举七载北宋进士科殿试，以"六经"为题，而自太平兴国三年（978）始考"论"，在此之前只有诗、赋两科而已，诗赋题目且多为有关武备与君臣际处之类。诗、赋、论三者从此并列，成为宋朝考试的"定制"。在真宗咸平以前，诗、赋、论题多半出自子书、史书。真、仁、英宗三朝之间，则多以儒家经籍为其出处，其间偶尔有用君臣时务子史杂书为题者，反而成为异数；不考帖经、墨义，应系以其答案固定，不足以考见才华。自从改为诗、赋、论以后，考生对于经籍

---

[1]〔宋〕司马光：《贡院定夺科场不用诗赋状》，《传家集》卷三十，《四库全书》本。以下所引《传家集》皆依此版本。
[2]〔宋〕范仲淹：《上时相议制举书》，〔宋〕范仲淹撰，李勇先等点校：《范仲淹全集》文集卷十，中华书局，2020年，第203页。以下所引《范仲淹全集》皆依此版本。

倘未臻娴熟，即不足以应试。

《宋史·路振传》载，淳化三年（992），"太宗以词场之弊，多事轻浅，不能该贯古道，因试《厄言日出赋》，观其学术。"①赋题《厄言日出》，虽系《庄子》中语，而其大旨则在自我惕厉，且同年诗题《射不主皮》出自《仪礼·乡射礼》，论题《儒行论》更直接以《礼记》的篇名标举，敦厉风俗、奖崇儒术之意展现无遗。自此以后，朝野儒风盛行，论其主因，实系科举之影响。

儒学典籍经由考试主导催化学习风气，以儒家为主的学术思想，自然更成为知识分子所特别用心研讨之课题。

四、学校制度

汉民族有学校之设置甚早，明堂之制、殷庠周序，久已流衍。春秋时期，郑子产有不毁乡校的美谈。孔子以六艺教学，弟子三千，相传为私人开班授徒之始。于是学校制度与儒家思想之发展，遂有密切之联结。到了战国时期，则各国往往有博士官，以备咨询。

秦末，刘邦起事，不喜儒者，而史书记载，诸客之中颇有儒冠儒服者，大概就是各国博士官属的孑遗。郦食其状貌类大儒，其舌辩也的确可以服人。叔孙通本秦博士，所从弟子百余人，并能为汉朝制定朝仪。陆贾号称有口辩士，时时说称《诗》《书》，可见博士并未全然销匿其行迹。在此以后，惠帝在位时间甚短，文帝好刑名之言，景帝不用儒士，窦太后则偏爱黄老，都没有博士官表现的空间。直到汉武帝罢黜百家，独尊儒术，特别是设置博士官属，给予儒者的资源超越了一般知识分子，总算让儒家获得了较多发挥的机会。

汉宣帝时博征群儒，论定《五经》于石渠阁，开展了帝王右文讲学

---

① 〔元〕脱脱等撰：《宋史》卷四百四十一《路振传》，第13060页。

之先声。从此以后，太学已成定制。东汉时太学生曾达三万人，士子麇集，盛况可想而知。太学为国立大学，往往成为学识文化荟萃之所在，直接反映国势的盛衰状况。

唐代初期国力强盛，朝廷所在地有国子学、太学、四门学等多种学校，地方学校的设置也已经十分蓬勃且完备。但是中期以后，政治崩解，社会不宁，学校教育也随之衰败。《旧唐书》卷十一载：唐代宗永泰二年（766）下诏曰："顷以戎狄多虞，急于经略，太学空设，诸生盖寡。弦诵之地，寂寥无声，函丈之间，殆将不扫，上庠及此，甚用闵焉。"[1] 历经唐末与五代，各地学校长期处于废弛的状态。

宋初重新拥有稳定的社会环境，学校制度逐渐恢复。中央官学之中以国子学、太学、四门学、律学、武学、医学等最为重要，另外还有算学、书学、画学、宫学、宗学和广文馆等，学科之多，生徒之众，都已远远超过前代。地方州县亦往往设有学校，因此，北宋学术的辉煌成就，相当程度上得益于学校的普及。

建隆二年（961），太祖下令，贡举人应赴国子监谒孔子，并著为定例永远执行。学校、儒学、政治、考试四者的密切结合，使各级学校在宋朝学术文化的发展过程中，具有重要地位。端拱元年（988），太宗赴国子监谒孔子时，正好遇上博士李觉在聚徒讲书。当时太宗指定李觉讲《易经》之泰卦，从臣皆列坐在侧。李觉讲述天地感通与君臣相应的旨趣，太宗大悦，赐帛百匹。淳化五年（994），太宗又驾临国子监，指定孙奭阐述《尚书·说命》三篇的义涵。在太学中，即使是帝王，亦纡尊降贵、谦逊向学。风行草偃之下，士子学生尊师重道与笃志励学的风气，自然会有良性的延续与发展。

宋仁宗庆历四年（1044），太学单独设校，实系为应学生大量增加之

---

[1]〔后晋〕刘昫等撰：《旧唐书》卷十一《代宗本纪》，中华书局，1975年，第281页。以下所引《旧唐书》皆依此版本。

需求，另诏天下州县立学。①国家既经长期休养生息，也正是社会上文化的各方面可以有所更作之时。北宋前八十年间，在中央设有国子学，其下又分设广文、太学、律学等三馆。《宋史·职官志》记："广文教进士，太学教九经、五经、三礼、三传学究。"②其教学即以儒学典籍为主。北宋中央所设主要学校之教学，为适应当世社会之期待与需要而以儒学为主，其余技能诸科为传习所设之专学，聊备一格而已，其轻重无法与儒家系列之学校相抗衡。

北宋学校制度因袭前代，然因朝廷右文之故，不只是重视其传统的教学与典礼之功能。京畿为政治中枢，各种学校凭借其学术资源，既能充分发挥其学术与文化的功能，又能与政治事务的推展相得益彰，学校也就成为社会文化机能的重要环节。学子游息于太学，不只在于增广其学识闻见。

北宋官学又有"附学充贡"的规定，允许经由国子学发解应举，提供学子参与科举考试之方便途径。北宋进士考试，由京畿解贡者衡居其半数，可以想见京师人文荟萃、繁华兴盛的盛况。而北宋建国素有强干弱枝的思维模式，在教育界的投资亦是如此。相对于京师的繁荣，散在各地的学校，就相当零星，而且多半是延续原有的地方性文庙而来，主其事者又往往仅是个人而已，因陋就简，难以称道其格局规模。

私人兴学在五代时期就已经出现，但文献仅有零星记载，如《旧五代史·罗绍威传》《新五代史·石昂传》及《十国春秋·毋昭裔传》等篇，其原因大约是政情动荡不已，官学无法正常运作。其实也不应排除当时书籍的获取已经较为容易，这对推动文化产业和学术思想的发展起了积极的作用。马端临《文献通考》卷四十六载：宋朝初年"未有州县

---

① 《宋史·选举志》："仁宗时，士之服儒术者不可胜数。即位初，赐兖州学田，已而命藩辅皆得立学。"（见〔元〕脱脱等撰：《宋史》卷一百五十七《选举志三》，第3658页。）
② 〔元〕脱脱等撰：《宋史》卷一百六十五《职官志五》，第3910页。

之学，先有乡党之学。盖州县之学有司奉诏旨所建也……乡党之学贤士大夫留意斯文者所建也"①。这里的"留意斯文者"，就是指具有儒家思想的知识分子，这使得北宋成为充满儒家思想的时代，其中最为后人传述的就是戚同文。②

早在北宋官学尚未盛行之前，就有许多私人书院的著名事例。朱熹《衡州石鼓书院记》、吕祖谦《白鹿洞书院记》均推溯书院制度的原始形态应该始于唐代官学凋弊之时。等到宋代承平以后，山林书院又依其各自的特性发展，另行建立起不同于官学的风貌，只是书院的兴衰难免系于大师教授的进退起落，要求其恒久地存在，发挥长远的影响力，就未必能够。清代学者全祖望认为：

> 有宋真、仁二宗之际，儒林之草昧也。当时濂、洛之徒方萌芽而未出，而睢阳戚氏在宋，泰山孙氏在齐，安定胡氏在吴，相与讲明正学，自拔于尘俗之中。亦会值贤者在朝，安阳韩忠献公、高平范文正公、乐安欧阳文忠公皆卓然有见于道之大概，左提右挈。于是学校遍于四方，师儒之道以立。而李挺之、邵古叟辈共以经术和之。说者以为濂、洛之前茅也。③

私人书院以其既有之历史条件与学术成果，可以引领风骚称盛于一时。然而私人资源终究有其限制，难免由盛而衰，自然也必须顺应时代需要而转变型态。王应麟《玉海》卷一百六十七谓：

---

① 〔元〕马端临：《文献通考》卷四十六，《四库全书》本。以下所引《文献通考》皆依此版本。《文献通考》卷四十六以白鹿洞、石鼓、应天府、岳麓为四大书院，并云："嵩阳、茅山后来无闻。"《宋会要辑稿》崇儒二所记略同。
② 《宋史·戚同文传》："请益之人不远千里而至。登第者五六十人。"（见〔元〕脱脱等撰：《宋史》卷四百五十七《戚同文传》，第13418页。）按：戚同文有孙戚舜宾、戚舜皋、戚舜臣，曾巩尝为戚舜臣撰墓志铭。
③ 〔清〕全祖望：《庆历五先生书院记》，〔清〕全祖望撰，朱铸禹汇校集注：《全祖望集汇校集注》，上海古籍出版社，2000年，第1037页。

祥符二年（1009）二月二十四庚戌，诏应天府新建书院，以曹诚为助教。国初有戚同文者，通五经业，聚徒百余人……诚即同文旧居，建学舍百五十间，聚书千五百余卷，愿以学舍入官，令同文孙舜宾主之。故有是命，并赐院额。天圣三年（1025），应天府增解额三人。六年（1028）九月，晏殊言请以王洙充书院说书，从之。明道二年（1033）十月乙未，置讲授官一员。景祐二年（1035）十一月辛巳朔，以书院为府学，给田十顷。①

这段文字把私人书院逐步转变成官学的过程记录得十分清楚。相关的资料，在《宋会要辑稿》崇儒二中有详细的记载。

全国各地大规模建立官学，大约是在仁宗立朝以后。《文献通考》卷四十六云："仁宗即位之初，赐兖州学田。已而又命藩辅皆得立学。其后诸旁郡多愿立学者，诏悉可之，稍增赐之田如兖州。由是学校之设遍天下。"②《宋会要辑稿》崇儒二谓："自明道、景祐间累诏州郡立学，赐田给书，学校相继而兴。"在朝廷的支持下，各地设学风气既开，通州大郡无不设有学校，儒学文化的推广也因而更加普及。

宋朝建国以后，儒学既为取士的标准，考试制度又有公平的基础，十年寒窗苦读，读书人借由努力改变命运，已经是社会的共识。在客观环境方面，由中央至地方，公私学校渐渐普及，自然有助于学术的深化与流传，成为教学养士之重镇。

读书习文之大用在仕宦，科举考试则给予士子晋升之机会。北宋朝廷除了给予京师的太学直接推荐学生参与科举之权利，还给其提供优质

---

① 〔宋〕王应麟：《应天府书院》，《玉海》卷一百六十七，《四库全书》本。以下所引《玉海》皆依此版本。
② 〔元〕马端临：《文献通考》卷四十六，《四库全书》本。

的师资。太学的优质化，成为北宋时期儒家学术思想长足发展的极重要原因，是以北宋儒学之发展乃为前代所不及。

北宋建国之初，太祖以武夫而崇文重教，尊重学术，在政治环境而言，给学术的发展以强大而有力之条件。整体社会在长期衰乱之后，通过奖劝农桑、休养生息，工商百业渐次复苏。等到包括造纸、雕版、印刷等产业因缘俱足之后，文化事业遂有超过前代的实力。而各级学校基于本身的需要，又拥有撰写、校雠、研究等各式各样的成员，供需相应，印书业务往往成为学校之附带事业。于是教学之外，学校也与文化事业之间拥有密切的关联。因此，可以说各种学校的多样存在与蓬勃发展，是北宋学术发展的重要条件。在诸多因素互相影响之下，学校教育拥有前所未有之发展契机。在中央太学与传统书院、地方州县学的彼此互相辉映之下，北宋时期真可谓"学校之设遍天下，而海内文治彬彬矣"[1]。

第二节　北宋儒学的发展

儒学的发展，源远流长。在汉代，儒学就以其独尊的地位，成为中华文化主体的基础。发展到宋代以后，更汇纳了佛道的思想，建构起其哲理化的内涵。然而儒学之哲理化原因甚多，其在理学兴起之前的北宋中叶所处的整体的儒学环境，有另外详细讨论之必要。

唐朝本是史上难得的盛世，然因佛道大行，儒学不复有独尊的优势地位。可是儒学依附政治势力，仍不失为当时思想之中流砥柱。不幸盛唐时期而有安史之乱，乃至衍生为藩镇割据的局面。中唐以后，朝廷逐渐失去掌控全国的力量，儒学亦随之颠沛，失所凭借。降及五代十国，

---

[1]〔元〕脱脱等撰：《宋史》卷一百五十五《选举志一》，第3604页。

政权递嬗非常迅速，霸业分据之碎裂，历史上亦罕见。变乱既多，道德的价值观极其混乱，儒学缺乏稳定的成长时空。直到北宋建国以后，儒学才重新获得发展的机会。

历来叙述北宋儒学，恒以理学为其重心。唯在北宋中期以前，尤其在庆历元年（1041）前的五十年间，理学思潮尚未风行，仍然是传统儒学发展的重要时段。当时整体社会的学术环境已有蓄势待发之态势，其间也有许多儒学发展的重要因缘，兹以时代环境与学术的发展关系为纲领试作探析，而依类略述如下。

一、宋初诸帝的倡导

宋太祖本系武夫，出身行伍，早年颇轻慢文士。临朝多年之后，渐认知文臣儒生长于治国之效用，因此制定出来的右文政策，对儒学发展颇有无心插柳、柳荫匝地之现象。太祖晚岁有督促赵普读书之故实，赵普也有以半部《论语》治天下的说法。儒家学说之进一步发展，从此已经开始。

宋太宗秉承右文心法，雍熙元年（984）诏求遗书，命邢昺等校订《周礼》《仪礼》等书正义，并广开科举之路。一方面大量取用进士，录取的数额往往呈倍数增加；另一方面，宋建国以来以荫补制度推恩延士的办法，对儒士也具有强烈的宣示与鼓励之意义。

宋太宗时期，政权已渐臻于稳固，以文德致治的行政方略也逐渐确定。宋初皇帝多能勤学，以为读书目的在"每见前代兴废，以为鉴戒"[1]，故能以书籍为"教化之本，治乱之源"[2]，于是朝廷之内兴建三馆秘阁以藏宋初以来所获图书，并下诏史馆，先后编修《太平御览》一千卷、《太平

---

[1]〔宋〕彭百川：《太平治迹统类》卷二十六，《四库全书》本。以下所引《太平治迹统类》皆依此版本。
[2]〔宋〕李焘：《续资治通鉴长编》卷二十五，第571页。

广记》五百卷、《文苑英华》一千卷。《太平御览》纂辑百家学说,对宋朝学术发展贡献尤大。

宋真宗的崇文政策敦本加厉,亲撰《文宣王赞》《崇儒术论》等文章。他常利用贡举下诏劝学,还前往崇文院阅读图籍,并召集杨亿等人共同编纂《册府元龟》。真宗皇帝自己也说:"朕听政未尝虚度时日,择颐编简,素所耽玩。"[①] 所以宋朝时期,儒学风气的盛况超过前代。

清朱彝尊《经义考》卷七十九收录宋真宗《尚书图诗》一卷,卷一百九十九又收录《春秋要旨》五卷。唯二者都早已散佚,朱氏试图引证留存在《玉海》等书的记载,努力探索著作的原貌。自古以来,身为皇帝而能致力于经籍整理与探讨的人,实在不可多得。真宗皇帝撰著儒学图书的贡献,不只是表现在其图书本身的成绩,对当时社会民心的激励及影响更是十分巨大。

宋仁宗 1022—1063 年在位,在位时间长达四十一年。他即位时距北宋建国已经超过六十年,辽、夏虽然叛服无常,但对宋尚不致有重大威胁;国内则升平日久,学术之发展酝酿潜蓄已足。这时,既有优裕的环境,政治、教育、学术等各方面又都有重要的学者相继出现,蔚成当时文化界一片璀璨之荣景。

据《经义考》卷九十五著录,仁宗皇帝著有《洪范政鉴》十二卷。唯当时该书早已亡佚,《经义考》仅能引用王应麟的资料,注云:"康定元年(1040)十一月,御撰《洪范政鉴》十二卷。"并谓:"《政鉴》书以《皇极》为本,上与王洙论五行五事之证,采五行六沴及前代庶应成此书,上自为序。"这本书杂采古人"天人合一"的思想,以"五行"分类,列举自春秋以后种种的"休征"和"咎征",并将自然界异常现象,与帝王的言行、朝代的兴衰相对照。察其用意,应该是要提供这些信息

---

① 〔宋〕彭百川:《太平治迹统类》卷二十六,《四库全书》本。

予上承天命的帝王，希望他能善待子民，面对大化自然能心存敬畏，持"奉天修德"的态度，以期长保社稷，江山稳固。从卷帙的规模来看，这本书应该比真宗皇帝所撰的儒家思想著作更加丰赡，对当代学术风气之影响自非浅显而已。曾巩与王安石的文集中都收录有《洪范传》的著作，然均未注明撰作时间，想来其着手初稿，应在《洪范政鉴》成书之后不久。

《经义考》又录有《洛阳五事图》一卷，未著撰者，已经亡佚。下录："范祖禹曰：'仁宗最深《洪范》之学，每有变异，恐惧修省，必求其端。'"大约"五事"即《洪范》中所谓"敬用五事"。则此等书籍既然是禀承古代史料，采择其中为儒家所重视的事迹，以帝王之尊撰述成书，对于北宋儒学之发展，必然会有深远之影响。

宋初四帝除主持国政之外，多能垂意文史事业，甚至有躬亲撰述的著作传世，这些著作又都以儒家经学为对象。所以在述论北宋儒家学术思想的发展时，对这些帝王的重视不能轻予忽略。

二、宋初儒学的风气

宋代儒学最盛，而皮锡瑞《经学历史》却云：

> 经学自唐以至宋初，已陵夷衰微矣。然笃守古义，无取新奇，各承师传，不凭胸臆；犹汉、唐注疏之遗也。宋王旦作试官，题为"当仁不让于师"，不取贾边解师为众之新说，可见宋初笃实之风。乃不久而风气遂变。[①]

皮氏以严守汉儒训诂为经学，单举王旦不取贾边新说为例。其实宋朝科举取士兼采诗赋论之形式，既以墨义故多倡言所见所感，复能尽量

---

① 〔清〕皮锡瑞：《经学变古时代》，〔清〕皮锡瑞著，周予同注释：《经学历史》之八，中华书局，1959年，第220页。

避免闹场之弊端。于是所录取的进士，特能英伟卓杰，日后成为当世显儒者，比比皆是。因此，以文章与政事见称之儒者，相望于道途。兹大致以英宗一朝为界限，可用以了解北宋早期儒学之发展格局。盖自神宗以后，政争既起，沉潜于学术研究的理学诸家，或许尚能坚守其儒者述作之事业，以继绝学而开新运；至于为数众多的文章政事诸家，则不免于步履维艰，乃至颠沛困滞。其传承脉络既已紊乱，无法复见儒家学术平和清扬的气象。

程颐对当时的学人作这样的叙述："今之学者，歧而为三：能文者谓之文士，谈经者泥为讲师，惟知道者乃儒学也。"[①]虽说学者有此三类，但是时尚所趋，三者其实莫不以经术为其本质。因为即使是文士，也必须致力于经术，用以充实文章的内涵，才有资格称之为"能文"，也才可以用来求取功名。至于所谓"谈经""知道"诸家，更必须有深邃经学造诣。于是当时的知识分子都以儒家经典为研读重心，遂成就宋朝儒学极其昌盛的事实。

自从宋初太祖皇帝宣示"朕欲尽令武臣读书，知为治之道"[②]，而侍从诸臣也都充分了解，太祖的用意是奖励儒学，于是标定了宋朝的知识分子的读书目标就是要在"经世致用"的路途上发展。

宋太宗为撰《太平御览》等三大书，下诏征求遗书，朝廷收录的图书甚多。这样的举措，借着汇集书籍的行为，丰富了书籍的形貌与内容，也打开了天下学者的眼界。

于是在真宗皇帝时，指定国子监祭酒邢昺等，校定诸经正义，撰成《九经义疏》。参与此事务者有聂崇义、孙奭、王昭素、田敏、马镐、孔维、李觉、杜镐、崔颐正等文臣。可以想见，当时在朝廷之上君臣讲论

---

① 〔宋〕程颢、〔宋〕程颐：《二先生语六》，〔宋〕程颢、〔宋〕程颐著，王孝鱼点校：《二程集》遗书卷第六，中华书局，2004年，第95页。
② 〔明〕陈邦瞻：《太祖建隆以来诸政》，《宋史纪事本末》卷七，第37页。

经典的盛况，比起唐太宗贞观治世时的类似行事，单就学术风气的繁盛而言，恐怕还有超越的可能。

宋朝初年，不只是所谓"谈经问道"之讲师与儒士，对于儒学经典会加以用心，即便是文章之家，其教学相承也莫不以儒家思想为其体干。当时文坛由"西昆体"主盟，著名的作者如杨亿、刘筠、钱惟演多是官居台阁，腹笥儒雅，并参与《册府元龟》的编撰工作。当时杨亿执文章界牛耳，其自述有云：

> 咸平、景德间，因演纶之暇，遍寻前代名公诗集，观富于才调，兼极雅丽，包蕴密致，演绎平畅，味无穷而久愈出，钻弥坚而酌不竭，曲尽万态之变，精索推言之要。[1]

这段文字，可以作为时代文风趋向华丽的脚注，而当时崇尚娴雅典丽的风气及其盛况，大致如此。

至于当时另有好古之士，柳开、王禹偁等人从古好道，而轻忽文事，与流俗不同，主张提倡古文。这批人则是以圣人之道为目标，希冀回到古代，效法孔子文章的朴素风格。其与西昆文士选取的途径虽异，复古与追求内涵的努力方向则并无二致。王禹偁以古道自任，其《送孙何序》谓：

> 咸通以来，斯文不竞，革弊复古，宜其有闻。……垂三十载，圣人之化成矣，君子之儒兴矣。然而服勤古道，钻仰经旨，造次颠沛，不违仁义，拳拳然以立言为己任，盖亦鲜矣。[2]

从王氏的夫子自道，可见其文章风格与西昆诸君确有不同，而注重

---

[1] 傅璇琮、祝尚书主编：《宋才子传笺证·北宋前期卷》，辽海出版社，2011年，第240页。
[2] 〔宋〕王禹偁：《送孙何序》，《小畜集》卷十九，《四库全书》本。

内容的用心则相一致。只因仕途有达有不达，气象自然相异。其实，体仰时代崇尚儒学的风气，志于道，据于德的态度，何尝有异？

柳开的学生张景在所写的行状中描述柳开："凡诵经籍，不从讲学，不由疏义，悉晓其大旨。注解之流，多为其指摘。"①柳开在《应责》一文中也自认为："吾之道，孔子、孟轲、扬雄、韩愈之道。"②对于恢复古代儒学的原始理想，已经从此树立了为学的标杆。

《续资治通鉴长编》卷六十六记，景德四年（1007），宋真宗曾对群臣表示："近见词人献文，多故违经旨以立说。"儒学风气隐然之间已经逐渐呈露改变的迹象，竟然连皇帝都有所感受。③所以，宋初儒学的发展固然只是继承前代余绪，而未开展宗风，然而涵濡蕴蓄，踔厉待发，已经具体地表现于时人的文字之间，彼此可谓轨辙虽异，志道无殊。

三、先驱人物的风范

顾炎武在《日知录》一书中讨论"宋世风俗"就认为："宋自仁宗在位四十余年，虽所用或非其人，而风俗醇厚，好尚端方，论世之士谓之君子道长。"④

宋朝初年，由于宋太祖的远见，对知识分子礼遇，遂形成良好的时代风尚，朝政颇为可观。仁宗在朝，礼敬大臣更为尽心，天圣九年还"诏公卿大夫励名节"⑤。只是日久玩生，放任权相吕夷简以私心用人，范仲淹进

---

① 〔宋〕张景编：《柳公行状》，《河东集》卷十六，《四库全书》本。以下所引《河东集》皆依此版本。
② 〔宋〕柳开：《应责》，《河东集》卷一，《四库全书》本。
③ 王应麟《困学纪闻》："陆务观曰：唐及国初，学者不敢议孔安国、郑康成，况圣人乎。自庆历后，诸儒发明经旨，非前人所及。然排《系辞》，毁《周礼》，疑《孟子》，讥《书》之《胤征》、《顾命》，黜《诗》之序，不难于议经，况传注乎。"（见〔宋〕王应麟：《困学纪闻》卷八，《四库全书》本。以下所引《困学纪闻》皆依此版本。）
④ 〔清〕顾炎武：《日知录》卷十三，《四库全书》本。
⑤ 〔元〕脱脱等撰：《宋史》卷九《仁宗本纪》，第190页。

《百官图》亦遭贬谪；虽不免于为德不卒，然而宋朝重视文治的风气，依然不断强调彰显，终能展现波澜壮阔的局面。儒学与经术在此环境中，得到了千古难遇的发展契机。一时儒门中人，人人莫不以儒者事业自我期许。后世之理学固然因此得以开展，当代经学更在前人整理传注之后，循着宗经明道、经世致用的轨迹，成为当时知识分子共同重视的课题。

北宋儒学的真正开展，则不能不以范仲淹、孙复、胡瑗、石介等诸先生为前驱人物。当时，胡瑗在吴，孙复在齐，石介则有名于山东，其后皆为学官。三人同样倡导"以仁义礼乐为学"的观点，在理学风气开展之前，各自先在广大的区域宣扬儒学。范仲淹则以文士高居庙堂而为政，其才其德可以说是"言为世范，行为士则"，加之他乐于提拔优秀的才俊之士，居官显达之后，更能够扩大其影响力量，是当时学术界的领袖。

胡瑗，世称安定先生，与孙复、石介并称"宋初三先生"。力学苦读，十年不归。后来以经术教授于苏湖之间。《宋元学案》称述他的教学方式是："其教人之法，科条纤悉具备。立经义、治事二斋。"[①] 习经义者，必须心性疏通，器识格局，将来堪任大事者，则使之讲明六经的义理。习治事者，主要的目标设定在达用，所以其人所分别学习的内容就不尽相同，包括治民、讲武、水利、历数等科目。完全改变了以往只重视文事，以词赋为主的传统课程，而且特别重视诗乐陶冶之功。因为他以"明体达用"的理念教授诸生，当时朝廷所选拔而重用的知识分子中，许多人都是出自其门下。

孙复，世称泰山先生。他聚徒著书于泰山，认为能够详尽阐明孔子理念者为大《易》，能够充分彰显孔子用世态度者为《春秋》。这两部经典乃是圣人最重要也最精彩的著作，是后人可以用来治世的重要法则。他的著作有《易说》及《春秋尊王发微》。《春秋尊王发微》不受传统的

[①] 〔清〕黄宗羲原撰，〔清〕全祖望补修，陈金生、梁运华点校：《宋元学案》卷一《安定学案》，中华书局，1986年，第24页。以下所引《宋元学案》皆依此版本。

拘束，详细阐明史实所呈现的功与罪，又能中肯地考察时代盛衰的原因，从而推演并发展出施行王道用以治国的法则，对于宋儒研治经书之方法给予甚多启发。石介以弟子身份前往求见，完全以师长的名义尊事他，清楚地表现出教师与弟子相处之道，成了历代的典范。

石介，世称徂徕先生。《宋史》本传描述他为人处事的态度是"笃学有志尚，乐善疾恶，喜声名，遇事奋然敢为"①，是宋儒之中非常积极进取的榜样。在他考取进士之后，就曾经因为敢于针对时事提出个人看法而遭到罢职。在丁父母忧的丧假期间，他一面操持农务，一面开班授徒，却不曾淡忘对天下国家大势的关切。尝著有《怪说》三篇及《中国论》，是立场非常坚定而突出的文章。他大力排斥佛学、道学的哲学思想和西昆体的文学思想，认为只有彻底消除这三种思想，整个社会才可以有所作为，才有向上提升的机会。在学术思想方面，大有摧陷廓清之功。他在文章中尽情地褒其可褒，而贬其可贬，指斥无所忌惮，充分表现他勇猛严正的思想与态度。他毅然不顾成败，为学界带来了激扬士风、廉顽立懦的效果。他昂扬的气节，颇为宋儒特立独行者的表率。其《上赵先生书》在议论文章时，则谓："必本于教化仁义，根于礼乐刑政，而后为之辞。"②他极力主张素朴的"文以载道"之说，对古文运动之推展，及其与儒学发展之结合，均深具贡献。

范仲淹，年少失怙，却有强烈的志向与操守，追随戚同文求学，昼夜不息，师徒两人的行谊、胸襟、志节大致相同，毕生乐善好施、厚植后学、奖倡学术之风格也都相同。而范仲淹在政治事业与文学方面又有伟大的贡献，在当时乃至整个宋朝来说，都可以推尊为魁首。史书称赞他"推其俸以食四方游士，士多出其门下"，"感论国事，时至泣下，一

---

① 〔元〕脱脱等撰：《宋史》卷四百三十二《石介传》，第 12833 页。
② 〔宋〕石介：《上赵先生书》，《徂徕集》卷十二，《四库全书》本。以下所引《徂徕集》皆依此版本。

时士大夫矫厉尚风节，自先生倡之"。①胡瑗、孙复、石介等人之所以能够有名于当时，其实都是得于范仲淹的奖掖荐引。

《宋史·范仲淹传》中说他："泛通六经，长于《易》，学者多从质问，为执经讲解，亡所倦。"范仲淹以其笃实践履的精神，通经致用，结合其学术研究的成效，施行于治国理民的事业。诚如他自己所谓，他"信圣人之书，师古人之行，上诚于君，下诚于民"②，他"游心儒术，决知圣道之可行"③，主张"博识之士，当于六经之中，专师圣人之意"④。他在《上时相议制举书》中，则是特别提倡"宗经"的见解：

> 夫善国者，莫先育材。育材之方，莫先劝学。劝学之要，莫尚宗经。宗经则道大，道大则才大，才大则功大。盖圣人法度之言存乎《书》，安危之几存乎《易》，得失之鉴存乎《诗》，是非之辨存乎《春秋》，天下之制存乎《礼》，万物之情存乎《乐》。故俊哲之人，入乎"六经"，则能服法度之言，察万物之几，陈得失之鉴，析是非之辨，明天下之制，尽万物之情。⑤

富弼在《范文正公仲淹墓志铭》中也指出："公为学好明经术，每道圣贤事业，辄跂耸勉慕，皆欲行之于己。"⑥他积极进取的心意，对于国家社会的自我承担，只要是具有正面的价值，必定尽力而为，故他的德行文章都是当时最伟大的表率。而其《岳阳楼记》中"先天下之忧而忧，后天下之乐而乐"的名言，在千古之后仍然令人动容。范氏本身既有丰厚的学养，对于后辈又极为爱护，所以对当代的儒学发展和社会风气的

---

① 〔清〕黄宗羲原撰，〔清〕全祖望补修：《宋元学案》卷三《高平学案》，第137页。
② 〔宋〕范仲淹：《范仲淹全集》文集卷十《上资政晏侍郎书》，第198页。
③ 〔宋〕范仲淹：《范仲淹全集》文集卷十八《遗表》，第374页。
④ 〔宋〕范仲淹：《范仲淹全集》文集卷十《与欧静书》，第207页。
⑤ 〔宋〕范仲淹：《范仲淹全集》文集卷十《上时相议制举书》，第203页。
⑥ 〔宋〕富弼：《范仲淹全集》附录一《范文正公仲淹墓志铭》，第721页。

改善而言，的确是一个极其崇高的标杆。他的所作所为、所言所行完全以儒家的学术为基础，是千古难有的泱泱君子。

胡孙范石四家，或开儒门之风气，或严师道之恭谨，或汲引士类，或摧廓异端，于宋代儒学之发展，皆居于先驱之地位。在曾巩而言，虽然他们都是同存于世的重要人物，但是在曾巩的文章中却找不到与胡孙石三家相关的资料，而就这个时期的儒学发展而言，三家的形象及其影响，都是不应该忽略的。范仲淹与三家关系最为密切，适合同时介绍，所以在本处一并讨论。钱穆以为："初期宋学气派之开阔，如胡瑗之道德，欧阳修之文章，范仲淹之气节，堪称鼎足之三峙，更与当时以甚大之影响。……故达而在朝，则为大政治家如范文正。穷而在野，则为大教育家，如胡安定。此乃初期宋学所谓明体达用之最要标准也。"曾巩在皇祐元年（1049）有《上范资政书》，其中有云：

> 夫贤乎天下者，天下之所慕也，况若巩者哉？故愿闻议论之详，而观所以应于万事者之无穷，庶几自寤以得其所难得者，此巩之心也。然阁下之位可谓贵矣，士之愿附者可谓众矣，使巩也不自别于其间，岂独非巩之志哉？亦阁下之所贱也。故巩不敢为之。不意阁下欲收之而教焉，而辱召之。巩虽自守，岂敢固于一邪？故进于门下，而因自叙其所愿与所志，以献左右，伏惟赐省察焉。①

曾巩另有《答范资政书》，载《曾巩集》卷十六，作于皇祐二年（1050）。李震的《曾巩年谱》考证以上两篇文章分别作于庆历四年（1044）及五年（1045），然而以当时的时空考察，似待商榷。

皇祐元年（1049）春，范仲淹由邓州徙知杭州道经江西，曾巩躬逢

---

① 〔宋〕曾巩：《上范资政书》，《曾巩集》卷十五，第244页。

其会当面求见，受到范仲淹的奖爱鼓舞。次年，范仲淹致书信及赠绢予曾巩。两人之缘分虽短暂，却颇深刻。可惜皇祐四年（1052）春，范仲淹以高迈之年奉诏徙颍州时，肩舆至徐州，就因病而殁。范仲淹在世时，范、曾之间的政治地位十分悬殊，而范仲淹爱才礼贤的风度，并未造成彼此之间的隔阂，只是因为交谊时程太过匆促，所以在两人之间无法产生较多的相互影响。①

曾巩在嘉祐二年（1057）以三十九岁登进士第，时在仁宗晚期。英宗在位仅四年。神宗熙宁二年（1069），曾巩年五十一，离开京城出任外官，与当时知识分子的互动机会大受限制。一般而言，在及第之前，以及为官的初期，较容易关注社会的脉动与发展，也就比较容易受当时思潮的牵动。居地方官既久之后，已有固定的公务必须承担，也比较会坚持此前摸索出来的理念与步调。于是我们在作相关的讨论时，就必须与其生命的机缘作较多的结合，所以不在此处作通盘性的探讨。至于他在元丰三年（1080）回京任职时，已属晚年（当时已六十二岁），虽然仍有老骥伏枥的雄心，然而壮士暮年，已经不能不向命运屈服。

第三节　思想渊源

一、师友影响

仁宗一朝，儒学发展的机缘已经成熟，儒学从此进入极为辉煌的阶段。曾巩所能及身亲炙者，自欧阳修以次，包括李觏、苏洵、邵雍、周

---

① 见《曾巩集》卷四十五《永安县君李氏墓志铭》："李氏族大而贵，然刑部嫁女常择寒士，而至其后多为名臣，范文正公仲淹、郑文肃公戬与骆侯是也。"永安县君李氏为曾巩继室之姑，然则曾巩与范仲淹也有辗转的姻亲关系，只是1064年曾巩再娶李氏时，范仲淹已经逝世多年。

敦颐、刘敞、司马光、张载、王安石、刘攽、沈括、刘恕、程颢、程颐、苏轼、苏辙等人，可谓是名家辈出，称盛于当时。各家又都能得儒术之一端，而著有成绩。以上诸人又大致可分为文章政事之儒与理学之儒两类。而这些并世豪杰，多半成为曾巩关系深厚的师友。

仁宗一朝后期的文章政事之儒，应当以欧阳修为第一人。欧阳修在自我的养成，以至积渐而对国家社会的影响，其轨迹大致与范仲淹相似。苏轼在《六一居士集叙》中曾作如是评论：

> 宋兴七十余年，民不知兵，富而教之，至天圣、景祐极矣，而斯文终有愧于古。士亦因陋守旧，论卑气弱。自欧阳子出，天下争自濯磨，以通经学古为高，以救时行道为贤，以犯颜纳说为忠。长育成就，至嘉祐末，号称多士。欧阳子之功为多。①

欧阳修所著的《本论中》专在排佛，不喜言心性之说，遂展开宋儒务实求治的议论风气。他认为，佛法是危害中国文化的祸患，盛行的原因是"王政阙，礼义废"②，他主张"补其阙，修其废，使王政明而礼义充"③。其《答李诩第二书》又以为，心性之说"非学者之所急，而圣人之所罕言也"，读书人应该以六经为研治学术的开始："六经之所载，皆人事之切于世者，是以言之甚详。至于性也，百不一二言之。"④《答祖择之书》亦云："学者当师经。师经必先求其意，意得则心定，心定则道纯，

---

① 〔宋〕苏轼：《六一居士集叙》，〔宋〕苏轼撰，〔明〕茅维编，孔凡礼点校：《苏轼文集》卷十，中华书局，1986年，第316页。以下所引《苏轼文集》皆依此版本。
② 〔宋〕欧阳修：《本论中》，〔宋〕欧阳修著，李逸安点校：《欧阳修全集》卷十七，中华书局，2001年，第288页。以下所引《欧阳修全集》皆依此版本。
③ 〔宋〕欧阳修：《本论中》，《欧阳修全集》卷十七，第289页。按：钱穆《中国学术思想史论丛》五《初期宋学》："欧阳修为文章直接韩愈……其对于佛教意见亦与愈不同。韩愈辟佛，而欧阳不辟佛。著为《本论》三篇，大意谓佛法为中国患，其本在于'王政阙，礼义废'，故莫若修其本以胜之。罗大经《扪虱新语》谓此论一出，而韩愈《原道》所谓'人其人，火其书'之语几废。此可见其影响矣。"
④ 〔宋〕欧阳修：《答李诩第二书》，《欧阳修全集》卷四十七，第669页。

道纯则充于中者实，中充实则发为文者辉光，施于事者果毅。"[1]但是，欧阳修反对"守经笃信"，对于经书的内容，甚多怀疑，疑《春秋三传》，疑《易传》，疑《周礼》，疑《河图洛书》，在《论删去九经正义中谶纬札子》一文中畅论如下：

> 士之所本，在乎六经。而自暴秦焚书，圣道中绝。汉兴，收拾亡逸，所存无几，或残编断简出于屋壁，而余龄昏眊得其口传。去圣既远，莫可考证，偏学异说，因自名家，然而授受相传，尚有师法。暨晋、宋而下，师道渐亡，章句之篇，家藏私畜，其后各为笺传，附着经文。其说存亡，以时好恶，学者茫昧，莫知所归。至唐太宗时，始诏名儒撰定九经之疏，号为正义，凡数百篇。自尔以来，著为定论，凡不本正义者谓之异端，则学者之宗师，百世之取信也。然其所载既博，所择不精，多引谶纬之书，以相杂乱，怪奇诡僻，所谓非圣之书，异乎正义之名也。[2]

由于欧阳修对所持疑的问题，都能够有本有源，有凭有据，秉持经学考据之证实态度，因此欧阳修成为后世考据学之重要取法对象。欧阳修的经学以实用为目的，认为儒者学习礼乐应讲究通今致用。

欧阳修平生以修史为事业，尤其在个人私著《新五代史》中师取《春秋》义法，用以臧否人物；在《新唐书》中则详其典章制度、礼乐文物。欧阳修平生直道而行，屡遭构陷，虽贬在远处为官，亦能深察为政之道，以与圣人之为政相印证。至于好古嗜学、勤于著述、奖掖后进、勇于救贤，皆为宋儒之模范。欧阳修与曾巩谊在师徒，曾巩得于欧阳修

---

[1] 〔宋〕欧阳修：《答祖择之书》，《欧阳修全集》卷六十九，第1010页。
[2] 〔宋〕欧阳修：《论删去九经正义中谶纬札子》，《欧阳修全集》卷一百一十二，第1707页。

的影响，自然是极为深刻的。

　　李觏是曾巩的同乡前辈，虽然在仕进方面没有耀眼的成绩，但是写作文章重视义理，致力于儒学在当代的应用，"为学必欲见根本，为文必欲先义理"①。他在为政方面寻求先圣之遗制，期望找出康国济民的方略，重视人事作为，体察时变，积极追求平治的理想。他的著作有《礼论》《周礼致太平论》《富国策》《平土书》等，著述中对于礼乐刑政的运用比较留意，认为"礼、乐、刑、政，天下之大法也。仁、义、礼、智、信，天下之至行也"②。他又有《易论》，特别就人与事的互动关系作讨论。故范仲淹称赞他"著书立言，有孟轲、扬雄之风义，实无愧于天下之士"③，是致力于事功理论的纯儒。

　　苏洵也是唐宋八大家之一，读书能通六经、百家之说，下笔顷刻数千言，笔力坚劲，长于议论，拥有纵横策士的长处。他认为文章应该是"有为而作"，正如苏轼《凫绎先生诗集叙》所言："言必中当世之过，凿凿乎如五谷必可以疗饥，断断乎如药石必可以伐病。其游谈以为高，枝词以为观美者，先生无一言焉。"④苏洵的学术与思想在苏轼、苏辙两兄弟的身上，有更加深刻的发展与表现。"三苏"父子号称"蜀学"，虽然是以文章名世，却自认其为学最深处在性命之学。蜀学的重要代表人物秦观认为："苏氏之道，最深于性命自得之际；其次则器足以任重，识足以致远。至于议论文章，乃其与世周旋，至粗者也。"⑤苏辙《亡兄子瞻端明墓志铭》论苏轼学术思想渊源云："初好贾谊、陆贽书，论古今治乱，不为空言。既而读《庄子》……后读释氏书，深悟实相，参之孔老，博辩

---

① 〔宋〕李觏：《上叶学士书》，《盱江集》卷二十七，《四库全书》本。以下所引《盱江集》皆依此版本。
② 〔宋〕李觏：《礼论第一》，《盱江集》卷二，《四库全书》本。
③ 〔宋〕范仲淹：《范仲淹全集》文集卷二十《荐李觏并录进礼论等状》，第395页。
④ 〔宋〕苏轼：《凫绎先生诗集叙》，《苏轼文集》卷十，第313页。
⑤ 〔宋〕秦观：《答傅彬老简》，〔宋〕秦观撰，徐培均笺注：《淮海集笺注》卷三十，上海古籍出版社，1994年，第981页。

无碍，浩然不见其涯也。"①由于蜀学具有策士博辩，而又杂糅孔墨庄释的特性，同时能注意经世济时的实学，本来或许可以引领宋朝的学术思想进入更开阔的境界，可惜因为变法政争等诸多事故，未能看到他们更多的成就。

刘敞学问渊博，包括佛老、卜筮、方药、山经、地志，许多方面都有通习，且能探究其大略。他治经不拘传注，能够评议汉儒的得失，同样也都能够开拓当代的风气，不失为经世大儒。《四库全书总目提要》评其《春秋传》云："宋代改《经》之例，敞导其先，宜其视改《传》为固然矣。然论其大致，则得《经》意者为多。盖北宋以来，出新意解《春秋》者，自孙复与敞始。复沿啖、赵之余波，几于尽废三《传》。敞则不尽从《传》，亦不尽废《传》。"②刘敞的重要著作有《七经小传》《公是集》。王应麟《困学纪闻》认为："自汉儒至于庆历间，谈经者守训故而不凿。《七经小传》出，而稍尚新奇矣，至《三经义》行，视汉儒之学若土梗。"③可见，刘氏在经史方面，既不盲信旧籍，也不刻意爱奇，他所获得的成就，不仅在当时有相当的地位，对后人研治经书的贡献尤其重大。

司马光之为人、治学以至处事，备极笃实敬谨。其《资治通鉴》为史学之名著，他以儒者眼光从事史学著作，为当世所推崇。唯坚决反对王安石新法，对于各种改革的策略都不赞同，反对法治，主张礼治。其《资治通鉴》第一篇，即畅论礼乐典章制度的重要性。其一生积学繁富，著述甚多，曾撰《疑孟》以讥评孟子，质疑韩愈，而推崇扬雄，属保守

---

① 〔宋〕苏辙：《亡兄子瞻端明墓志铭》，〔宋〕苏辙撰，曾枣庄、马德富校点：《栾城后集》卷二十二，上海古籍出版社，1987年，第1421页。
② 〔清〕纪昀总纂：《四库全书总目提要》卷二十六，河北人民出版社，2000年，第695页。以下所引《四库全书总目提要》皆依此版本。
③ 〔宋〕王应麟：《困学纪闻》卷八，《四库全书》本。按：《七经小传》系刘敞杂论《尚书》《毛诗》《周礼》《仪礼》《礼记》《公羊传》《论语》诸书之语，凡三卷。《三经义》即《三经新义》，王安石作《周官新义》、其子王雱及吕惠卿作《尚书义》《毛诗义》。

之儒。①

王安石早岁就有令名，文章精妙，固然见称于时，而其勇于承担政治任务，"慨然有矫世变俗之志"。②仁宗时曾经提出《上仁宗皇帝言事书》，力主改革，认为"法先王之政者，法其意"。他有《王霸》云：

> 王者之道，其心非有求于天下也，所以为仁义礼信者，以为吾所当为而已矣。……是故王者之治，知为之于此，不知求之于彼，而彼固已化矣。霸者之道则不然，其心未尝仁也，而患天下恶其不仁，于是示之以仁。其心未尝义也，而患天下恶其不义，于是示之以义。其于礼信，亦若是而已矣。③

宋神宗时王安石担任宰相，为挽救长年的积弊而推行新法。其变法不仅在财政、国防、民政、官制，科举、学校、文化等方面亦有创制，认为经术要用来处理政务，唯后世儒者大抵庸碌，以致世俗人都没有正确的了解，遂以"变风俗、立法度"④为当务之急。

王安石尝与其子王雱及吕惠卿等重新注释《周官》《尚书》《诗经》，号称"三经新义"。晚年又创作《字说》，统称为"新学"，先儒的传注废而不用。"新学"以新的观点阐述新义，勇于建立新的治经方法。可惜没有得到守旧臣僚的认同，在整体规模略有建树时，就因同志间的争执而去职。"新学"在推行数十年之后，随着新法失败终告废止。南宋以后，

---

① 司马光《论风俗札子》："新进后生……口传耳剽……读《易》未识卦爻，已谓《十翼》非孔子之言……读《诗》未尽《周南》《召南》，已谓毛郑为章句之学；读《春秋》未知十二公，已谓三传可束之高阁。"（见〔宋〕司马光：《传家集》卷四十二，《四库全书》本。）
② 〔元〕脱脱等撰：《宋史》卷三百二十七《王安石传》，第10541页。
③ 〔宋〕王安石：《王霸》，《临川先生文集》卷六十七，中华书局，1959年，第714页。以下所引《临川先生文集》皆依此版本。
④ 〔元〕脱脱等撰：《宋史》卷三百二十七《王安石传》，第10544页。

王安石"新学"的努力，也就逐渐归为历史。[①] 在曾巩的文集中，欧阳修与王安石是与其诗文往来最多的人，来自二人的影响也就较大较深。其余并世诸豪杰，各有卓越的实际成就，曾巩受影响自然也是意料中事。

曾巩文集中，推崇前贤及与当朝诸人往来诗文甚多，都是颇受影响的表征。比较特别的是，司马光与曾巩生于同年，未满二十岁就考取进士甲科，长期在朝廷中任官职。直到王安石出任参知政事以后，司马光才知永兴军。曾巩的文集中竟然没有与司马光往来的文章。然而既是研究当时学术思想，对于司马光行事、道德、文章各方面的成就与影响，仍然不可以轻忽。

在曾巩的文集中，完全找不到理学诸家的文章，也是很值得研究的。张载、程颢都是与曾巩同时登进士第的，周敦颐与曾巩年纪相仿，同住江西，依理会有往来的机会，却没有任何蛛丝马迹可寻。一人如此，当然不足以为奇怪，而理学中人无不如此，则难免令人疑惑。南宋时朱熹曾经为曾巩编列年谱，在慨叹曾巩的文章与学术少为世人所知的时候，又何以没有留意这种特异的情形。其余有名于当时，而在《元丰类稿》中未见有文字往来者尚多，然其交互影响实有待未来作进一步探索。

宋朝时在文章与治事方面追求致用的儒者众多，这与当时的时代环境、蓬勃的学术风气，必然有非常密切的关系。庆历之后，朋党争议渐起，历经英宗时的"濮议"，朝中大臣益形分立。王安石推行新法之后，则有新旧党争，更有流于意气之争的现象。致用之儒者一再撕裂摧折，导致此后的知识分子想要追求事与志侔的机会，竟然也成为绝响。苏轼、苏辙兄弟纵有天赋英才，亦仅在大环境中随起随灭，不能再使儒家事业

[①] 钱穆《初期宋学》："荆公刻深胜过庐陵，博大超于原父。彼乃是宋学一员押阵大将，而中期宋学亦已接踵开始了。荆公思想对当时有大贡献者，举要言之凡两项。一为王霸论，一为性情论。王霸之辨原本孟子，但荆公别有新创。荆公论王霸之异在心，其心异则其事异，其事异则功异。……此项辨论，推行为以后之辨义利。"（见钱穆：《中国学术思想史论丛》卷五，东大图书公司，1978年，第6页。）

有以建其功，有以淑其世，不免令人有"时不我与"的感慨。于是乎如孔平仲、黄庭坚、秦观、张耒、陈师道、晁补之、晁说之等人随后继起，虽然还能有名于时，然创新已少，其在政坛表现也就几近于夕阳之回光，不复见其光辉，更遑论感受其热焰了。

二、家学环境

曾巩的学术思想受到家族环境的影响，无疑是非常深刻的。其父曾易占，自然会成为他学术思想的来源，他的祖父曾致尧虽然未能与他并世而生，但是从曾巩所撰写的《先大夫集后序》中可以感受到他对祖父强烈的景仰之忱。其实曾巩毕生的言行思想，只怕还要受到包括家族其他长辈、平辈的许多成员的影响，这从他为家族成员所撰写的纪念文字以及各种相关的资料中，都可以很清楚地看到存在其间的脉络。

1. 曾致尧（947—1012）

《宋史》卷四百四十一《文苑传》简略地记载了曾致尧为官的经历。曾巩在《先大夫集后序》中，则详细记述了曾致尧各方面的成就，固然是极尽为人子孙揄扬先人盛德的能事，然而行文之际有节有法，其史料价值甚高。欧阳修《尚书户部郎中赠右谏议大夫曾公神道碑铭》、王安石《户部郎中赠谏议大夫曾公墓志铭》也都记载了他生平的重要事迹。[①] 从这些文章中，可以对曾致尧的生平有较详细的了解。

曾致尧在五代时期，曾被南唐李氏推举为进士。当时赵宋已经建国，南唐后主庸懦，曾致尧大约已经察知南唐国势的困窘，而未曾出任南唐的官职。975 年南唐归降北宋以后，曾致尧才在宋太宗太平兴国八

[①] 王安石对曾致尧"谏议君伉直，以摈死"的相关事迹十分详熟，唯所撰《太君曾氏墓志铭》云："尚书吏部郎中赠右谏议大夫。"（见〔宋〕王安石：《临川先生文集》卷一百，第 1029 页。）按：曾致尧实官居尚书户部郎中，欧阳修有《尚书户部郎中赠右谏议大夫曾公神道碑铭》（见〔宋〕欧阳修：《欧阳修全集》卷二十，第 328 页。），作"吏部"，则稍有出入。

年（983）考取进士而出仕，从这里就可以想见他在个人出处进退方面的眼光与立场。

曾致尧为官以后，真可算是干练的能臣。他在担任地方官时，就能"钩得匿货以五百万计"①，而且敢于纠举权贵大臣。他耿直的作为，连皇帝也为之惊骇。其余事迹，像抗拒上级官吏的苛扰，致力于减除百姓的税赋，废止官吏督促贫民代耕职田等作为，都是以纾解百姓的困苦为努力的方向。此外，豪家富室也都能够自我约束，不敢为非作歹鱼肉乡民。作为地方官，这些都是十分优秀的行为。"秋雨名家"就是曾致尧为官时的掌故。②

后来在朝廷任官职时，他能深察羌夏消长的情势，洞悉调度兵将的方略，善于掌握情报资料，能够料敌机先，详知进退的技巧，可以预作筹谋，都表现了他的智慧和能力。其中如请求囤积兵食，预作长期抗敌的准备等建议，均能对当时的施政者有所帮助。这虽然未必是算无遗策，至少可以救当时之急。可惜他的建议没有得到当朝君臣的采用，等到羌夏战事果然如其所料而败战时，大局已经无法挽救。

曾巩的《先大夫集后序》中对曾致尧的思想内涵，有详细的记载："方五代之际，儒学既摈焉，后生小子，治术业于闾巷，文多浅近。是时公虽少，所学已皆知治乱得失兴坏之理……"③

曾致尧究心儒学，勇于从公，在从政的理念方面，则特别重视简税与讽谏。当时民穷已久，曾致尧认为财税制度之擘画及其施行，应该格外用心。身在朝廷时，他就极力倡言："自唐之衰，民穷久矣，海内既

---

① 〔宋〕王安石：《户部郎中赠谏议大夫曾公墓志铭》，《临川先生文集》卷九十二，第950页。
② 《南丰县志》卷二十三："初，致尧尝宴见。太宗从容语及内帑充牣，甚自喜。时方忧旱，致尧即奏对曰：'未及江南一夜秋雨之为富也。'帝为之动容。"曾氏家族遂有"秋雨名家"之美称。
③ 〔宋〕曾巩：《先大夫集后序》，《曾巩集》卷十二，第194页。

集，天子方修法度，而用事者尚多烦碎，治财利之臣又益急，公独以谓宜遵简易、罢管榷，以与民休息，塞天下望。"①

在外为地方官时，他是"在两浙，奏罢苛税二百三十余条"②，在京西时则是"又与三司争论，免民租，释逋负之在民者"③。他能深察民瘼，简易税则，无论是在朝还是在野，都为百姓设想，这种为官的态度，在官场上十分罕见。

曾致尧以敢言著称，"所尝言甚众"，"公于是勇言当世之得失。其在朝廷，疾当事者不忠，故凡言天下之要，必本天子忧怜百姓、劳心万事之意，而推大臣从官执事之人，观望怀奸，不称天子属任之心，故治久未洽"，"祥符初，四方争言符应，天子因之，遂用事泰山，祠汾阴，而道家之说亦滋甚，自京师至四方，皆大治宫观。公益诤，以谓天命不可专任，宜绌奸臣，修人事，反复至数百千言"。④

"秋雨名家"不只是名号优美而已，自曾致尧以后，曾氏家族出仕为官者，多能以关怀百姓疾苦的至诚与至情存心，必然有以致之。追究其原始，实在是源于曾致尧忧怜百姓，以至诚期待"江南一夜秋雨"之遗泽。

在宋太宗时，曾致尧固然是英年气盛："至其难言，则人有所不敢言者。虽屡不合而出，其所言益切，不以利害祸福动其意也。"真宗咸平四年（1001），西夏李继迁围攻灵州，当时曾致尧已经五十五岁，依旧是"激切论大臣，当时皆不悦，故不果用。然真宗终感其言"。即使到了晚年，在被窜逐贬官为黄州副使之后，"将复召之也，而公于是时又上书，语斥大臣尤切，故卒以龃龉终"。这样不计进退、勇于敢言的态度，铿然有声的辩论与见识，的确令人动容。⑤

---

① 〔宋〕曾巩:《先大夫集后序》,《曾巩集》卷十二，第195页。
② 〔宋〕曾巩:《先大夫集后序》,《曾巩集》卷十二，第195页。
③ 〔宋〕曾巩:《先大夫集后序》,《曾巩集》卷十二，第195页。
④ 〔宋〕曾巩:《先大夫集后序》,《曾巩集》卷十二，第194—195页。
⑤ 见〔宋〕曾巩:《先大夫集后序》,《曾巩集》卷十二，第195页。

通计曾致尧的一生，以忠恳之忱秉公而为，故进退有节，不避利害，而又格外体恤民命，可说是刚毅之儒者。于是虽有时誉所归，却未能得意于官场。以上这些特质，日后在曾巩的身上与其从政的经历中，都有类似的重现。曾巩出生时已经来不及和他祖父的生命相重叠，然而若说曾致尧在冥冥中对曾巩具有极其深刻的影响，应贴近事实。

2. 曾易占（989—1047）

他的生平事迹可以参见王安石《太常博士曾公墓志铭》，李清臣《曾博士易占神道碑》，陈师道《光禄曾公神道碑》等文章。曾巩自幼失其生母，长年随侍在曾易占之侧读书，来自父亲的影响，自然远超过他人。

曾易占，字不疑，为曾致尧第五子。早岁以父荫得补太庙斋郎，先担任抚州宜黄尉，后改任临川尉，再被推举为三司法。

宋仁宗天圣二年（1024），曾易占考取进士[①]，曾任越州节度推官。后经荐举为监真州（今江苏仪征）米仓。不久之后改任如皋县知县，尝兴建孔子庙，用以鼓励县人为学。[②] 后来遭逢岁饥，则极力与知州商量解决的方略，决定向越区寻求籴入米粮，因此养活居民数万人。[③] 到了第二年，收成稍有改善，亦不肯立即恢复平常的租税标准，是以当地居民未曾亡走他乡。他在担任玉山县令时，既能尽力清除贼寇大憨，解决人

[①] 见《曾巩集》卷十四《送周屯田序》："周君与先人俱天圣二年进士。"
[②] 《如皋县志》卷二："宋，县属泰州，隶属淮南东路。"卷九："大中祥符八年（1015），县令曾易占建大成殿教堂。"卷十二："大中祥符县令曾易占，建昌南丰人，进士，有传。"卷十五："曾易占，字不疑，南丰人，天圣二年进士，大中祥符间以太常博士知如皋。"王焕镳《曾南丰先生年谱》："荆公、后山所为碑铭，知鲁公在如皋至少二年，其始至之时虽未明言，然叙在中进士、监真州仓后，则似数年间事也。……《如皋县志》谓大中祥符间知如皋，则尚未成进士也。"按：大中祥符年间（1008—1016），时曾易占年二十至二十八之间，方以荫补为官，论其年资，似乎尚未得为县令时。天圣二年为1024年，曾易占及进士第，年三十六岁，宜自此以后得为县令。《如皋县志》所记曾易占中进士与任官如皋之先后，以及其相关年次，显然有误。
[③] 《如皋县志》卷十五："值岁大饥，请于州，得越海转粟，所活凡数万人。明年稍稔，课民赋如常；易占力请，缓征。时他县民多亡，皋独安集。又创建学宫，海隅咸知弦诵，厥功茂焉。后以子布贵，追封鲁国公，祀名宦祠。"

民身家生命遭受威胁的痛苦，又能建设桥梁廨驿，增进人民生活的福祉。后来被知信州事钱仙芝诬陷，曾易占遂丧失官职。从此归隐不仕，达十二年之久。宋仁宗庆历七年（1047）奉召赴京师，中途仅至南京（今河南省商丘市）即因病逝世，终年五十九岁。

景祐四年（1037），曾易占在废退之后不久，尝携曾巩往筠州拜访同年友余靖。余靖原任集贤校理，因范仲淹上《百官图》事件进言，而被贬官监筠州酒税。余靖撰《曾太博临川十二诗序》，有云："同年不疑曾兄惠然挐舟见顾，间日共言临川山水之美，因出十二诗以露其奇。其诗皆讽咏前贤遗懿、当代绝境，未尝一言及于身世，陶然有飞遁之想。通哉！不疑不以时之用舍累其心，真吾所尚哉！"①王安石《太常博士曾公墓志铭》亦云："公所为十余万言，皆天下事古今之所以存亡治乱，至其冤且困，未尝一以为言。"②

曾易占作有《时议》十卷：

> 时议者，惩已事，忧来者，不以一身之穷而遗天下之忧。以为其志不见于事，则欲发之于文，其文不施于世，则欲以传于后。后世有行吾言者，而吾岂穷也哉，盖公之所为作之意也。③

曾易占即使退隐居家，仍然注意天下古今治乱存亡的事实及其原因，思虑甚深而见识甚远，议论宏伟。他平生致力于学术，能明习当世之务。他针对时务的议论，有以下数事为例。

> 宝元中，李元昊反……公独以谓天下之安危顾吾自治不耳。吾已自治，夷狄无可忧者；不自治，忧将在于近，而夷狄岂足道哉。……公殁，而其家得其遗疏，曰："刘向有言，'谗邪之

---

① 〔宋〕余靖：《曾太博临川十二诗序》，《武溪集》卷三，《四库全书》本。
② 〔宋〕王安石：《太常博士曾公墓志铭》，《临川先生文集》卷九十三，第960页。
③ 〔宋〕王安石：《太常博士曾公墓志铭》，《临川先生文集》卷九十三，第960页。

所以并进者，由上多疑心。用贤人而行善政，如或谮之，则贤人舍而善政还。'此可谓明白之论切于今者。夫夷狄动于外，百姓穷于下，臣以谓尚未足忧也。臣之所谓可忧者，特在分诸臣之忠邪而已。"①

始公以文章有名，及试于事，又愈以有名。临川之治，能不以威，而使恶人之豪帅其党数百人皆不复为恶。在越州，其守之合者倚公以治，其不合者有所不可，公轻正之。庄献太后用道士言作乾明观，匠数百人，作数岁不成。公语道士曰："吾为汝成之。"为之捐其费太半，役未几而罢。②

可见曾易占是一个勇于任事，崇文章、尊儒学而排抑道士的儒者。

曾易占弃官之日，曾巩年已十八，对于父亲生命中的重大挫折，曾巩应该已经很能体会。其后，曾巩赴京应试下第而归。蹇困潦倒，可以说是父子皆然。尤几时，曾巩又为肺病所苦。等到仁宗庆历七年（1047），曾巩肺疾稍愈，曾易占也幸而蒙赦可以进京诉冤，于是父子相携进京，这时曾巩二十九岁。不想曾易占竟中途病故，亡身异乡，全凭曾巩一人四处周旋，方能使旅榇还乡。二十年之间，称之为"父子同命"实不为过。所以曾巩得之于其父亲者，必然甚多。与曾易占生平相关的史料并不多见，而所有数据又完全与儒家思想相结合。就思想层面而言，其父子之间，几乎毫无二致。

3. 曾巩诸兄弟

曾巩兄弟六人，其中五人进士及第。这群弟兄可以算是曾巩生命中相依存的支柱，而不只是绚丽的背景。宋朝以儒术取士，而曾氏兄弟在经学与文学方面都拥有优秀的资赋与成就，能够彼此鞭策砥砺，这应该

---

① 〔宋〕王安石：《太常博士曾公墓志铭》，《临川先生文集》卷九十三，第960页。
② 〔宋〕王安石：《太常博士曾公墓志铭》，《临川先生文集》卷九十三，第959页。

是这群弟兄共同成长的重要资源。

（1）曾晔（1009—1053）

曾巩为他所写的《亡兄墓志铭》云：

> 君姓曾氏，讳晔，字茂叔，有智策，能辨说，其贯穿反复，人莫有能屈之者。身穷，为生事，或毛密，应之无留，而读书理笔墨，交宾客，又思事未至当如何，亦不废也。欢愉忧悲、疾病行役、寝食之间，书未尝去目。故自上古以来，至今圣贤百氏、骚人材士之作，训教警戒，辨议识述，下至浮夸诡异之文章，莫不皆熟，而于治乱兴亡、是非得失之际，莫不能议焉。其文章尤宏赡瑰丽可喜。①

在亲兄弟中，唯有异母长兄曾晔未尝及进士第，但曾巩对长兄的学识与处事能力却很推崇。王明清《挥麈后录》卷六记："公（易占）既不偶以卒，再娶朱夫人，年未三十，无以自存，领诸孤归里中南丰。昆弟六人，久益寥落。与长弟晔应举，每不利于春官。里人有不相悦者，为诗以嘲之曰：'三年一度举场开，落杀曾家两秀才。有似檐间双燕子，一双飞去一双来。'"②所谓"三年一度举场开"，乃治平四年（1067）以后的事，当时曾晔早已亡故多年，显然与事实不符。但是，曾巩兄弟早年在考场不得志的事实，依然是一段令他们伤痛的记忆。

其实，在曾巩与曾晔之间早有不和睦的传闻。庆历元年（1041），同

---

① 〔宋〕曾巩：《亡兄墓志铭》，《曾巩集》卷四十六，第624页。
② 〔宋〕王明清：《挥麈后录》，〔宋〕王明清撰，田松清校点：《挥麈录》，上海古籍出版社，2012年，第98页。以下所引《挥麈录》皆依此版本。按：宋初科举承袭唐五代之旧制，每岁举行贡举。至真宗天禧三年（1019），改为四岁一行。至仁宗嘉祐二年（1057），改为间岁一行。至治平四年，始确定为每三年举行一次。《稽古录》治平四年条云："是年十月丁亥诏，自今三年一开举场。"曾巩自庆历二年（1042）首度与兄曾晔同赴考科，不第。庆历六年（1046）曾巩患肺病，皇祐元年（1049）居丧，俱不得同往。皇祐五年（1053）实为两兄弟第二次同时落榜。无几时，而曾晔卒矣。

赴京入太学，曾巩避兄而馆于王君俞舍，从曾巩《王君俞哀辞》、王安石《答段缝书》之中，确然都有迹象可循。前引《亡兄墓志铭》即云：

> 盖埋穷顿委于岩墙间巷之中者岂少哉？如君之材知辨博，又其学如此，使得用其意于事，其施设必有异焉，然卒不克见于世，盖亦岂非其命也夫？①

曾巩所撰碑志文，用以赞述死者，一般都会遍及德、行、术、学各个层面。这篇文章尽量在言辩学识着墨，而慨叹曾晔不克见于世，虽困顿而善待宾客，至于其成就与评价，则未提及，应该是因为曾巩坚守他在史传文学方面所提"事信言文"的原则，所以他在为长兄撰述生平时，仅仅从可称道处下手，坚持"为亲人讳"的书写态度。

（2）曾牟（1021—1065）

曾牟，字子进，为曾巩胞弟，与曾巩在嘉祐二年（1057）同时考取进士。然在曾巩的《元丰类稿》中，作品篇名殊少出现与曾牟相关的文字，古诗《寄子进弟》是唯一的一首，诗云："上言山居恶，梦寐接庭闱。次言服畎亩，禾黍臁已肥。其余业文字，颇测幽与微。题诗在纸尾，语老意不非。"② 从文意可以推知，应是皇祐元年（1049），曾家买田之后所写。③ 大约兄弟分工，曾牟负责耕作事宜，然而不忘读书，而且颇有心得。此外，《南源庄》《寄舍弟》《舍弟南源刈稻》等诗篇，均与此事相关。

---

① 〔宋〕曾巩：《亡兄墓志铭》，《曾巩集》卷四十六，第624页。
② 〔宋〕曾巩：《寄子进弟》，《曾巩集》卷二，第15页。
③ 曾巩《辛卯岁读书》："渐有田数亩，春秋可耕桑。"（见〔宋〕曾巩：《曾巩集》卷四，第54页。）《与刘沆龙图启》："知其孤立，念其数奇。谓其有诗书之勤，则曲加于奖待；谓其有衣食之累，则特甚于矜怜。且使受田之获安，实由为地之至大。在甘旨有毫发之助，于子弟乃丘山之恩。"（见〔宋〕曾巩：《曾巩集》卷三十六，第506页。）知刘沆有协助曾家买田之举，又云："方先人之葬送未成，偏亲之奉养多乏。四弟怀仰哺之托，九妹有待年之期。"曾易占卒于庆历七年（1047），王安石《太常博士曾公墓志铭》云："后卒之二年而葬。"（见〔宋〕王安石：《临川先生文集》卷九十三，第959页。）则买田事在皇祐元年（1049）前后。

曾巩另有《与王介甫第三书》，略云：

> 子进弟奄丧，已易三时矣，悲苦何可以堪！二侄年可教者，近已随老亲到此。二尤小者，六舍弟（曾肇）尚且留在怀仁，视此痛割，何可以言？①

曾巩与曾牟兄弟间往来史料虽甚为短缺，而手足相互扶持相知相惜的深情，仍然存在于蛛丝马迹之间。

（3）曾宰（1022—1068）

曾宰，字子翊，也是曾巩胞弟，为嘉祐六年（1061）进士。曾巩有《亡弟湘潭县主簿子翊墓志铭》叙其为人，谓：

> 子翊少力学，六艺百子、史氏记、钟律地理、传注笺疏、史篇文字，目览口诵手抄，日常数千言，手抄书连楹累笥不能容。于其是非治乱之意既已通，至于法制度数、造物立器，解名释象、声音训诂，纤悉委曲，贯穿旁罗，无不极其说。且老，未尝一日易意。其为文驰骋反复，能传其学。为人质直孝弟，抑畏小心，少年饮酒歌呼、饶乐放纵之事，未尝一接焉。②

又有《王虞部惠佳篇叙述昔与湘潭亡弟游从仍以亡弟旧诗见示》诗，云："棣华零落曾谁语？鸿羽萧条只自怜。已矣空闻怀旧赋，泫然犹获济江篇。"③对于这个精于名物制度与经史训诂而辞德俱美的优秀胞弟，"然位不过主簿，寿止于四十七，其非可哀也夫"④，曾巩有着相当怜惜的感情。

---

① 〔宋〕曾巩：《与王介甫第三书》，《曾巩集》卷十六，第257页。
② 〔宋〕曾巩：《亡弟湘潭县主簿子翊墓志铭》，《曾巩集》卷四十六，第634页。
③ 〔宋〕曾巩：《王虞部惠佳篇叙述昔与湘潭亡弟游从仍以亡弟旧诗见示》，《曾巩集》卷八，第133页。
④ 〔宋〕曾巩：《亡弟湘潭县主簿子翊墓志铭》，《曾巩集》卷四十六，第634页。

（4）曾布（1036—1107）

曾布，字子宣，曾巩五弟，生平传略列在《宋史》卷四百七十一，其中说他学于兄曾巩，嘉祐二年（1057）为同榜进士。及第时年仅二十二，大约得自曾巩者多，影响曾巩者少。神宗熙宁二年（1069）以后附和王安石变法，超迁知制诰，为翰林学士兼三司使。由于为官甚早，而且早年就在官场超迁得意，与曾巩未尝同时在朝任职，彼此思想方面的相互影响反而不易考见。

熙宁七年（1074），曾布因议论吕嘉问的市易法掊克聚敛，认为市易法是毒害百姓的做法，被吕惠卿指责反对新法，遂离开朝廷。那年也是王安石首次离开相职，避居金陵。自是以后，曾布转徙地方州府。直到宋神宗去世，未尝再回朝廷任职。①

绍圣元年（1094），曾布以翰林学士晋升为同知枢密院事。徽宗即位之后，曾布尝拜相当国。大观元年（1107）卒于润州，终年七十二岁。亡故的次日，其胞弟曾肇也在润州逝世，得年则仅有六十一岁。当时朝廷由蔡京主政，《宋史·曾肇传》云："（蔡）京得政，布与肇俱不免。"朝中善类既空，小人为所欲为，宋朝覆亡，已经计日可待。

曾巩亲兄弟中，曾布的职位最为显贵。曾巩《元丰类稿》中没有任何与曾布往来的文字，极不合常情。大约是曾布在朝中有种种政治的纠葛，所以早在曾肇编纂曾巩文集时，就已经全部刊去。

（5）曾肇（1047—1107）

曾肇，字子开，是曾巩的六弟，宋英宗治平四年（1067）进士。

《宋史》将他的传记附在曾巩之后："调黄岩簿，用荐为郑州教授，

---

① 陈善《扪虱新话》云："荆公尝曰：'吾行新法，终始以为不可者，司马光也。终始以为可者，曾布也。其余皆出入之徒。'"（见〔宋〕陈善撰，查清华整理：《扪虱新话》卷一《王荆公新法新经》，大象出版社，2019年，第247页。）《宋史》本传："司马光为政，谕令增损役法，布辞曰：'免役一事，法令纤悉皆出己手，若令遽自改易，义不可为。'"可见，曾布是一个勇于为自己的政治主张辩护的人。

擢崇文校书、馆阁校勘兼国子监直讲、同知太常礼院。"①又载其事迹云：

> 太常自秦以来，礼文残缺，先儒各以臆说，无所稽据。肇在职，多所厘正。亲祠皇地祇于北郊，盖自肇发之，异论莫能夺其议。
>
> 兄布以论市易事被责，亦夺肇主判。滞于馆下，又多希旨窥伺者，众皆危之，肇恬然无愠。
>
> 曾公亮薨，肇状其行，神宗览而嘉之。迁国史编修官，进吏部郎中，迁右司，为神宗实录检讨。元祐初，擢起居舍。未几，为中书舍人。"②

从事于"礼文"的整理与在史馆任职，曾肇都有具体的成就。元丰元年（1078），诏曾肇以集贤校理转殿中丞，兼修国史院编修官，参与《两朝国史》的修撰工作。曾肇上书请求收回所授成命，他自认为"史学不如臣兄巩"。唯其时曾巩已老。至于曾肇大用于朝廷，则在曾巩卒之后，兹不具论。"与修《两朝宝训》，《制敕》有'学术精博，操履坚正'之称，实兄子固草也。"③可知曾巩对于其弟的学术与操行，都给予了高度的肯定。唯《宋史》论述其生平之余，兼且批评曾肇之为人，以为：

> 自熙宁以来四十年，大臣更用事，邪正相轧，党论屡起，肇身更其间，数不合。兄布与韩忠彦并相，日夕倾危之。肇既居外，移书告之曰：'……进则必论元祐人于帝前，退则尽排元祐者于要路。异时惇、卞纵未至，一蔡京足以兼二人，可不深

---

① 〔元〕脱脱等撰：《宋史》卷三百一十九《曾巩传》，第10392页。按：周明泰《曾子开年谱稿》云："公自郑州入仕京师，当在神宗御极之初。则其在黄岩为时必甚暂。但改大理寺丞诸职，则不详其年月。"又，"同知太常礼院"系于熙宁七年。
② 〔元〕脱脱等撰：《宋史》卷三百一十九《曾巩传》，第10392—10393页。
③ 〔宋〕杨时：《神道碑》，〔宋〕曾肇：《曲阜集》卷四，《四库全书》本。以下所引《曲阜集》皆依此版本。

虑。'布不能从。未几，京得政，布与肇俱不免。"①

《宋史》总评曾肇的生平，认为："肇天资仁厚，而容貌端严。自少力学，博览经传，为文温润有法。更十一州，类多善政。绍兴初，谥曰文昭。"②曾肇之名气虽不及曾巩、曾布，以史论与其所获当朝拔擢而言，其成就可以与巩、布鼎足而立。

4. 平辈亲属

（1）从兄弟辈

曾巩从兄弟辈进士及第者有曾庠、曾罩、曾叔卿、曾阜等四人，其中唯有曾庠稍长于巩一岁，年龄相仿，所以留有较多记载。

曾庠（1018—1076），字明升，进士及第。曾巩有《秘书省著作佐郎致仕曾君墓志铭》云：

> 君少孤，自感励好学，能文章，为人聪明敏达，喜事有大志，不肯少屈。为吏以材称，治狱能尽其情。为令丞，易敝兴坏，纲纪具修，吏不敢犯，而民安之也。有声显闻，荐者自许得人。不幸不寿，不克尽其用。③

曾罩，天圣二年（1024）进士，曾巩撰《游信州玉山小岩记》时提及在从游之列。

曾叔卿，庆历六年（1046）进士。

曾阜，嘉祐二年（1057）进士。

曾巩家族之中其他未能列名在进士之林的从兄弟辈必然仍多，他们在思想以至学术方面未必对曾巩没有影响力，只是史料察考不易，姑且

---

① 〔元〕脱脱等撰：《宋史》卷三百一十九《曾巩传》，第10395页。
② 〔元〕脱脱等撰：《宋史》卷三百一十九《曾巩传》，第10395页。
③ 〔宋〕曾巩：《秘书省著作佐郎致仕曾君墓志铭》，《曾巩集》卷四十六，第633页。

付之阙如。

(2) 妹婿

次妹婿王无咎（1024—1069），字补之，嘉祐二年（1057）与曾巩同榜的进士，其婚姻系由曾巩主持，年岁亦仅稍后，彼此过从应该甚为密切。他卒于神宗熙宁二年（1069）闰十一月，年四十六，功业未显。曾巩有《王无咎字序》云：

> 古之人重冠，于冠重字……取《易》所谓无咎者，善补过者也，为之字曰补之。夫勉焉而补其所不至，颜子之所以为学者也。补之明经术，为古文辞，其材卓然可畏也。以颜子之所以为学者期乎己，余之所望于补之也。假借乎己而已矣，岂予之所望于补之哉！①

又有《送王补之归南城》云："但喜丹心在，休惊白发催。穷通莫须问，功业有时来。"② 则应是交往后期的文章。

王安石有《王补之墓志铭》对王补之有进一步的介绍，文中云：

> 尝弃天台县令以与予共学，久之，无以衣食其妻子，乃去。……君所在，学者归焉，贤士大夫皆慕与之游，然君寡合，常闭门治书，唯与予言莫逆。③

曾肇的《王补之文集序》写在"补之殁二十有八年"之后，则更为详细：

> 补之始起穷约之中，未有知者，我伯氏一见异之，归以其妹。其后历抵数公，而从王文公游最久，至弃官积年不去，以

---

① 〔宋〕曾巩：《王无咎字序》，《曾巩集》卷十四，第226—227页。
② 〔宋〕曾巩：《送王补之归南城》，《曾巩集》辑佚，第724页。
③ 〔宋〕王安石：《王补之墓志铭》，《临川先生文集》卷九十一，第948页。

迨于卒。……盖其于书无所不读，于圣人微言奥旨，精思力索，必极其至，于诸子百家、历代史记是非得失之理，必详稽而谨择之。本茂华铧，源深流驶，故其为文贯彻古今，反复辨博，而卒归于典要，非特驰骋虚辞而已。①

曾肇把王补之和曾巩的相知与交谊作了补充，想来王补之或系拙于处世的人，幸而深爱读书，乐在研究，而不在乎穷约通达。与长年不愿在京师任官的王安石过从虽多，卒年却正在王氏主政之第一年，应该也是一个有志未伸的儒者。

三妹婿王安国（1028—1074），字平甫，王安石之弟。《宋史》卷三百二十七有传，评论他"屡以新法力谏安石，又质责曾布误其兄，深恶吕惠卿之奸"②。

曾巩与王安国的情谊很好，他在《祭王平甫文》中说："间托婚姻，相期道义。每心服于超轶，亦情亲于乐易。"③姻亲的关系，使他们之间的交情更紧密，道义的探求也进一步升华。

王安石的《王平甫墓志》作这样的介绍：

> 以文学为一时贤士大夫誉叹。盖于书无所不该，于词无所不工，然数举进士不售。④

王安国卒于熙宁七年（1074），正好是王安石初次罢相之后。曾巩撰《王平甫文集序》，有云：

> 世皆谓平甫之诗宜为乐歌，荐之郊庙；其文宜为典册，施

---

① 〔宋〕曾肇：《王补之文集序》，《曲阜集》卷三，《四库全书》本。
② 〔元〕脱脱等撰：《宋史》卷三百二十七《王安国传》，第10558页。
③ 〔宋〕曾巩：《祭王平甫文》，《曾巩集》卷三十八，第528页。
④ 〔宋〕王安石：《王平甫墓志》，《临川先生文集》卷九十一，第946页。

诸朝廷，而不得用于世。……平甫乃躬难得之姿，负特见之能，自立于不朽，虽不得其志，然其文之可贵，人亦莫得而掩也。……其于诗尤自喜，其忧喜、哀乐、感激、怨怼之情，一于诗见之，故诗尤多也。①

并述其为人云：

平甫居家孝友，为人质直简易，遇人豁然推腹心，不为毫发疑碍，与人交，恩意尤笃也。②

曾巩对王安国的文学修养与为人，都作了高度的评价。曾巩文集中有《和酬王平甫道中见寄》，诗云：

安危魁柄倚谁操，敛笏千官拱赭袍。能有本根持国论，岂须毫发间戎韬。征求藉藉人多困，羁旅皇皇我亦劳。迁宿与君何计得，半生飘荡似风毛。③

这首诗应是在王安国晚年时曾巩所作。常年相知，彼此仍然以持国论事为讨论的重心。这种贤士大夫秉公为国的心情，实在无愧于早年"相期道义"的初衷。

（3）吴蕃（1012—1054）

吴蕃，字彦弼，吴敏之子，曾巩姑妈所生。据"子母吾姑"可考，

---

① 〔宋〕曾巩：《王平甫文集序》，《曾巩集》卷十二，第201—202页。
② 〔宋〕曾巩：《王平甫文集序》，《曾巩集》卷十二，第202页。
③ 〔宋〕曾巩：《和酬王平甫道中见寄》，《曾巩集》辑佚，第725页。按：本诗即辑自中华书局影印金刻本《南丰曾子固先生集》卷三。

吴蕡是曾巩表兄。①庆历元年（1041），曾巩与吴蕡相偕赴京应试，不第同归，两人之间的情谊自然格外深厚。曾巩的《祭吴彦弼文》中说：

> 惟昔与子，齿于学官。京师之旅，江南之还，离行旅食，尝同苦艰。缱绻之义，两是以亲。忆问心病，去岁之春。子形已革，谢我犹勤。谓其母妻，曰我知子。子母吾姑，只益其悲。②

文章中描述两人情谊，交情由少到老，显然一直维持得很好。但是吴蕡的遭遇却更加穷窘，"故子之生，不荐于乡，不试于位，郁塞埋藏"。曾巩对这个表哥的为人与读书作这样的陈述：

> 子之为人，温良沉实，寡笑与言，不随众浮，其举轩轩。书无不讲，尤精左氏。连辞累句，浩浩能记。秦汉至今，千载所录。子以一心，万事渟滀。识能议论，文可传道。偶章刻句，独弃于子。③

---

① 曾、吴、王三家之间有极密切的亲戚关系。曾、吴二人谊属表兄弟。王安石《金溪吴君墓志铭》："蕡君名，字彦弼，氏吴……厥铭维甥订君实。"（见〔宋〕王安石：《临川先生文集》卷九十八，第1013页。）则王安石自称为吴蕡之甥。王安石《河东县太君曾氏墓志铭》云："尚书都官员外郎临川吴君讳某之夫人，河东太君南丰曾氏，尚书吏部郎中赠右谏议大夫讳某之子。……某（安石）实夫人之外孙，而夫人归之以其孙者也。"（见〔宋〕王安石：《临川先生文集》卷一百，第1029页。）所以王安石对于曾致尧"谏议君伉直，以搚死"的相关事迹十分详熟。顾栋高《王安石年谱》以为："公之外祖系处士讳畋，畋之配黄氏；曾太君为尚书都官员外郎讳敏之夫人。岂敏与畋为亲兄弟，公以外家伯叔祖母，亦称外孙耶？"顾谱是也。王安石有《外祖母黄夫人墓表》："外祖夫人黄氏，生二十二年归吴氏……某，外孙也。"（见〔宋〕王安石：《临川先生文集》卷九十，第939页。）则王安石之外祖父为吴畋，岳父吴芮系吴敏之长子。故王安石之岳父与王安石之母系堂兄妹之关系。吴敏之妻曾氏，既是曾致尧之女，则为曾巩之姑；而曾氏同时又是王安石妻之祖母。易言之，吴敏既为曾巩之姑丈，又是王安石妻之祖父。
② 〔宋〕曾巩：《祭吴彦弼文》，《曾巩集》辑佚，第788页。按：本文即辑自中华书局影印金刻本《南丰曾子固先生集》卷三十二。
③ 〔宋〕曾巩：《祭吴彦弼文》，《曾巩集》辑佚，第787页。

最末四句所述的文学见解，竟像是曾巩的文学宣言。彼此的相知相惜也有"子于众人，意尤少可。病写其文，独以示我。意谓予能，可以存子"①作为印证。以上的事实，都足以说明吴彦弼对曾巩各方面的影响，必然是既深且大的。

曾巩的平辈亲属中，相与往来切磋，而有迹可循者如此。由于谊在近亲，又同属学问中人，故特别汇集其间相关的文章，从仅见的字里行间不难见到彼此在学术思想方面互相影响的痕迹。

5.其余长辈亲属

（1）族中长辈

曾氏家族甚为盛大，族亲之间往来密切。吴绛《赠沂国公曾仁旺夫人周氏墓志》，其中有"同居二百余口""夫人有子四人"等文字，可见一斑。

《江西通志》卷一百二十三录有曾致尧所撰《云庄记》：

> 吾仲弟士尧，淳化中擢进士第，释褐番禺户掾，历滁州清流令。母老，上章乞解官就养，优诏从之。宜兴县太君周氏夫人，致尧母，士尧世母也。亦年将八十，士尧事之如母焉……弟宗尧、戴尧，子易从、易知、易占，洎士尧皆从行。厨人驱羊，仆夫载酒，花坡柳村，时复驻马；长郊远野，亦或命酌；境土田亩，人家园林，罔不周览焉。夫前引宾客，后拥儿侄，中载酒肴，而吾与群弟缓辔从容其间，亦太平时幸事耳。②

曾氏家族家居和睦，早在曾致尧时，就已经有范例可循。"周氏夫人，致尧母，士尧世母也。亦年将八十，士尧事之如母焉"尤其可以证明他们家族内部聚居生活，至于"厨人驱羊"以下举族忧乐与共的实情，

---

① 〔宋〕曾巩：《祭吴彦弼文》，《曾巩集》辑佚，第788页。
② 〔宋〕曾致尧：《云庄记》，《江西通志》卷一百二十三。

历历展现于文字之间，读来尤其令人艳羡。

曾巩在景祐三年（1036）仲夏五月戊子日，与叔父、昆弟游信州玉山小岩，撰有《游信州玉山小岩记》，其中云："是日之会者，叔父易丰伯洪，伯氏罖成之、绎世昌，仲氏牟子进、宰元辅，其名皆以书于石矣。"① 行文之间，所述家族同游之乐，简直是与《云庄记》同一机杼，盖其家风一向如此。

王安石《户部郎中赠谏议大夫曾公墓志铭》中谓："生子男七人，仕者三人。"② 曾巩有伯父曾易从、曾易知、曾易直、曾易简，叔父曾易丰、曾易持，其中曾易从有登进士第的记载③，唯家族中诸长辈的事迹已经无从印证。

曾巩家族固然极为庞大，而进士及第的人数之多，在历史上恐怕也是绝无仅有的。家族辉煌的光焰，应该不是纯粹来自血缘关系，盖因科举考试经由严苛而激烈的公平竞争，人人各自以其聪明智慧有以致之。而家族中不断传递的佳绩，也会是绵绵不绝的鞭策动能。于是整个家族能够创造如许佳绩，必然会在文化的范畴中，凝聚出精彩的成就，曾巩或许就是这波浪潮的最顶峰。

（2）晁宗恪（1007—1069）

晁宗恪是曾巩的岳父，曾巩有数篇文章纪念他。《祭晁少卿文》云："巩蚤以孤，蒙与托嘉好，自始迄今，逾二十载。缱绻相与，义厚情亲。"④ 岳父如父，情义的深厚自不待言。

曾巩与原配晁德仪的婚姻生活，从宋仁宗至和元年（1054）开始，

---

① 《游信州玉山小岩记》，曾巩诸文集均未收录，李震《年谱》谓得自《游志续编》。
② 〔宋〕王安石：《户部郎中赠谏议大夫曾公墓志铭》，〔宋〕王安石著，唐武标校：《王文公文集》卷八十七，上海人民出版社，1974年，第920页。
③ 《江西通志》卷二十一《选举表·宋一》："曾易从，南丰人，致尧子，咸平四年庚子陈尧咨榜。"
④ 〔宋〕曾巩：《祭晁少卿文》，《曾巩集》卷三十八，第530页。

到嘉祐七年（1062）晁氏逝世只有短暂的八年。尤其是前三年，曾巩尚未取得功名，众口食繁，辛苦备尝。对于岳父的托付，有感谢，也有亏欠。是否也因此，彼此的情义不因作为媒介的晁氏逝世而改变。

曾巩又有《光禄少卿晁公墓志铭》云：

> 公为人乐易慈恕，寡言笑，人不见其喜怒，遇事果于有为，人亦罕能及者。其为常熟，修学校，理沟防，人赖其利。为兰溪，绳奸字穷，境内和洽。……所至人皆安公之政，而去常思之。盖公之行己居官而见于事者如此，而其大抵则于仁厚最隆也。①

文章在充满哀思中深刻地呈现出前人的智慧与行事的伟大。面对这些感动，曾巩免不了要受其身行影响。

（3）李禹卿

李禹卿是曾巩继室的父亲，由于未曾检得相关史料，其生卒年不详。然而曾巩的《尹公亭记》中却有李禹卿曾任湖北随州知州的记述。其文曰：

> 庆历之间，起居舍人、直龙图阁河南尹公洙以不为在势者所容谪是州……尝于其居之北阜，竹柏之间，结茅为亭……至治平四年，司农少卿赞皇李公禹卿为是州，始因其故基，增庳益狭，斩材以易之，陶瓦以覆之，既成，而宽深亢爽，环随之山皆在几席。又以其旧亭峙之于北，于是随人皆喜慰其思，而又获游观之美。其冬，李公以图走京师，属予记之。②

尹洙是欧阳修的挚友，卒于庆历七年（1047），当时曾巩有诗《哭尹

---

① 〔宋〕曾巩：《光禄少卿晁公墓志铭》，《曾巩集》卷四十六，第629—630页。
② 〔宋〕曾巩：《尹公亭记》，《曾巩集》卷十八，第299—300页。

师鲁》悼念他，其中有"尹公素志任天下，众亦共望齐皋伊。文章气节盖当世，尚在功德如豪氂"①的文辞，表达他对尹洙无限的推崇之意。李禹卿任随州知州时重建尹公亭，对于尹洙的为人行事有一定的认同与景仰。则岳婿间通过尹洙，竟然拥有这一段殊胜的缘分。

（4）朱氏姻亲长辈

朱延之是曾巩继母的弟弟，曾巩有《天长朱君墓志铭》云：

> 君聪明敏悟，少力学问，为文章，数就进士试，不合，乃叹曰："与其屈于人，孰若肆吾志哉？"因不复言仕。方是时，朱氏世以仕宦显于淮南，君居其家，尤孝谨慈良。然与人，非其意不肯苟合。既果于自为，而其治见于家者，规画纤悉备具，推之知其可任以事，然卒于无所遇，君亦未尝不自得也。……君居穷经营……及晚而饶财，又能乐赈施，人以此多君也。②

一个不乐仕进的灵魂，在曾巩笔下，不只是孝谨慈良，还肆志于居穷经营，终能饶财乐赈。与其人相与，亦可以自励而有得。

吴祥是曾巩的姨丈，是继母朱氏的姊夫。曾巩在《故太常博士吴君墓志铭》中云：

> 年四十余始中第……初，君之屡斥于进士也，既自力学问，充其业，又帅其弟，务刻苦，养其亲。入其门内，尊安其卑，卑慕其尊，一时皆称之。……平居恂恂，不与犯者校，及其自守，人亦不能移也。官归，常僦屋以居，既卒，几不能葬。③

此君自力学问刻苦养亲，严于伦常，守约安贫，亦是有德君子。

---

① 〔宋〕曾巩：《哭尹师鲁》，《曾巩集》卷三，第41页。
② 〔宋〕曾巩：《天长朱君墓志铭》，《曾巩集》卷四十六，第632页。
③ 〔宋〕曾巩：《故太常博士吴君墓志铭》，《曾巩集》卷四十六，第626—627页。

（5）姑丈黄君

曾巩有《祭黄君文》云：

呜呼！宋且百年，号令万里。奸臣黜除，尤者摈死。岩材里秀，驱驾而使。盖君之生，有时如此。当世之官，有微有盛。……君独于求，以死终病。同时之人，勤营善畜。……君独一身，衣食常戚。兹非其命，曷以至兹？君能自达，可以无悲。亲戚念君，能不歔欷！我之老姑，归君为妇。与君历年，颠沛同有。今对其孺，宁匪我伤！①

曾巩《上齐工部书》云："诸姑之归人者多在临川。"②不仅吴蕡母亲系曾巩姑妈，《祭黄君文》所述黄君娶"我之老姑"，大约也住在临川。黄君既勤营善蓄，又能自达，则其襟怀洒落，迥异凡品，自然也是一个值得景仰的前辈。

（6）长妹翁关鲁（972—1051）

曾巩在皇祐三年（1051）有《祭关职方文》，用以吊唁长妹翁关鲁。其文云：

呜呼关公！以文中科，以材为吏。艰于厥初，四十始仕。终领两州，其治大肆。告老于朝，郎官以归。……公出公休，八子侍侧。仕者大半，同时共籍。其声显扬，其习顺懋。万石之风，百世相差。有后如斯，世谁能及？而况公年，跻于八十。或如公寿，莫如公安。履劳抚少，其意桓桓。③

"艰于厥初，四十始仕。终领两州"，对于当时尚未中第、久处"蒿

---

① 〔宋〕曾巩：《祭黄君文》，《曾巩集》卷三十八，第535页。
② 〔宋〕曾巩：《上齐工部书》，《曾巩集》卷十五，第245页。
③ 〔宋〕曾巩：《祭关职方文》，《曾巩集》卷三十八，第534页。

莱"的曾巩来说，应是对未来最起码的期待。后来曾巩自请通判越州时，有《题关都官宅》其中云："身世自如天下少，利名难退古来稀。"① 对于这位老亲家的风仪，曾巩应该还有另一番的领会。

（7）曾宰岳父张唐公（？—1073）

张唐公与曾易占同是宋仁宗天圣二年（1024）进士，为曾宰岳父。曾巩有《祭张唐公文》云：

> 维公作德于躬，实方实厚，实夷实吁，实坚实茂。彼嗜而争，我有不惑；彼妩为朋，我肆而特。我抗其辞，维彼之默。始烨其华，儒林礼官，乃硕其实，侍从之班，维帝时咨，维士时附。尚其昌言，式久在序。告疾于朝，乃长南服。里无叹声，士女辑穆。以老得谢，傲其归装。车御未驱，讣闻四方。②

对于张唐公的协助长成与其个人的行止进退、功业成就，曾巩给予了很高的评价。

（8）曾肇岳父强至（1022—1076）

杨时《曾文昭公行述》云："（曾肇）娶强氏，累封和义郡君，尚书祠部郎中、二司户部判官讳至之女也。有贤行，能宜家。"③

强至，字几圣，庆历六年（1046）进士。宋陈振孙《直斋书录解题》卷十七云："（强至），亦韩魏公（琦）客也。在幕府，表章、书记多出其手。曾南丰作集序，称其文备古今体，兼人所长云。"④

曾肇是宋英宗治平四年（1067）进士，时年二十一。以当时风气推估，其婚姻亦当在此前后。曾巩有诗《酬强几圣》，强至也有两则《回越

---

① 〔宋〕曾巩：《题关都官宅》，《曾巩集》辑佚，第728页。
② 〔宋〕曾巩：《祭张唐公文》，《曾巩集》卷三十八，第527页。
③ 〔宋〕杨时：《曾文昭公行述》，《龟山集》卷二十九，《四库全书》本。以下所引《龟山集》皆依此版本。
④ 〔宋〕陈振孙：《直斋书录解题》卷十七，《四库全书》本。

州通判曾学士书》，往来的诗中，都传达出对对方的推崇和想念。

曾巩比强至年长三岁，有《强几圣文集序》云："既没，其子浚明集其遗文为二十卷，属予序。"①强至卒于熙宁九年（1076），则现存的两家诗文，往来时间跨越七年以上。《元丰类稿》中"文集序"一类的文章很少，而且必然是曾巩与作者之间有相当深厚的交情，可知彼此交谊，殊不同于一般凡庶。

凡本节所述亲属，其生命与曾巩的交会或久或骤，甚或不相谋面。既然留有文字记录，就可以考见其间精神相互往来的痕迹，则彼此所思所想就有实质的影响，而存在于其间的蛛丝马迹，对我们往往可以有所启发。何况凡所叙述，虽多数取自墓碣，为贤者讳，为亲者讳，必然在所难免。然而就文字所见，至少所录者都不失为正人君子，甚至人品高洁、行止端方者往往有之，都是值得尊敬的人杰。何况"三人行，必有我师"，谊在亲属，往来较多，"见贤思齐"何其方便，此等丰厚资源，应为曾巩生命的重要福泽。

除以上所述之外，《元丰类稿》中还收入众多对女眷的纪念文章，除对其人的仁孝慈恕，以至持家睦族的种种优秀表现以外，其中还往往对她们读书能文，特别作深刻的推崇。

具有这种类型文字叙述的，至少包括曾祖母周氏[②]、吴敏夫人曾氏[③]、

---

① 〔宋〕曾巩：《强几圣文集序》，《曾巩集》卷十二，第202页。
② 同治《南丰县志》卷三十三录吴绛《赠沂国公曾仁旺夫人周氏墓志》："乡中无可师者，遂躬自授经。"
③ 王安石在《河东县太君曾氏墓志铭》中云："夫人于财无所蓄，于物无所玩，自司马氏以下史所记世治乱人贤不肖，无所不读，盖其明辨智识，当世游谈问知名之士有不能如也。虽内外族亲之悍强顽鄙者，犹知严惮其为贤。"（见〔宋〕王安石：《临川先生文集》卷一百，第1029页。）

长妹关氏①、次妹王氏②、继室李氏的曾祖母王氏③、长妹妯娌周氏④六人。对这些女性的识见、德业与能力,尤其是在她们生命中有关善自精进、读书尚友古人的部分,曾巩都是尊敬不已的。

以上曾巩的家学渊源及相关环境,文字数据多半来自曾巩的陈述,对亲人刻意加以褒扬美化,自然在所难免,但是曾巩所处的整体人文环境,客观看来,远较一般人优渥,这是不争的事实。

---

① 见《曾巩集》卷四十六《郓州平阴县主簿关君妻曾氏墓表》:"始,吾妹为儿时,育于祖夫人,已不好戏弄。及长,喜读书。于女工之事,不教而自能。为人进退容止皆有法度,人罕见其喜愠之色,内外属皆严重之。"
② 见《曾巩集》卷四十六《江都县主簿王君夫人曾氏墓志》:"孝爱聪明,能读书言古今,知妇人法度之事。"
③ 见《曾巩集》卷四十五《试秘书省校书郎李君妻太原王氏墓志铭》:"为人明识强记,博览图籍,子孙受学,皆自为先生。"
④ 周氏(1040—1065)为曾巩长妹夫兄关景仁之妻。周氏卒年仅二十六,亲属关系颇为疏远,其先人与夫家亦非有过人的事功,而曾巩为其所撰墓志铭却远较他人为长且详。见《曾巩集》卷四十五《夫人周氏墓志铭》略云:"夫人独喜图史,好为文章,日夜不倦,如学士大夫,从其舅邢起学为诗。既嫁,无舅姑,顺夫慈子,严馈祀,谐属人,行其素学,皆应仪矩。有诗七百篇,其文静而正,柔而不屈,约于言而谨于礼者也。"

第二章

曾巩的经学思想

第一节 曾巩的经学基础

《宋史》本传对曾巩的评价是"本原《六经》"。他的学术思想体系以经学为基础，立身、处世、为文的一贯态度都是崇道尊儒。虽然他没有所谓高头讲章、厚本语录，但是他对经学的深入与熟悉，使他的文章里充满着浓厚的学术气氛，成为特有的风格。明末茅坤（1512—1601）在《唐宋八大家文钞》论例中指出"曾南丰之文，大较本经术"，这是后人相当一致的认识。曾肇在《行状》中指出：

> 公生于末俗之中，绝学之后，其于剖析微言，阐明疑义，卓然自得，足以发六艺之蕴，正百家之缪，破数千载之惑。其言古今治乱得失是非成败，人贤不肖，以至弥纶当世之务，斟酌损益，必本于经，不少贬以就俗，非与前世列于儒林及以功名自见者比也。①

---

① 〔宋〕曾肇：《行状》，《曾巩集》附录，第791页。

这一段话，的确足以笼括他平生努力于经学的大概情况。

曾巩对经学极为努力，也深有心得。《王容季文集序》中说：

> 其体至大，盖一言而尽，可谓微矣。其言微，故学者所不得不尽心。能尽心，然后能自得之。此所以为经，而历千余年，盖能得之者少也，《易》《诗》《礼》《春秋》《论语》皆然。其曰测之而益深，穷之而益远，信也。①

曾巩认为经学的价值至为重大，却又极其精微，所以需要以缜密的功夫致力于斯，只是千古以来在这方面获有心得的学者太少。金刻本《南丰曾子固先生集·黄河》引经据典对古人治河的经验作概略的回顾，本是讨论公共工程事务的文章，其中却谈到经学的价值，认为：

> 知今者莫若考古，知古者莫若师经。经者，万世之法也。自教学废而经术不盛行于天下，言理者舍经而各师其意，此后世之患也。②

经书是古代经验的记录，传递了前人的成果，是吾人的重要借鉴。今人的荒谬，往往就在于"舍经而各师其意"。重视经术在实用方面的价值，正是曾巩对经学的重要宣示。

一、对经学历史的回顾

在《新序目录序》中，曾巩对汉代的经学作这样的陈述：

> 汉兴，六艺皆得于断绝残脱之余，世复无明先王之道以一之者。诸儒苟见传记百家之言，皆悦而向之。故先王之道为众说之所蔽，暗而不明，郁而不发。而怪奇可喜之论，各师异见，

---

① 〔宋〕曾巩：《王容季文集序》，《曾巩集》卷十二，第199页。
② 〔宋〕曾巩：《黄河》，《曾巩集》辑佚，第753页。

皆自名家者，诞漫于中国。一切不异于周之末世，其弊至于今尚在也。①

汉代经学从断简残编中重新组构起来，同时受到"传记百家之言"的干扰，从而移转了学者的注意力。"传记百家之言"包括两个支系，"百家之言"就是诸子之学；"传记"则是指六艺经说的部分。所以曾巩认为汉代经学，一方面受到新兴的诸子学说的挑战；一方面还受到经学系统本身因注释解说的分歧所形成的纷扰。

在《筠州学记》中，曾巩则对汉代的经学有这样的批评：

> 至汉，六艺出于秦火之余，士学于百家之后。言道德者，矜高远而遗世用；语政理者，务卑近而非师古。刑名兵家之术，则狃于暴诈。惟知经者为善矣，又争为章句训诂之学，以其私见，妄穿凿为说。故先王之道不明，而学者靡然溺于所习。②

曾巩对于汉代的经学，有许多不满。言道德者，谓道家也；语政理者，谓持有政治权力的法家。知经者，固然是经学中人，可是"争为章句训诂之学"却不是曾巩所推崇的，至于"以其私见，妄穿凿为说"就更是以往经学者严重的弊病。

有汉一朝，以儒家思想为核心的经学，虽然得到朝廷的重视，单独拥有设"博士官"及"博士弟子员"的优厚待遇，却使得经学宥限于师承家法之流弊，乃至于由此之后所形成的拘泥于章句训诂，或者穿凿附会，遂致支离破碎等缺陷，不一而足。欧阳修就很反对这种情形，曾巩亦然，他在《王子直文集序》中，认为：

> 由汉以来，益远于治。故学者虽有魁奇拔出之材，而其文

---

① 〔宋〕曾巩：《新序目录序》，《曾巩集》卷十一，第176—177页。
② 〔宋〕曾巩：《筠州学记》，《曾巩集》卷十八，第300页。

能驰骋上下，伟丽可喜者甚众，然是非取舍，不当于圣人之意者亦已多矣。故其说未尝一，而圣人之道未尝明也。①

经学不能用在实际的国政民生事务，而只能成为驰骋文辞的凭借，虽然有其伟丽可喜的一面，但却绝非圣人述作求治之意。曾巩对于由汉至唐以至五代千余年间的经学发展，并未给予肯定的评价。至于当代的学术，其《筠州学记》则作如是观：

以迄于今，士乃有特起于千载之外，明先王之道，以寤后之学者。世虽不能皆知其意，而往往好之。故习其说者，论道德之旨，而知应务之非近；议从政之体，而知法古之非迂。不乱于百家，不蔽于传疏。其所知者若此，此汉之士所不能及。然能尊而守之者，则未必众也。故乐易惇朴之俗微，而诡欺薄恶之习胜。其于贫富贵贱之地，则养廉远耻之意少，而偷合苟得之行多。此俗化之美，所以未及于汉也。②

北宋初年，经学的发展只是沿袭唐代的轨迹，大体还是汉代学风的余韵，未能开创新的面貌。直到宋仁宗庆历年间，习先王之道的学者已经不满足于传统名物训诂的领域，转而用心于义理的探索，积之而逐渐开启了一扇新颖的经学门户。可贵的是，"论道德之旨，而知应务之非近"不仅仅是独善其身；而且"议从政之体，而知法古之非迂"能超越世俗的观点；尤其是"不乱于百家，不蔽于传疏"的确是前代的知识分子所不能及。其具体表现首先是宋儒对传统注疏的态度，由质疑转而提出新的诠释门径。欧阳修曾上《论删去九经正义中谶纬札子》，请求删修经疏，并自著《诗本义》，期望能借以导引一代经学走向一条务实的新路

---

① 〔宋〕曾巩：《王子直文集序》，《曾巩集》卷十二，第197页。
② 〔宋〕曾巩：《筠州学记》，《曾巩集》卷十八，第301页。

径。同时，孙复著《春秋尊王发微》，建议重新批注经书；刘敞著《七经小传》等，皆以破旧立新，震动当世。于是学者说经，侧重独立思考能自出己意，蔚成风气。至于神宗熙宁年间，下诏颁行王安石等撰的《三经新义》，更使经学的新颖面貌成为当代重视的潮流。

二、成长岁月中的体认

曾巩所撰的诗文中，字里行间常常以致力于经学而自豪，"我本孜孜学《诗》《书》"、"永怀衡门士，辛苦守六经"、"南窗圣贤有遗文，满简字字倾琪瑰"。[①]他自述学习经术的态度是：

> 十六七时，窥六经之言与古今文章，有过人者，知好之，则于是锐意欲与之并。[②]

> 自少至于长，业乃以《诗》《书》文史，其蚤暮思念，皆道德之事，前世当今之得失，诚不能尽解，亦庶几识其一二远者大者焉。[③]

汉唐以降，历经五代之乱，经学逐渐式微。曾巩在家族的熏陶之下，孜孜于圣人之道，自认有所收获，是自许，也是实录。茫茫学海中，在他傲岸孤独的身影下，亦不乏志同道合的伴侣。

曾巩深交的朋友之中，王回、王向、王囧三兄弟，是他所推崇的后起之秀。他在《王容季文集序》中云：

> 吾友王氏兄弟，曰回深父，曰向子直，曰囧容季，皆善属文，长于叙事，深父尤深，而子直、容季，盖能称其兄者也，

---

① 分别见：《曾巩集》卷三《秋怀》，第34页；《曾巩集》卷二《雪咏》，第24页；《曾巩集》卷一《冬望》，第1页。
② 〔宋〕曾巩：《学舍记》，《曾巩集》卷十七，第284页。
③ 〔宋〕曾巩：《上欧阳学士第二书》，《曾巩集》卷十五，第233—234页。

皆可谓拔出之材。①

王向卒年不详,曾巩在《王子直文集序》中说:"子直官世行治,深父已为之铭。"可见王向逝世过早。王回卒年四十三,王囧卒年仅三十有二,三兄弟都享寿不长,良可哀恸。

在《王容季墓志铭》中曾巩叙述三兄弟的学术成就闻名当世:

> 初,容季之伯兄回深甫,以道义文学退而家居,学者所崇。而仲兄向子直亦以文学器识名闻当世。②

在《王深父文集序》中,他强调王回能奋然独起开风气之先:

> 当先王之迹熄,六艺残缺,道术衰微,天下学者无所折衷,深父于是时奋然独起,因先王之遗文以求其意,得之于心,行之于己,其动止语默必考于法度,而穷达得丧不易其志也。③

在《王子直文集序》中,对于王向从文学转向经学,也有所期许:

> 读其书,知其与汉以来名能文者,俱列于作者之林,未知其孰先孰后。考其意,不当于理者亦少矣。然子直晚自以为不足,而悔其少作。更欲穷探力取,极圣人之指要,盛行则欲发而见之事业,穷居则欲推而托之于文章,将与《诗》《书》之作者并,而又未知孰先孰后也。④

在《王容季墓志铭》中,则偏重在其学行相应而为说:

---

① 〔宋〕曾巩:《王容季文集序》,《曾巩集》卷十二,第199页。
② 〔宋〕曾巩:《王容季墓志铭》,《曾巩集》卷四十二,第579页。
③ 〔宋〕曾巩:《王深父文集序》,《曾巩集》卷十二,第196页。
④ 〔宋〕曾巩:《王子直文集序》,《曾巩集》卷十二,第198页。

容季孝悌纯笃，尤能刻意学问，自少已能为文章，尤长于叙事，其所为文，出辄惊人。为人自重，不驰骋衒鬻，亦不孑孑为名。日与其兄讲唐虞孔子之道，以求其内，言行出处，常择义而动。其磨砻涵养而不止者，吾未能量其所至也。不幸其志未就，其材未试，而短命死矣。①

在《王容季文集序》中对逝者的称许，简直是一唱三叹：

令其克寿，得就其志，则将绍六艺之遗言，其可御哉！②

而以上这些论述，何尝不是曾巩以君子自道呢？

"唐虞孔子之道""六艺之遗言"都是《诗》、《书》、道术的变文。王氏兄弟的早逝格外让曾巩深感惋惜，正因为他们都深究经术而又能文，应该是曾巩四十岁前后的日子里敦砺学术的重要伴侣。在《与王介甫第三书》中，曾巩提到王回的逝世，以及对彼此之间的相知相惜，作如此陈述：

深父殂背，痛毒同之……是道也，过千岁以来，至于吾徒，其智始能及之，欲相与守之。然今天下同志者，不过三数人尔，则于深父之殁，尤为可痛。③

像王回这样，能做到"破去百家传注推散缺不全之经，以明圣人之道于千载之后，所以振斯文于将坠，回学者于既溺"④的朋友，实在是曾巩所最珍惜的。

---

① 〔宋〕曾巩:《王容季墓志铭》,《曾巩集》卷四十二，第579页。
② 〔宋〕曾巩:《王容季文集序》,《曾巩集》卷十二，第199页。
③ 〔宋〕曾巩:《与王介甫第三书》,《曾巩集》卷十六，第257页。
④ 〔宋〕曾巩:《王深父文集序》,《曾巩集》卷十二，第196页。

曾巩还与王安石互相切磋、往来论道。他比王安石长两岁，还有相当密切的姻亲关系，而曾巩辈分较高。两人同是江西抚州人，声誉也在伯仲间，因此在往来的文字间，曾巩还透露着几分自负。

王安石也服膺儒家思想，重视内在的道德修养，而求经世致用于国计民生，务期能够两相配合，尤其是要做一个以"致君尧舜上，再使风俗淳"而自相期许的儒者。曾巩曾经在欧阳修面前推荐王安石至于再三。由于思想相近，王安石也给曾巩相当坚定的支持。王安石所写的《答段缝书》就曾为曾巩辩护："巩文学论议，在某交游中，不见可敌。其心勇于适道，殆不可以刑祸利禄动也。"[1] 王安石在这里所说的"文学论议"与今日的语意不尽相同，应与孔门四科中的"文学"之目互相参酌。[2]

汉朝时，州郡及王国皆置文学官，魏武帝置太子文学，北魏有司州文学，南朝梁有文学从事，唐朝时太子、诸王、各都督府、各州，并置文学，掌以五经教授诸生。可见自古以来多以"学术"为"文学"的内容。王安石大约就是援用"文学"的古义，来赞美曾巩在经学方面的努力和成就。曾、王之间声气相通，对儒家人生理想也有共同体认，行事看法或许不尽相同，彼此却一直维持着深厚情谊。"友王"的机缘，也是曾巩生命中极其珍贵的资产。

曾巩三十九岁才考取进士，面对这样的困顿，曾巩孤独的读书岁月，相较于当世的许多人杰，显得特别漫长。但是他一路走来，却仍然充满着对经学的坚持与对自我的期许。

《写怀二首》之二云：

---

[1]〔宋〕王安石：《答段缝书》，《临川先生文集》卷七十五，第796页。
[2]《论语·宪问》："文之以礼乐。"指出礼乐乃是"文"之内涵。《礼记·乐记》也说："礼自外作，故文。"《论语·学而》："行有余力，则以学文。"《集解》引马融注："文者，古之遗文也。"郑玄注："文，道艺也。"皇侃疏："文即五经六籍也。"郑玄以"道艺"诠释"文"则其所谓道艺也者，为道之艺，皇侃则直接认为文即五经六籍。《论语·子罕》："子云，吾不试，故艺。"依郑玄之意，所谓"艺"当是礼乐之文。《汉书·西域传》："诸大夫、郎，为文学者。"注："为文学，谓学经书之人。"

> 荒城绝所之，岁暮浩多思。病眼对湖山，孤吟寄天地。用心长者间，已与儿女异。况排千年非，独抱六经意。终非常情度，岂补当世治？幽怀但自信，盛事皆空议。气昏繁霜多，节老寒日驶。局促去朋友，呫嗫牵梦寐。将论道精粗，岂必在文字？①

由于曾巩是以"论道"为志趣，所以不必尽在文字之中沉埋，而能"独抱六经意"，生命自然丰实而有方向。

三、对经学研究的意见

在《筠州学记》中，曾巩认为汉代的经学者"争为章句训诂之学，以其私见，妄穿凿为说"，于是他"将论道精粗"，希望能从经书中寻求有补于实际事务的作为。他在《黄河》一文中说道：

> 方汉之时，经术虽不盛行于天下，然学经者犹不尽废，而害已然。至今千有余年，言经者益少矣。②

曾巩真正在意的是经学的传承，正如孔子认为告朔的饩羊虽然不能完整地呈现礼制的丰富内容，至少能提供探索的管道。汉代经学研究虽然局限于名物训诂，总算还有研习的诱因与成果。然而"至今千有余年，言经者益少"。在运用经学的方面，曾巩有以下看法。

1. 以经典陈述其心得

经典的内容，本来就是儒者奉为立身行事的圭臬。曾巩深于经术，对经书极其推崇。在《上欧阳舍人书》中，他说：

> 夫经于天地人事，无不备者也，患不能通，岂患通之而

---

① 〔宋〕曾巩：《写怀二首》，《曾巩集》卷一，第12页。
② 〔宋〕曾巩：《黄河》，《曾巩集》辑佚，第753页。

少邪？①

他认为经书中涵盖各种事物的核心内容，是学习的主要对象，学习者自当从中钻研。

曾巩的经学，大致以《诗》《书》为中心，他对于经书主体内容的一贯性，体会最深，也推崇最甚。

在《新序目录序》中，曾巩说：

> 故《诗》《书》之文，历世数十，作者非一，而其言未尝不相为终始。②

在《王容季文集序》中，他说：

> 其体至大，盖一言而尽，可谓微矣。其言微，故学者所不得不尽心。能尽心，然后能自得之。此所以为经，而历千余年，盖能得之者少也，《易》《诗》《礼》《春秋》《论语》皆然。其曰测之而益深，穷之而益远，信也。③

在《王子直文集序》中也说：

> 是以《诗》《书》之文，自唐虞以来，至秦鲁之际，其相去千余岁，其作者非一人，至于其间尝更衰乱，然学者尚蒙余泽，虽其文数万，而其所发明，更相表里，如一人之说，不知时世之远，作者之众也。呜呼！上下之间，渐磨陶冶，至于如此，岂非盛哉！④

---

① 〔宋〕曾巩：《上欧阳舍人书》，《曾巩集》卷十五，第236页。
② 〔宋〕曾巩：《新序目录序》，《曾巩集》卷十一，第176页。
③ 〔宋〕曾巩：《王容季文集序》，《曾巩集》卷十二，第199页。
④ 〔宋〕曾巩：《王子直文集序》，《曾巩集》卷十二，第197页。

经书的内容至精至美，固然是天下儒者所再三吟咏讽诵，然曾巩对经书赞誉推崇至于如此深切，后学者读来还是极为动人。

在《福州上执政书》中，他就说：

> 窃以先王之迹，去今远矣，其可概见者，尚存于《诗》。①

这篇近两千字的文章，简直就是曾巩研读《诗经》的心得报告，呈现出他通过《诗经》对古代政治遗迹所作的约略探索，使古人的文章与理想的政治运作之间，有了密切的连接。另外他在《移沧州过阙上殿札子》一文中，也曾说明《诗经》多方面的积极意义：

> 窃观于《诗》，其在《风》《雅》，陈太王、王季、文王致王迹之所由，与武王之所以继代，而成王之兴，则美有《假乐》《凫鹥》，戒有《公刘》《泂酌》。其所言者，盖农夫女工筑室治田，师旅祭祀饮尸受福，委曲之常务。至于《兔罝》之武夫，行修于隐；牛羊之牧人，爱及微物，无不称纪。所以论功德者，由小以及大，其详如此。后嗣所以昭先人之功，当世之臣子所以归美其上，非徒荐告鬼神、觉寤黎庶而已也。②

曾巩指出，《诗经》固然保存了古代王业建构的史迹之描述，更值得注意的是，对于农、工、士、师各种不同的生活样貌及其生命的意义，都有丰富的陈述，这些是吟诵之际要特别体会的部分。

基于对经学的期许与对经书的娴熟程度，于有朝一日能够立身行道的时候，曾巩也就格外用心于圣贤事业，推广经学就成为曾巩为政的重点。他在《郡斋即事二首》中云：

---

① 〔宋〕曾巩：《福州上执政书》，《曾巩集》卷十六，第268页。
② 〔宋〕曾巩：《移沧州过阙上殿札子》，《曾巩集》卷三十，第443页。

> 画戟森门宠误蒙,从来田舍一衰翁。囷仓穰穰逢康岁,闾里恂恂有古风。晁氏宿奸投海外,伏生新学始山东。(诗中自注:时大奸周高投海岛,而学校讲说《尚书》。)依然自昔兴王地,长在南阳佳气中。①

这首诗作于熙宁五年(1072),是时曾巩担任齐州知州,这是他生平第一次以首长的身份,承担地方的政治事务。自古齐鲁即是文化的奥区,孔、孟、伏生、郑玄都曾在此宣扬志业。作为继起的后生,他不敢疏忽,于是养民保民、奖倡经学,就成为他的要务。这首诗显然是他在官有日、为治有成之后,乐见弦歌讲诵,自觉无愧身为儒者时所写。在《上范资政书》中,他也说:

> 孔子之称其门人,曰德行、文学、政事、言语,亦各殊科,彼其材于天下之选,可谓盛矣。……圣人之所教人者,至其晦明消长、弛张用舍之际,极大之为无穷,极小之为至隐,虽他经靡不同其意,然尤委曲其变于《易》,而重复显著其义于卦爻象象系辞之文,欲人之自得诸心而惟所用之也。②

范仲淹在当时以深通《易经》著名,曾巩在求见时也就特别以他研读《易经》的心得作为缘起,表现了他在这方面的自信。

2. 以经文展现其心念

经典中的文字,有其历史的定位,为一般学习者所充分熟悉。他们撷取经书所描述的内容,用以表达深藏于内心、极其隐微的意念,遂以委婉的形式出现时,经典文字就成为非常方便的工具。

曾巩在《福州上执政书》中,就作了示范性的表达:

---

① 〔宋〕曾巩:《郡斋即事二首》,《曾巩集》卷六,第99页。
② 〔宋〕曾巩:《上范资政书》,《曾巩集》卷十五,第243页。

其人材既众，列于庶位，则如《棫朴》之盛，得而薪之。其以为使臣，则宠其往也，必以礼乐，使其光华皇皇于远近；劳其来也，则既知其功，又本其情而叙其勤。其以为将率，则于其行也，既送遣之，又识薇蕨之始生，而恐其归时之晚；及其还也，既休息之，又追念其悄悄之忧，而及于仆夫之瘁。当此之时，后妃之于内助，又知臣下之勤劳，其忧思之深，至于山脊、石砠、仆马之间；而志意之一，至于虽采卷耳，而心不在焉。盖先王之世，待天下士，其勤且详如此。[1]

"礼治""仁政"的理念所要营造的是一个富足的社会，不只是生活不虞匮乏，还要做到养成的人才众多，不但可以充分满足为政者施政之所需，还期望能够各适其任，各尽其才。选任人才，是善用人才，也就是善待人才。唯有人尽其才，才是一个有希望、有未来的优美社会，才是一个富足的社会。

曾巩在这里指出，《诗经》清楚地陈述了包括使臣、将帅的送往劳来，以及君臣相互对待的各种事迹和心意，牵涉到君臣等人对为国事尽心尽力者的关怀。其中还指出，有"后妃之于内助"，又"知臣下之勤劳"，就是因为有这些相关人物的美善心意，才能造就古代的美好社会。这种关怀，甚至于"其忧思之深，至于山脊、石砠、仆马之间"，种种古时风俗人情的优美内涵，都是他所艳羡的。曾巩在介绍古人之后，其实还隐藏了对今人，尤其是皇上以及手握权柄的重臣，无限殷切的期待，盼望他们也能效法古代贤哲，关爱臣僚，珍惜为国事尽心尽力者的劳瘁之苦。而这些隐藏的语言，只有期待国君重臣通过蓄积的经学素养，去充分明白。

---

[1] 〔宋〕曾巩：《福州上执政书》，《曾巩集》卷十六，第268页。

在《仙都观三门记》中，他说：

> 门之作，取备豫而已。然天子、诸侯、大夫各有制度，加于度则讥之，见于《易》《礼记》《春秋》。其旁三门，门三涂，惟王城为然。老子之教行天下，其宫视天子或过焉，其门亦三之。其备豫之意，盖本于《易》，其加于度，则知《礼》者所不能损，知《春秋》者所太息而已。①

宋朝延续了唐朝以来对于道教以及老子的尊崇。曾巩无力与当时的社会风气相抗衡，但是他依旧沿袭孟子的精神，坚持儒者应力排异端的思想途径，对于佛教、道教都进行了不假辞色的批评。以《仙都观三门记》为例，经书的精神与内容，就是他最引以为证的凭借。

宋朝初期诸帝，多能致力国政，也都还算是仁贤之主，然而臣下僚属进言，依然要措辞谨慎，不能有所冒犯。于是乎引用经书上的文字，举古人的行事作为例证，不失为较好的做法。曾巩许多呈献给皇帝的文章，都严格地谨守这样的原则。

3. 以经术用之于实务

经术本来就是从经验实务中产生，取经典的内容，作为各种政治实务的参考，是非常恰当的事。他认为，在前述的个人情感与生活体验以外，国家政务在经籍中也有许多简要的记载，《书经》尤其是重要的政治宝典。在《王容季文集序》中，他说：

> 叙事莫如《书》。其在《尧典》，述命羲和，宅土，测日暑星候气，揆民缓急，兼蛮夷鸟兽，其财成辅相，备三才万物之理，以治百官，授万民，兴众功，可谓博矣。然其言不过数十。其于《舜典》则曰：在璇玑玉衡，以齐七政。盖尧之时，观天以历象。

---

① 〔宋〕曾巩：《仙都观三门记》，《曾巩集》卷十七，第274页。

至舜，又察之以玑衡。圣人之法，至后世益备也。曰七者，则日月五星。曰政者，则羲和之所治，无不在焉。①

由天候以至于民事，无一不是古代圣贤所注意的要务，《书经》里早已历历指陈，非常值得后人注意。

《书经》本来就是"政书"，是古人为政的纪实。取用其文字，追怀古圣先哲的陈迹，作为当前施政的借鉴，是《书经》最重要的价值。揭举《书经》的既成说法，作为自己推行政治的例证，确是曾巩勇于进言的凭借。然而，自古以来为官者进用人才，往往是政敌攻击的着力点，也往往是器量不足的皇帝疑心臣下的起点。

曾巩在《请令长贰自举属官札子》中就说：

> 窃观于《书》，其在《尧典》，称尧之德曰："平章百姓，百姓昭明。"则平其贤不肖功罪之分，而章之以爵赏，使百官莫不昭明者，此人主之事也；其在《说命》曰："惟说式克钦承，旁招俊乂，列于庶位。"则承人主之志，广引人材，进诸朝廷者，此宰相之事也；其在《冏命》，"穆王命伯冏为周太仆正"，其戒之曰："慎简乃僚，无以巧言令色，便辟侧媚，其惟吉士。"则使得自简属僚以共成其任者，此诸司长官之事也。其上下之体相承如此，所以周天下之务，盖先王之成法也。②

敢于冒着政治的禁忌，提出自举属官的期待，没有经学作为基础，就难以让善意的忠悃作有效的铺陈。

教育要为国家、社会造就可用的人才，古人把国家养士之法，列为教育之一环。曾巩在《福州上执政书》中指出，《诗经》之中保存有"先

---

① 〔宋〕曾巩：《王容季文集序》，《曾巩集》卷十二，第198—199页。
② 〔宋〕曾巩：《请令长贰自举属官札子》，《曾巩集》卷三十，第445页。

王养士之法"的大概：

> 《诗》存先王养士之法，所以抚循待遇之者，恩意可谓备矣。故其长育天下之材，使之成就，则如萝蒿之在大陵，无有不遂。其宾而接之，出于恩诚，则如《鹿鸣》之相呼召，其声音非自外至也。其燕之，则有饮食之具；乐之，则有琴瑟之音。将其厚意，则有币帛箱篚之赠；要其大旨，则未尝不在于得其欢心。①

文中，曾巩认为《诗经》详细呈现了"宾礼"的运作事实。至于平日生活中燕飨、乐舞、馈赠等的活动，就是"礼治""仁政"理念可以落实的重点所在，本来就有诗文可以作为依据。

他深切体会到，经书所提供给儒者各方面的帮助绝不只在心性的修习，还落实到为民谋福利的事业上面。《黄河》云：

> 图患者莫若究其原，究原者莫若求之经，求经者莫若《禹贡》之可信，而各率私意，次进其说，故考之而无本，推之而难行，此舍经之害也。……决事者用私见耳。②

为避免私见，则当一切以制度为准。经书能够保存前代的制度经验，这是何等珍贵的资产。

4. 以经义考试促传习

由于当世言"经"、知"经"者已经日益减少，蔽于今而不知古，不汲取古人的经验与智慧，不免要多走冤枉路，甚至于误入歧途。曾巩对考时策论经义非常赞同，却要求适当调整。他在《上欧阳舍人书》中说：

> 至于学者策之经义当矣。然九经言数十万余，注义累倍之，旁又贯联他书，学而记之乎，虽明者不能尽也。今欲通策之，

---

① 〔宋〕曾巩：《福州上执政书》，《曾巩集》卷十六，第268页。
② 〔宋〕曾巩：《黄河》，《曾巩集》辑佚，第753页。

责人之所必不能也。苟然，则学者必不精，而得人必滥。欲反之，则莫若使之人占一经也。①

"使之人占一经"是以较开放的态度，任由学子选择性之所近的经书，期其确实研读，获致专精的学习成果。

考试于经学的提振虽然未必立竿见影，但是以知识分子为表率，经由用心研读经典丰富而优质的内容，作为改变学术环境的开始，则可以带领社会走向博大，走向雅致。

曾巩探讨经学内涵，由此开展修己治人，文学、史学各方面都有具体的成就。但经学不是学术的全部，诗赋子史也都是应学习的重要内容。在《上欧阳舍人书》中，他说："况诗赋论兼出于他经，世务待子史而后明，是学者亦无所不习也。"②然而，一再玩索曾巩的创作，不能不认定：曾巩的确是以经学作为他所有学术的核心内涵。曾巩文章之所以能够杰出于千古文章之林，是因为他"深于经术"，然后能够明白详尽地引经据古。黄宗羲《论文管见》说："文必本之六经，始有根本。唯刘向、曾巩多引经语。"③曾巩的文集中的确随处可见这种"本之六经"的情形。欧阳修在得到曾巩的《为人后议》之后，认为这篇文章"引经据古，明白详尽"④，曾巩深于经术，的确是实至名归。

四、曾巩与经学的发展

宋朝重文轻武的大环境，提供了艺术与文化广阔的成长空间，也提供了学术与思想充分发展的条件。于是儒家学术就在这样的氛围下，拥

---

① 〔宋〕曾巩：《上欧阳舍人书》，《曾巩集》卷十五，第236页。
② 〔宋〕曾巩：《上欧阳舍人书》，《曾巩集》卷十五，第236—237页。
③ 〔清〕黄宗羲：《论文管见》，〔清〕黄宗羲著，陈乃乾编：《黄梨洲文集》，中华书局，2009年，第481页。
④ 〔宋〕欧阳修：《与曾舍人四通》，《欧阳修全集》卷一百五十，第2470页。

有了再开创的契机。在这样的大时代中，一众人杰适时展现他们的抱负，自是理所当然。而曾巩早岁即负盛名，参与当代学术的风云际会，本来就是其生命之必然发展。

就儒学的发展而言，南宋时期朱熹取《论语》《中庸》《大学》与《孟子》而建立起《四书》的架构，是儒学史上的盛事，朱熹自谓实有赖于北宋时程颐的先导。[①] 其实，宋朝儒学风气的盛行与《四书》的成形，还可以更往前推溯，例如北宋仁宗以次的诸位皇帝对于《中庸》与《大学》的重视，与《中庸》和《大学》地位的提升应有密切关系。曾巩在探究相关的学术时，把一系列儒家的典籍，多方镕铸在文字之间的努力，对《四书》雏形的建构，也都具有重要的影响。

朱熹特别推崇曾巩，其《跋曾南丰帖》说："余年二十许时便喜读南丰先生之文，而窃慕效之。"[②]《南丰先生年谱序》更言："予读曾氏书，未尝不掩卷废书而叹，何世之知公浅也！"[③] 他认为一般人都知道曾巩的古文成就，而那不过是他思想中浅显的部分，还不足以了解他著作的深意。朱熹以一个思想家的立场体会到：洋溢在曾巩的文章中的，不只是文学艺术的美感，其中蕴藉着的丰富思想内涵，倒是格外值得重视。显然在曾巩与朱熹之间，还有学术传承的特殊脉络，如果只从文学的角度去认识曾巩，那真是要愧对前贤了。

清朝的袁枚素以诗文而名，他在《书茅氏八家文选》中说："曾文平钝，如大轩骈骨，连缀不得断，实开南宋理学一门，又安得与半山、

[①] 朱熹《大学章句序》云："于是河南程氏两夫子出，而有以接乎孟氏之传，实始尊信此篇而表章之。既又为之次其简编，发其归趣……虽以熹之不敏，亦幸私淑，而与有闻焉。顾其为书犹颇放失，是以忘其固陋，采而辑之，间亦窃附己意，补其阙略，以俟后之君子。"
[②] 〔宋〕朱熹：《跋曾南丰帖》，《晦庵集》卷八十四，《四库全书》本。
[③] 〔元〕刘埙：《南丰先生年谱序》，《隐居通议》卷十四，《四库全书》本。以下所引《隐居通议》皆依此版本。

六一较伯仲也!"①虽然袁枚以纯文学的立场,讨论文章的特性,意在推崇欧阳修、王安石,而贬抑曾巩,却也能清楚地指出,曾巩的文章在笔法和理趣方面,确有其独到的特点。所以对于曾巩在儒家学术思想上的成绩,实在有加以探究的必要。

朱熹作《大学章句》自述系采用程颐的看法,以为"在亲民"的"亲"应当作"新"。他在批注中说:

> 新者,革其旧之谓也,言既自明其明德,又当推以及人,使之亦有以去其旧染之污也。……言明明德、新民,皆当止于至善之地而不迁。②

另外又说:

> 明德为本,新民为末。知止为始,能得为终。本始所先,末终所后。③

朱熹看待明明德、新民虽有本末之别,却认为全都是修为的工作,都要以"止于至善"为其终极目标。

就此观点而言,倘若严格予以探究,朱熹与曾巩的见解还是有差别的。曾巩在《洪范传》中说:

> 积于其心以至于身修,此尧之所以先觉,非求之于外也;积

---

① 〔清〕袁枚:《书茅氏八家文选》,〔清〕袁枚著,王英志编纂校点:《小仓山房文集》卷三十,浙江古籍出版社,2015年,第606页。
② 〔宋〕朱熹:《大学章句》,《四书章句集注》,中华书局,1983年,第3页。本书所引《四书章句集注》皆依此版本。
③ 〔宋〕朱熹:《大学章句》,《四书章句集注》,第3页。

于其家以至于天下治，此尧之所以觉斯民，非强之于耳目也。①

曾巩认为修身以自觉为重心，依循朴素的经验法则，属于自我修身的能力，以尧之圣不必假之其他，可以从自心的澄明得之。至于齐家、治国、觉斯民的经验，则尧从本身所亲历的家庭经验中也可以类推。先觉之觉察事理与从而觉斯民成为两个范畴。

朱熹则是径行以"本末先后"一语绾合明明德与新民两阶段。但是朱熹在随后的批注中却又说："修身以上，明明德之事也。齐家以下，新民之事也。"② 则明明德与新民之间，依旧有清楚的界限。显然单就《大学》八目的阶段进程之区分而言，两人所持的基本精神，实质上还是一致的。至于在阶段间的区隔，有明确与融贯的差异，这应该是因为朱熹纯就学理讨论，曾巩的举例则都是就事论事，意有所指。

有人认为，曾巩把"明德"和"亲民"截然划分两段，看得很机械，也是不适当的，并进而指称："道德修养是终生的事。参加了实际工作以后，还必须不断锻炼，才能永葆青春。而且谁也不能等完全修养好了，成了圣人了，才来工作，完全脱离实际，闭门修养，是修养不好的。"③

遍察曾巩的文献，实在看不出有所谓"截然划分两段"的事实，顶多不过是在《洪范传》"始于知至意诚，心正然后身修，身修然后国家天下治"④ 句中，连续使用"然后"以叙述其前后承接的关系，遂有断开的

---

① 〔宋〕曾巩：《洪范传》，《曾巩集》卷十，第160页。按：《尚书·洪范》系记载周武王向箕子询治国之道。箕子，子姓，名胥余。商朝宗室，帝文丁的儿子，帝乙的弟弟，纣王的叔父，官太师，封于箕（今山西太谷、榆社一带）。曾劝谏纣王，唯纣不听，反囚禁之。于是他披头散发，装疯，以躲过灾祸。周武王克殷后，命召公释放箕子。曾巩作《洪范传》详述其内容与奥义。
② 〔宋〕朱熹：《大学章句》，《四书章句集注》，第4页。
③ 傅义：《试论曾巩的学术思想》，《曾巩研究论文集》，江西人民出版社，1986年，第102页。
④ 〔宋〕曾巩：《洪范传》，《曾巩集》卷十，第159页。

嫌疑。其实前后之间，固然会有前者作为后者的充分条件存在，却不必是前项完足，然后始得进入后项情境的必要条件。今人以逻辑语言，强加责难于古人身上，指陈语言运用的瑕疵，似乎并不是合适的态度。然而对于一个有志用世的儒者而言，是否能够真正有用于当时，恐怕还是最重要的顾虑，至于文字的参差，终究只是细节而已。

第二节　曾巩的修身思想

一、传承与延续

古文创作家自韩愈以下对于思想的传承，有道统说，有文统说。一般所谓"统"或系以思想，或系以风格而言，都是用以追索其延续于前辈学者文字间之脉络。

1. 学之有统

曾巩也有"学之有统"的说法，而其所谓"统"则是针对于传统思想的价值，提出他的看法：

> 及周之末世，先王之教化法度既废，余泽既熄，世之治方术者，各得其一偏。故人奋其私智，家尚其私学者，蜂起于中国，皆明其所长而昧其短，矜其所得而讳其失。天下之士各自为方而不能相通，世之人不复知夫学之有统、道之有归也。①

在此，曾巩跳出道统相承之际各种脉络间的纠葛，直接提出"学之有统，道之有归"的思考。由于他一贯服膺孔孟之道，所谓"道之有归"，自然就是指其归于孔孟之道而为言。

---

① 〔宋〕曾巩：《新序目录序》，《曾巩集》卷十一，第176页。

孔孟之道的核心思想是什么？不妨先看看《论语》。《论语·卫灵公》谓："子贡问曰：'有一言而可以终身行之者乎？'子曰：'其恕乎！己所不欲，勿施于人。'"《论语·里仁》："子曰：'参乎！吾道一以贯之。'……曾子曰：'夫子之道，忠恕而已矣。'"《论语》所收录的孔子言论，往往是当下对人生的体验，以其对生命价值的尊重与期许，语言之中充满了儒者的高贵情怀，所以充满哲理，却不易套用在学术的讨论之中。"恕"的境界如是，"仁"的境界如是，"忠"的境界亦如是。儒家的学术思想，以《六经》所保存的信息为内容，以孔子的思想为基础，通过孟子的宣扬，对传统思想内涵作充分的推崇与诠释，进而再有《中庸》《大学》以及其他相关典籍所提供的思想概念作补充，而建构起由修己以至于治人的学术思路。

曾巩对于传统的儒者情怀也是深自操持的，历来学者多称赞他"本原《六经》"，传统的儒家思想充分融贯在曾巩的文章中，所表现出来的都是醇乎其醇的思想成就。具体而言，他的思想是以孔子的生命情怀为基础，延伸到以曾子、子思与孟子等的一系列思想为基础，进而涉及传统经学中最精粹的部分。在《筠州学记》中他就指出：

> 令汉与今有教化开导之方，有庠序养成之法，则士于学行，岂有彼此之偏，先后之过乎？夫《大学》之道，将欲诚意正心修身，以治其国家天下，而必本于先致其知。[①]

曾巩对学习之事，极为认真。他一再地关注整体的学术环境，对学术风气还算良好的汉代与宋朝，犹不惮烦地指出，其时代的学术风气还可以提升的着力点，就是儒家的"大学之道"。所以他所谓的"学之有统"就是指统摄由修己以至于治人的"大学之道"应由正确的认知开始。

---

① 〔宋〕曾巩：《筠州学记》，《曾巩集》卷十八，第 301 页。

2. 理当无二

曾巩毕生致力于经学，经学造诣极深，然而可称为经学专著的仅有《洪范传》一文而已，生平也没有辑成的语录传世。但是我们通过散存在他文章中的诸多心得，仍然可以充分感受到他在经学方面湛深的成就。他的文章中对于古代文化的过度推崇与对儒家思想的极度认同，应是其学术思想方面最大的特点。在《王子直文集序》中，他说：

> 至治之极，教化既成，道德同而风俗一，言理者虽异人殊世，未尝不同其指。何则？理当故无二也。是以《诗》《书》之文，自唐虞以来，至秦鲁之际，其相去千余岁，其作者非一人，至于其间尝更衰乱，然学者尚蒙余泽，虽其文数万，而其所发明，更相表里，如一人之说，不知时世之远，作者之众也。①

曾巩追溯自古代以来文化的流传，历经千年，而知识分子的思想内容以《诗》《书》为依据，保持如此的一致性，竟能"如一人之说"。对传承如此悠久的文化内涵，他给予深切的赞许，并且肯定地认为，这是因为"理当故无二"。于是对于古代圣哲的思想内涵，他期望能继续进行忠实的传承。这应该算是曾巩文章中特别明显的文化色彩。

然而在历史上，曾巩毕竟不是以其学术贡献名家，从诸多的观察与讨论中，不难发现其逻辑思考也会有模糊之处，使得他无法成为独树一帜的思想家。然而就思想的传承而言，曾巩的确是典型的好古敏求的传统儒者，对社会的发展方向，他还是保有儒者的一贯态度，承认古今不同的事实，所以在典章制度方面，可以依循传统，也可有所更张。在《礼阁新仪目录序》中，他说：

---

① 〔宋〕曾巩：《王子直文集序》，《曾巩集》卷十二，第197页。

然而古今之变不同，而俗之便习亦异。则法制数度，其久而不能无弊者，势固然也。①

他一贯主张采取务实的态度，凡其所言，多针对社会与时代的需要，期望有裨益于世，不作玄言空谈。"法制数度"，"久而不能无弊"，当变则变是曾巩所认同的原则。

3. 以修身始

《礼记·大学》开宗明义所提出的"大学之道"是以"在明明德，在亲民，在止于至善"等三纲作为人生的目标，从而要建立起自我充实的方向；又以八目为主轴，先后相因，累累相承地建立起循序渐进的实施步骤。然而其中很重要的是"自天子以至于庶人，壹是皆以修身为本"一语。曾巩根据这种思考模式，把实施的层次概括为一先一后两个方面。他在《洪范传》中说：

> 古之欲明明德于天下者，必始于知至意诚，心正然后身修，身修然后国家天下治。以是为大学之道，百王莫不同然。而见于经者，莫详于尧。盖聪明文思，尧之得于其心者也。克明俊德，有诸心，故能求诸身也。以亲九族，九族既睦，有诸身，故能求诸家也。平章百姓，百姓昭明，有诸家，故能求诸国也。协和万邦，黎民于变时雍，有诸国，故能求诸天下也。积于其心以至于身修，此尧之所以先觉，非求之于外也；积于其家以至于天下治，此尧之所以觉斯民，非强之于耳目也。②

---

① 〔宋〕曾巩：《礼阁新仪目录序》，《曾巩集》卷十一，第181页。
② 〔宋〕曾巩：《洪范传》，《曾巩集》卷十，第159—160页。按：曾巩对儒家学术浸润甚深，凡其文章有关儒术者所在多有，尤其《洪范传》之撰作，对于各种论题颇有精辟讨论。本节凡略其引文出处者皆属之。

曾巩在《洪范传》中许多时候直接取用原典,以经解经,他大量取用《尚书·尧典》的内容,举尧的言行为例,诠释实际的政治以及社会可以呈现的典范模式。

他指出,一个成功的国君,先要有诸心,然后求诸身、求诸家、求诸国、求诸天下,必须一步一步扎扎实实地走才行。所以他认为,要达成学习的目标,必须逐步从知至、意诚、心正然后做到身修,这是第一部分。从身修做到国家天下治,这是第二部分。两大部分之间,是以身修为分界线的。第一部分以知至为起点,逐步做到身修的目标,这是前人所谓"内圣"的范围。第二部分则以身修为起点,以天下治为终点,则是前人所谓"外王"的范围。他在《答李沿书》中说:

> 夫道之大归非他,欲其得诸心,充诸身,扩而被之国家天下而已。①

这段话同样认定,要以修身为关键,把个体生命的完满境界,作为第一阶段的目标。同时又要以修身作为第二阶段的基础,从而扩充到群体生命的终极目标:国家天下均能成为符合理想的好环境。他似乎认为在两阶段之间,付诸执行时,由"充诸身"到"扩而被之国家天下"难免就有先修身、后善群的次序,所以会令人觉得,在修为之间不免存在着先后次第的差异。

4. 自觉觉他

前述引文中,曾巩指出个人"先觉"阶段是第一部分,推而至于"觉斯民"则属于第二部分。在"始于知至意诚,心正然后身修,身修然后国家天下治"一句,他顺着《大学》的语势,阐释"明明德于天下"之途径,清楚地说明了两部分之间前后相承的关系。

---

① 〔宋〕曾巩:《答李沿书》,《曾巩集》卷十六,第258页。

在"积于其心以至于身修,此尧之所以先觉,非求之于外也;积于其家以至于天下治,此尧之所以觉斯民,非强之于耳目也"这几句之中,曾巩特别侧重于"非求之于外"与"非强之于耳目"。因为修身之事,本来就贵在自动自发,以求自我成就;如果没有真正的彻底觉悟,就难以克竟其功,何能更再希冀借助于外来的力量?

曾巩学术思想以笃实践履为基调,在为人君者说法的《洪范传》中他指出"人君之于五行,始之以五事,修其性于己。次之以八政,推其用于人"①。

身为人君者,基于自身的责任感,要使国家天下臻于平治,只有从本身的修为努力做起,逐渐推扩出去,使天下人都能受到感染,以造成风行草偃的效果。这样的推扩要想获致成功,实在有待于王者本身拥有强大的愿力才行。此等愿力,必须要透过心灵中自我振拔的功夫,以期在周围环境中发挥其连锁性的影响效果。单单凭借个人有限的能力,透过个人手足触动之所至,与耳目闻见之所及,要期望在勉强尽力推扩的情况下获致成功,是不切实际的。

《尚书·洪范》本是记载箕子对周武王的建言,所要呈现的是一个知识分子在纷繁的政治实务中,所抱持的治国要方。曾巩作的《洪范传》,应该也是要借此对当时宋朝的主政者,作相近理念的进言。因此行文之际都是就事论事,意有所指。曾巩的举例,清楚地把道德修为的努力,与政治工作的期望和理想,紧密地结合起来。于是其中的因果关系和先后关系,都落实在个人的道德自觉与政治理想的道德化实践上面,应该可称之为"以教化为中心"的价值观。

---

① 〔宋〕曾巩:《洪范传》,《曾巩集》卷十,第169页。

二、天命与人事

1. 先儒之天命观

现存孔子的言论中，宇宙、天道、命运、鬼神等方面的课题牵涉不多，"子不语怪力乱神"应是孔子早年时期专注于社会人文时期的心情写照，以至于会有弟子发觉"夫子之言性与天道，不可得而闻也"。等到表现为"敬鬼神而远之""祭神如神在"的时候，孔子显然抱有"畏天命"的情怀，他认为"小人不知天命而不畏也"。所以，"五十而知天命"是孔子生命中重要的里程碑，从此他对自己的生命意义与生命定位作了确认。从而可知，孔子毕生面对宇宙万有，表现于"文章"之外，在"性与天道"方面亦自有其基调。

《大学》中殊少言天，独有第二章引述大甲"顾諟天之明命"，用以指出人君应当敬畏天命以自明其德而已。

《中庸》所述，提及天命处则甚为多见，第一章"天命之谓性"之言，首先开启倡言天命之端：

> 天地之道，可一言而尽也；其为物不贰，则其生物不测。
> 天地之道：博也，厚也，高也，明也，悠也，久也。今夫天，斯昭昭之多，及其无穷也，日月星辰系焉，万物覆焉。[1]
> 洋洋乎！发育万物，峻极于天。[2]
> 致中和，天地位焉，万物育焉。[3]

以上章节都如实地呈现了古人所认识的"天"及其所蕴藏的哲理性意涵。其中，还有两次引用《诗经》经文：

> 《诗》曰："嘉乐君子，宪宪令德！宜民宜人；受禄于天；

---

[1]〔宋〕朱熹：《中庸章句》第二十六章，《四书章句集注》，第34—35页。
[2]〔宋〕朱熹：《中庸章句》第二十六章，《四书章句集注》，第35页。
[3]〔宋〕朱熹：《中庸章句》第一章，《四书章句集注》，第18页。

保佑命之,自天申之!"故大德者必受命。①

《诗》云:"维天之命,于穆不已。"②

以上都是节引经文,表达对天命敬畏的情怀。

基于对天命的敬畏,《中庸》对天人的分际,也多有述及:

上不怨天,下不尤人。③

君子不可以不修身;思修身,不可以不事亲;思事亲,不可以不知人;思知人,不可以不知天。④

以上所说都统合了人事与天命的对应关系,从而用以寻绎适当的对待之道。

至于详细推演天人至善之所通贯处者更多:

君子之道:本诸身,征诸庶民,考诸三王而不缪,建诸天地而不悖,质诸鬼神而无疑,百世以俟圣人而不惑。质诸鬼神而无疑,知天也;百世以俟圣人而不惑,知人也。⑤

诚者,天之道也;诚之者,人之道也。诚者不勉而中,不思而得,从容中道,圣人也。诚之者,择善而固执之者也。⑥

唯天下至诚,为能尽其性;能尽其性,则能尽人之性;能尽人之性,则能尽物之性;能尽物之性,则可以赞天地之化育;

---

① 〔宋〕朱熹:《中庸章句》第十七章,《四书章句集注》,第26页。按:《诗经·大雅·假乐》作:"假乐君子,显显令德。"(〔清〕马瑞辰撰,陈金生点校:《毛诗传笺通释》卷二十五,中华书局,1989年,第901页。以下所引《毛诗传笺通释》皆依此版本。)
② 〔清〕马瑞辰:《诗经·周颂·维天之命》,《毛诗传笺通释》卷二十八,第1043页。
③ 〔宋〕朱熹:《中庸章句》第十四章,《四书章句集注》,第24页。
④ 〔宋〕朱熹:《中庸章句》第二十章,《四书章句集注》,第28页。
⑤ 〔宋〕朱熹:《中庸章句》第二十九章,《四书章句集注》,第37页。
⑥ 〔宋〕朱熹:《中庸章句》第二十章,《四书章句集注》,第31页。

可以赞天地之化育，则可以与天地参矣。①

唯天下至诚，为能经纶天下之大经，立天下之大本，知天地之化育。②

以上各章都是道尽天人相与的理想情况。《中庸》在古代典籍中，真可说是详于论述天道者。

孟子也认识到"天命靡常"，所以认为必须受天之命，"顺天者存，逆天者亡"，"畏天之威"至少可以保其国。

"畏天命"是传统儒者共同的态度。曾巩娴熟于经典，对以上的经文自是耳熟能详。

2.箕子与扬雄

曾巩一生坎坷的遭遇，对于"天命"的无可奈何，一定会有较为深刻的体认。尤其在面对生命中重大转折之际，作为一个自觉对传统文化进行传承，有深刻而严肃的觉悟的儒者，又该如何自处，这正是儒者之所以为儒者的关键处。曾巩在《南轩记》中自述云：

人之性不同，于是知伏闲隐奥，吾性所最宜。驱之就烦，非其器所长，况使之争于势利、爱恶、毁誉之间邪？然吾亲之养无以修，吾之昆弟饭菽藿羹之无以继，吾之役于物，或田于食，或野于宿，不得常此处也，其能无焰然于心邪？少而思，凡吾之拂性苦形而役于物者，有以为之矣。士固有所勤，有所肆识，其皆受之于天而顺之，则吾亦无处而非其乐。③

曾巩对自己的个性与遭遇，固有深刻之了解，也有相当豁达的看待。

---

① 〔宋〕朱熹：《中庸章句》第二十二章，《四书章句集注》，第32页。
② 〔宋〕朱熹：《中庸章句》第三十二章，《四书章句集注》，第38页。
③ 〔宋〕曾巩：《南轩记》，《曾巩集》卷十七，第285页。

由于他在《洪范传》一文中用心殊多,对于箕子所遭遇的困境,与其对生命所作的重要抉择,自然都有特别深刻的体会。他在《答王深父论扬雄书》中,对此一课题有详细的讨论:

> 方纣之乱,微子、箕子、比干三子者,盖皆谏而不从,则相与谋,以谓去之可也,任其难可也,各以其所守自献于先王,不必同也。此见于《书》三子之志也。三子之志,或去或任其难,乃人臣不易之大义,非同姓独然者也。于是微子去之,比干谏而死,箕子谏而不从,至辱于囚奴。夫任其难者,箕子之志也,其谏而不从,至辱于囚奴,盖尽其志矣,不如比干之死,所谓各以其所守自献于先王,不必同也。当其辱于囚奴而就之,乃所谓明夷也。然而不去,非怀禄也;不死,非畏死也;辱于囚奴而就之,非无耻也。①

曾巩特别指出:在商朝末年那样的时空之中,不同于微子的飘然引去,也不同于比干刚烈的决绝,箕子采取了最艰难的生命途径。他甘心承受作为囚奴的耻辱,其实是希望还能保住有用之身,从而延续文化思想的优秀传统。曾巩有了对箕子的这层认识,在面对扬雄的遭遇时,就有了迥异于常人的观点。他在《筠州学记》中说:

> 至汉,六艺出于秦火之余,士学于百家之后。……惟知经者为善矣,又争为章句训诂之学,以其私见,妄穿凿为说。故先王之道不明,而学者靡然溺于所习。当是时,能明先王之道者,扬雄而已。而雄之书,世未知好也。然士之出于其时者,皆勇于自立,无苟简之心,其取予进退去就,必度于礼义。②

---

① 〔宋〕曾巩:《答王深父论扬雄书》,《曾巩集》卷十六,第265页。
② 〔宋〕曾巩:《筠州学记》,《曾巩集》卷十八,第300页。

由于曾巩对扬雄的学术与生平事迹有较多的用心,他承认:"巩自度学每有所进,则于雄书每有所得。"所以他对扬雄就格外有跨越时空的同情。在《答王深父论扬雄书》中,他还引用《孟子》的天命观点,为扬雄的行事辩护:

> 雄遭王莽之际,有所不得去,又不必死,辱于仕莽而就之,固所谓明夷也。然雄之言著于书,行著于史者,可得而考。不去非怀禄也,不死非畏死也,辱于仕莽而就之,非无耻也。在我者亦彼之所不能易也,故吾以谓与箕子合。……孟子有言曰:天下有道,小德役大德,小贤役大贤;天下无道,小役大,弱役强。二者皆天也,顺天者存,逆天者亡。①

生命中无可奈何的选择,其实往往都具有十分严肃的内涵。所面对的或许不仅是生死存亡的单纯考虑而已。在汹涌的时代潮流中,如何让个人卑微的生命,适切地透显出各自的尊严,从而成就各自的生命价值,正是人类所不同于其他生物之处。天下有道与天下无道,本来就会有不同的对待,而这也正是儒者展现其识见与其生命体悟的时候。这应该就是曾巩之所以特别钟情于学术思想,从而期望延伸学术优秀传统,以作为自我承担之责任的原因。

3. 畏天与尽人

曾巩在《洪范传》中诠释"庶征"的部分时,就是以"畏天变,尽人事"的态度作为总纲,要求担负社会责任的人,应各自以其角色,承担并面对"天"所提示的各种警示:

> 休咎之征,各象其事。任其事者,王也;与王共其任者,卿士、师尹也。则庶征之来,王与卿士、师尹之所当省,其所

---

① 〔宋〕曾巩:《答王深父论扬雄书》,《曾巩集》卷十六,第265—266页。

以致之者，所谓念用庶征也。王计一岁之征而省之，卿士计一月之征而省之，师尹计一日之征而省之。所省多者，其任责重；所省少者，其任责轻，其所处之分然也。王与卿士、师尹之所省，岁月日三者之时无易，言各顺其任，则百谷用成，乂用明，俊民用章，家用平康。王与卿士、师尹之所省，日月岁三者之时既易，言各违其任，则百谷用不成，乂用昏不明，俊民用微，家用不宁也。①

曾巩如实地对《尚书·洪范》的原文作这样的解释，原作的想法如是，则曾巩的看法亦复如是，不受汉儒以下夹杂阴阳五行的干扰。他认为休征、咎征都是天变，都是上天用以警示世人的工具。王与卿士、师尹都是担负社会责任的人，都应该知天，必须替天行道：

以庶征之来，王与卿士、师尹则能自省，而民则不能自省者也。民不能自省，则王与卿士、师尹当省民之得失，而知己之所以致之者也。己之所致者，民得其性，则休征之所集也；己之所致者，民失其性，则咎征之所集也。故省民者，乃所以自省也。其反复如此者，所以畏天变，尽人事也。②

民不能自省，是因为一般百姓对于休征、咎征并无所知，所以王与卿士、师尹等人不但应该自省，还应该要为百姓省察天意。在体察天意之余，还要协助百姓作适当的对应，必须如此才算尽了责任。

在《洪范传》中曾巩不断传达这样的观点：

人君之为言，顺天而致之于民，故凡其众民，亦于极之布

---

① 〔宋〕曾巩：《洪范传》，《曾巩集》卷十，第167页。
② 〔宋〕曾巩：《洪范传》，《曾巩集》卷十，第168页。

言，是顺是行，以亲附天子之辉光。①

五事之当否在于此，而五征之休咎应于彼，为人君者所以不敢不念，而考己之得失于天也。②

九畴者，皆人君之道也。福极者，人君所以考己之得失于民。福之在于民，则人君之所当向；极之在于民，则人君之所当畏。福言攸好德，则致民于善可知也；极言恶弱，则致民于不善可知也。视此以向畏者，人君之事也。③

人君之于五行，始之以五事，修其性于己。次之以八政，推其用于人。次之以五纪，协其时于事。次之以皇极，谨其常以应天下之故，而率天下之民。次之以三德，治其中不中，以适天下之变。次之以稽疑，以审其吉凶于人神。次之以庶征，以考其得失于天。终之以福极，以考其得失于民。其始终先后与夫粗精小大之际，可谓尽矣。④

以今日的眼光来看，曾巩对建邦立国的国君往往作过度的推崇，认为他们上体天命，故能"功德与天地等"⑤。不能否认这是他在封建体制下受限于时代环境的思考，而他对天命完全承受的态度，也就从此表达出来。

由此可知，曾巩把天视为一种至高无上的神祇。他认为天所显现出来的力量，非当时人类所能完全了解，更无从透过人力加以改变。曾巩在《阆州张侯庙记》中，很清楚地表达出他对天命敬畏的情怀。他说：

今夫推策灼龟，审于梦寐，其为事至浅，世常尊而用之，

---

① 〔宋〕曾巩：《洪范传》，《曾巩集》卷十，第164页。
② 〔宋〕曾巩：《洪范传》，《曾巩集》卷十，第167页。
③ 〔宋〕曾巩：《洪范传》，《曾巩集》卷十，第168页。
④ 〔宋〕曾巩：《洪范传》，《曾巩集》卷十，第169页。
⑤ 〔宋〕曾巩：《公族议》，《曾巩集》卷九，第148页。

未之有改也；坊墉道路、马蚕猫虎之灵，其为类至细，世常严而事之，未之有废也；水旱之灾，日月之变，与夫兵师疾疠、昆虫鼠豕之害，凡一慝之作，世常有祈有报，未之有止也。《金縢》之书，《云汉》之诗，其意可谓至，而其辞可谓尽矣。①

这种对不可知的恐惧，即使是古代的圣人也无可奈何，只能以有限的智慧勉强应对而已。于是，他接着说：

夫精神之极，其叩之无端，其测之甚难，而尊而信之，如此其备者，皆圣人之法。何也？彼有接于物者，存乎自然，世既不得而无，则圣人固不得而废之，亦理之自然也。圣人者，岂用其聪明哉？善因于理之自然而已。其智足以周于事，而其辨足以不惑，则理之微妙，皆足以尽之也。②

作为知识分子，曾巩极其理智地表达了他对自然灾变的态度。

4. 尽人与务实

人类面对森罗万有的宇宙，想要凭着智慧，完全通透地了解其中的微妙，真是何其困难。传统思想中，阴阳家之言自古而有，其于学术讨论或许未列显学，然其影响力却深入民间。《史记·太史公自序》即自阴阳家开始：

尝窃观阴阳之术，大祥而众忌讳，使人拘而多所畏；然其序四时之大顺，不可失也。……夫阴阳四时、八位、十二度、二十四节各有教令，顺之者昌，逆之者不死则亡。未必然也，故曰"使人拘而多畏"。夫春生夏长，秋收冬藏，此天道之大经也，

---

① 〔宋〕曾巩：《阆州张侯庙记》，《曾巩集》卷十八，第297页。
② 〔宋〕曾巩：《阆州张侯庙记》，《曾巩集》卷十八，第297页。

弗顺则无以为天下纲纪，故曰"四时之大顺，不可失也"。①

然而汉朝人喜言灾异，推演"五德终始"。汉儒董仲舒辈犹且取用其说，往往有过当之引申。即使时至北宋，胡瑗的《洪范口义》，乃至王安石的《洪范传》也都师承前人。王安石《洪范传》还以二千余言畅谈五行相因相变的原理。欧阳修则以其疑古疑经的一贯态度，对《尚书·洪范》的"五行"之说颇有质疑：

> 昔者箕子为周武王陈禹所有《洪范》之书，条其事为九类，别其说为九章，谓之"九畴"。考其说初不相附属，而向为五行传，乃取其五事、皇极、庶证附于五行。以为八事皆属五行欤，则至于八政、五纪、三德、稽疑、福、极之类，又不能附，至俾《洪范》之书失其伦理，有以见所谓旁引曲取而迁就其说也。然自汉以来，未有非之者。②

《尚书·洪范》在总叙九畴时，只有"五行"不言"用"，自"五事"以下，则分别以"用"言人事所应该致力的态度。

曾巩虽未直接就"五行"与洪范九畴之间的离合关系多作论述，但在推演《洪范传》时，他很清楚地把其间的差异区隔出来，对"五行"所呈现的自然现象，不作过度玄妙的疏解。试看其传文：

> 敬，本诸心而见诸外，故五事曰敬用。用其厚者，固治人之道也，故八政曰农用。农，厚也。天时协，则人事得，故五纪曰协用。谨其常，则中不可不立也，故皇极曰建用。建，立

---

① 〔汉〕司马迁：《太史公自序》，〔汉〕司马迁撰，〔南朝宋〕裴骃集解，〔唐〕司马贞索隐，〔唐〕张守节正义：《史记》卷一百三十，中华书局，1982年，第3289—3290页。
② 〔宋〕欧阳修、〔宋〕宋祁撰：《新唐书》卷三十四志第二十四 五行一，中华书局，1975年，第872页。以下所引《新唐书》皆依此版本。

也。义者所以救其过、持其常也,故三德曰义用。明则疑释,故稽疑曰明用。庶征之见于天,不可以不念,故庶征曰念用。福之在于民,则宜向之,故五福曰向用。极之在于民,则宜畏之,故六极曰威用。威,畏也。①

所以曾巩对于"五行"一节,就仅仅从其状态与现象的角度,作必要的说明而已。例如有关"水火"之一段则曰:

> 夫润下炎上,言其所性之成于天者。然水导之则行,潴之则聚,火燃之则炽,宿之则壮,则其所化亦未尝不因之于人也。或曲直之,或从革之,或稼穑之,言其所化之因于人者。然可以曲直,可以从革,可以稼穑,则其所性亦未尝不成之于天也。所谓天不人不因,人不天不成者也。其文所以不同者,非固相反,所以互相明而欲学者之自得之也。②

曾巩诠释《尚书·洪范》,大约就是秉承欧阳修不假借神怪之说的态度,是纯粹的儒者情怀。研习上古学术思想,而能够超然于阴阳五行之外,直接就事论事,又能处处以民生稼穑为念,正是曾巩特出于时代的伟大所在。他又说:

> 凡为味五,或言其性,或言其化,或言其味者,皆养人之所最大者也,非养人之所最大者,则不言,此所以为要言也。《虞书》:禹告舜曰政在养民,而陈养民之事,则曰水火金木土谷惟修,与此意同也。③

---

① 〔宋〕曾巩:《洪范传》,《曾巩集》卷十,第156页。
② 〔宋〕曾巩:《洪范传》,《曾巩集》卷十,第157页。
③ 〔宋〕曾巩:《洪范传》,《曾巩集》卷十,第157页。

曾巩诠释传文，取经书之文以证经，而所取择者又孜孜以养民为重心，的确令人感动。他认为圣人之所以为圣人，是因为对于所遭逢的事物，能运用智能作详尽的了解，并且能作精确的判断，于是对微妙的理则就可以充分认识。所以他认为：

> 故古之有为于天下者，尽己之智，而听于人，尽人之智，而听于神，未有能废其一也。①

凡人自处之道，应亦复如是。在《相国寺维摩院听琴序》一文中，曾巩也同样指出这种"尽己"而"畏天"的情形：

> 若夫三才万物之理，性命之际，力学以求之，深思以索之，使知其要，识其微，而斋戒以守之，以尽其才，成其德，至合于天地而后已者，又当得之于心。②

曾巩曾担任地方官多年，治任所到，都能倾其心力做好分内工作。然而对于天候的雨旸雾雪等自然异相，当时仅能以地方父母官的身份，诚恳地祭告天地神祇。文集中所录祭神文甚多，包括谒庙文十二、祈晴文三、谢晴文二、祈雨文二十四、谢雨文十六、祈雪文一、谢雪文一、祭庙神文八，另有《题祷雨文后》一篇。相关文章悉录在《曾巩集》卷三十九、四十、四十一。

天候失调，曾巩唯有倾其至诚，以祈祷于神灵。

三、治心与养性

1.先儒性善说

《中庸》说："天命之谓性，率性之谓道，修道之谓教。"朱熹认为

---

① 〔宋〕曾巩：《阆州张侯庙记》，《曾巩集》卷十八，第297页。
② 〔宋〕曾巩：《相国寺维摩院听琴序》，《曾巩集》卷十三，第211页。

《中庸》是子思所作。因此《中庸》成书应在《孟子》之前。虽然其中未有标举"性善"者，但是《中庸》把"率性"等同于"道"，又把"教"的内容指明为教导人们依循着天命之本然的"性"去做，则此本然的"性"，当然是归属于"善"的一面。

孟子道"性善"，认为"人无有不善"，然后"使先知觉后知，使先觉觉后觉"才有可能。"觉"是启发，是触动。没有强制，更没有逼迫。要成功"觉后知""觉后觉"，人人必须先有善的因子存在心中，并指出"乃若其情，则可以为善"。因此除了自暴自弃者外，经先知先觉引导，人人都可以成为圣人。古之"圣人"只不过是"先得我心之所同然耳"，所以吾人从事"觉后知""觉后觉"的教育事业，就是要让人人充分觉察"圣人与我同类"而自我肯定。于是只要充分做到心之所同然的"理也、义也"，任何人也就与圣人没有差异。

孟子论性善，取水作譬喻。人之为善，是顺性而行的现象，所以"人性之善也，犹水之就下也"。为不善则是逆其本性而行，就如水"搏而跃之，可使过颡；激而行之，可使在山"。逆流而行并非水的本性，只有在搏与激的非常情况之下才发生；人不善，只是本性被扭曲才会发生。等到恢复正常，水依然是要回到向下顺流而行的本性，人也依然要回到向善的路子上。然而性善虽系本然而有，却需要用心护持才能长存。唯其善加护持，然后可以成圣成贤。圣贤之所以为圣贤，就在于能长时间操持此等本然之善性而已。

至于常人之所以为常人，甚至于被视为不善之人，就在于物欲的陷溺太深，或是为宫室之美，或是为妻妾之养，往往"失其本心"。所以孟子教我们"求则得之，舍则失之"，并且引用孔子的话"操则存，舍则亡"来督促后学。因此，"反求诸己""存其心，养其性"就成为孟子性善理论中最应努力的事务。

2. 曾巩论养性

北宋时期，学者侈谈心性的风气逐渐形成。李诩就曾经以《性诠》三篇，求教于欧阳修。欧阳修在《答李诩第二书》中说：

> 夫性，非学者之所急，而圣人之所罕言也。《易》六十四卦不言性，其言者动静得失吉凶之常理也；《春秋》二百四十二年不言性，其言者善恶是非之实录也；《诗》三百五篇不言性，其言者政教兴衰之美刺也；《书》五十九篇不言性，其言者尧、舜、三代之治乱也；《礼》《乐》之书虽不完，而杂出于诸儒之记，然其大要，治国修身之法也。六经之所载，皆人事之切于世者，是以言之甚详。至于性也，百不一二言之。①

欧阳修指出，古代经典很少触及性善恶的讨论，即使《孟子》《荀子》论及性之善恶，也都是以其学说作为教育观点的基础而已。

> 使孟子曰人性善矣，遂怠而不教，则是过也；使荀子曰人性恶矣，遂弃而不教，则是过也；使扬子曰人性混矣，遂肆而不教，则是过也。然三子者，或身奔走诸侯以行其道，或著书累千万言以告于后世，未尝不区区以仁义礼乐为急。盖其意以谓善者一日不教，则失而入于恶；恶者勤而教之，则可使至于善；混者驱而率之，则可使去恶而就善也。②

古之经典重视修己与治人，与当世之言"性"者多有不同，欧阳修认为：

> 今之学者于古圣贤所皇皇汲汲者，学之行之，或未至其一二，而好为性说，以穷圣贤之所罕言而不究者，执后儒之偏

---

① 〔宋〕欧阳修：《答李诩第二书》，《欧阳修全集》卷四十七，第669页。
② 〔宋〕欧阳修：《答李诩第二书》，《欧阳修全集》卷四十七，第670页。

说，事无用之空言，此予之所不暇也。……夫七十二子之不问，六经之不主言，或虽言而不究，岂略之哉，盖有意也。①

所以欧阳修主张：

性者，与身俱生而人之所皆有也。为君子者，修身治人而已，性之善恶不必究也。②

不修其身，虽君子而为小人……能修其身，虽小人而为君子。③

曾巩对于"性"的看法大致和欧阳修相同，并不以"性善"作为其讨论题材之重心。他常常以"持心养性"作为平生力行之要务，以直接面对此一儒者事业之重要课题。

在《相国寺维摩院听琴序》中，他说：

三才万物之理，性命之际，力学以求之，深思以索之，使知其要，识其微，而斋戒以守之，以尽其才，成其德，至合于天地而后已者，又当得之于心……古之学者，其役之于内外以持其心、养其性者，至于如此，此君子所以爱日而自强不息，以求至乎极也。然其习之有素，闲之有具如此，则求其放心，伐其邪气，而成文武之材，就道德之实者，可谓易矣。④

他认为要想成才成德，还是要从内心做起，先寻回放失的心，学习的成就才有可能达到。在《礼阁新仪目录序》中他甚至还指出：

---

① 〔宋〕欧阳修：《答李诩第二书》，《欧阳修全集》卷四十七，第669—670页。
② 〔宋〕欧阳修：《答李诩第二书》，《欧阳修全集》卷四十七，第670页。
③ 〔宋〕欧阳修：《答李诩第二书》，《欧阳修全集》卷四十七，第670页。
④ 〔宋〕曾巩：《相国寺维摩院听琴序》，《曾巩集》卷十三，第211—212页。

> 不放其邪心，不穷于外物，则祸乱可息，而财用可充。其立意微，其为法远矣。①

显然，曾巩认为，心性的掌握是最重要的工作。倘若能够善自操持，则一切有关学习的事务，都可以不假外求而获致良好成果。因为儒者所设定的生命理想，是"止于至善"，行持之间所需要的就是曾参所谓"士不可以不弘毅，任重而道远"。

曾巩所论的学习内容，包括两个方向：在求知方面，他主张要"三才万物之理，性命之际，力学以求之，深思以索之，使知其要，识其微"；在个人修为的力行方面则要"斋戒以守之，以尽其才，成其德，至合于天地而后已者，又当得之于心"。前文所说的"持其心、养其性""求其放心"，以至于"得之于心"，应该都是承接孟子"存其心，养其性"的主张而来。存心养性，就必须善持其心志。曾巩在《南轩记》中说：

> 吾窥圣人旨意所出，以去疑解蔽，贤人智者所称事引类，始终之概以自广，养吾心以忠，约守而恕行之。其过也改，趋之以勇，而至之以不止，此吾之所以求于内者。②

圣人行止参造化、合天人，凡所识所见均应通透了解，有疑有蔽无不去之而后安。贤人、智者自知仍有所不足，所以称事引类，扩充知能，都希冀生命内涵更加充实。一般学者倘若能以严谨的态度"求于内"，就必能以诚恳忠实的态度面对自己。

曾巩深察圣贤之旨意而努力自修，他以"养吾心以忠，约守而恕行之。其过也改，趋之以勇，而至之以不止"的态度自持，同时也以此作

---

① 〔宋〕曾巩：《礼阁新仪目录序》，《曾巩集》卷十一，第181页。
② 〔宋〕曾巩：《南轩记》，《曾巩集》卷十七，第286页。

为评骘古人的标准。在《徐干中论目录序》中，他认为徐干的文章之所以值得重视，正因为其：

> 干独能考六艺，推仲尼、孟轲之旨，述而论之。求其辞，时若有小失者；要其归，不合于道者少矣。其所得于内者，又能信而充之，逡巡浊世，有去就显晦之大节。①

"汉承周衰及秦灭学之余，百氏杂家与圣人之道并传，学者罕能独观于道德之要"②，儒学在汉朝既已衰残，而徐干身处于更加污浊混沌的环境中"逡巡浊世"，却能够"不牵于俗儒之说"而从事"考六艺，推仲尼、孟轲之旨，述而论之"的工作，实在值得尊敬。

徐干坚持儒家传统，重视治心养性，"其所得于内者，又能信而充之"，于是"有去就显晦之大节"。这样有为有守的态度，真是难能可贵，所以曾巩认为徐干的著作特别有显扬的价值，从而也就清楚地披露了曾巩作为一个知识分子立身持志的观点。

在《与王深父书》中，他对王安石"士诚有常心，以操群圣人之说而力行之，此孔孟以下，所以有功于世也"③的观点不以为然。他认为只是秉持"常心"，"操群圣人之说而力行之"是不够的，还必须有"以仁立心，依礼行为"的做法。他说：

> 夫学者苟不能其心笃于仁，其视听言动由于礼，则必不能不失其常心，此后之学者之患也。苟能其心笃于仁，其视听言动由于礼，则必不失其常心，且既已皆中于礼矣，而复操何说而力行之哉？此学者治心修身，本末先后自然之理也。所以始

---

① 〔宋〕曾巩：《徐干中论目录序》，《曾巩集》卷十一，第190页。
② 〔宋〕曾巩：《徐干中论目录序》，《曾巩集》卷十一，第190页。
③ 〔宋〕曾巩：《与王深父书》，《曾巩集》卷十六，第264页。

乎为士，而终乎为圣人也。①

秉持"常心"还要穷本探源，所以一般人还是得先有仁与礼，才容易建立平常心。因此曾巩强调学者应"以仁立心，依礼行为"，认为这属于本末先后的层次，不宜舍本逐末，而有所错置。

> 夫学者，其心笃于仁，其视听言动由于礼，则无常产而有常心，乃所履之一事耳。何则？使其心笃于仁，其视听言动由于礼，然而无常产也，则其于亲也，生事之以礼，故啜菽饮水之养，与养以天下一也；死葬之以礼，故敛手足形旋葬之葬，与葬以天下一也。②

曾巩此文作于嘉祐五年（1060），释褐未久，自身无恒产以养家的凄苦情况记忆甚深，所以他要为无恒产而尽力菽水之养的士子代作发言，还要列举其施行循礼的不得已做法，作深致体谅的解释。

3. 严于责圣贤

在《自福州召判太常寺上殿札子》中，曾巩也试图透过子贡的观点，希望对孔子的言行有更清晰的了解。他说：

> 子贡称孔子之学，识其远者大者，则于言也能知其要，于德也能知其奥，然后能当于孔子之所谓学也。审能是，则存于心者，有以为主于内，天下之事，虽其变无穷，而吾所以待之者，其应无方。③

他所归结出来的答案是，子贡所认识的孔子之学能够"识其远者大

---

① 〔宋〕曾巩：《与王深父书》，《曾巩集》卷十六，第264页。
② 〔宋〕曾巩：《与王深父书》，《曾巩集》卷十六，第264页。
③ 〔宋〕曾巩：《自福州召判太常寺上殿札子》，《曾巩集》卷二十九，第438页。

者"。对整体学术有清楚的认知,能够"知其要",则学习者就能掌握核心价值,同时也要认识学习对象内蕴的人格奥义,学习者才能有深刻的感动,才能明确地厘清价值观。必如是,内心就能有正确的主张,那么面对天下万事,也就可以有清明的判断,才可以适应自如。所以学孔子之学还是要通过作全面而深刻的学习才行。

曾巩始终主张,要力学以求真知,不采取纯任天性的态度,这与历来言"性"的儒者,有不同的取向。于是"治心养性"的课题,就应当要经由力学,才能期待有好的成果。他认为即使是古之圣人,也应秉此原则,在治心养性中自我成长。他在《洪范传》中对尧的自我成长,就是这样陈述的:

> 盖聪明文思,尧之得于其心者也。克明俊德,有诸心,故能求诸身也。……积于其心以至于身修,此尧之所以先觉,非求之于外也。[1]

"有诸心,故能求诸身",圣人犹须善于操持其心,何况一般人呢?曾巩在自我修持方面,主张要从个人的内心修养做起,反对过度追求身外的名利,与周敦颐"主静""无欲"的主张颇为接近。

由于强调修持自我的心志,曾巩对以身徇物、动摇操守的人,给予了严厉的指责。他在《列女传目录序》中指出:

> 后世自学问之士,多徇于外物而不安其守……苟于自恕,顾利冒耻而不知反己者。[2]

显然,曾巩针对《列女传》的作者刘向的观点,不予苟同。他在叙录刘向的另一篇著作《说苑目录序》中,干脆明白地说:

---

[1] 〔宋〕曾巩:《洪范传》,《曾巩集》卷十,第159—160页。
[2] 〔宋〕曾巩:《列女传目录序》,《曾巩集》卷十一,第180页。

向之学博矣，其著书及建言，尤欲有为于世，忘其枉己而为之者有矣，何其徇物者多而自为者少也。盖古之圣贤非不欲有为也，然而曰求之有道，得之有命。……令向之出此，安于行止，以彼其志，能择其所学，以尽乎精微，则其所至未可量也。是以孔子称古之学者为己，孟子称君子欲其自得之，自得之则取之，左右逢其原，岂汲汲于外哉？向之得失如此，亦学者之戒也。①

刘向以其身份和地位，及所拥有的优越环境，倘能带领当时学术思想作更深更广的发展，本来是可以大有作为的。只因为他"徇物者多而自为者少"，以致汉代学术不能振衰起弊。曾巩以如此沉重的任务苛责刘向，或许过于求全责备，然而错失一代学术开展之契机，无法重建儒者有本有源之形象，刘向"枉己而为之"已属"失其初志"，遂未能在当代负起原应挑起的责任。就文化事业的得失论其功过，刘向恐怕还是难辞其咎的。

4. 理想的人格

《论语·卫灵公》云："君子求诸己，小人求诸人。"《论语·颜渊》云："为仁由己，而由人乎哉？"修身的功夫，本来就是立身行事的起步，孔门特别致力于此，所以相关的申述颇多。

《论语·述而》云："子以四教：文、行、忠、信。"《论语·颜渊》云："主忠信、徙义，崇德也。"孔门在自我的修身方面，一再地表示要"主忠信"，《学而》《子罕》也有类似的记载。这些都在指出：行事要从自家的修为开始。即使在开展生命领域的初阶，也要"见贤思齐焉，见不贤而内自省也"。

---

① 〔宋〕曾巩：《说苑目录序》，《曾巩集》卷十一，第191页。

就徙义而言，既可以取法一般规范，也可通过文献资料与前人的立身行事据以自省。然付诸实践而欲其圆融却未必容易，孔子也不免慨然而叹："已矣乎！吾未见能见其过而内自讼者也。"自我淬砺，正是儒者之所以为儒者的关键处。

儒者的理想人格是圣人，《论语·子张》云："有始有卒者，其惟圣人乎。"《论语·子罕》云："夫子圣者与。"子贡认为孔子是圆满的圣哲，"固天纵之将圣"。孔子却自谦地说："若圣与仁，则吾岂敢？"并且以"圣人，吾不得而见之矣"为憾。

孟子则把古代能卓然自立之贤哲，与大有功于民的为政者，都称为"圣人"，并且很肯定地认为："孔子，圣之时者也。孔子之谓集大成。集大成也者，金声而玉振之也。金声也者，始条理也。玉振之也者，终条理也。"

追求人格完美，历来儒者略无疑义，曾巩亦何尝不然？他的《梁书目录序》因有感于梁武帝以下崇佛而误国者而发，然承续于佛教既盛之后，对"圣人"的认定就难免受其影响：

> 《书》曰思曰睿，睿作圣，盖思者所以致其知也。能致其知者，察三才之道，辨万物之理，小大精粗，无不尽也。……既圣矣，则无思也，其至者循理而已，无为也，其动者应物而已。是以覆露乎万物，鼓舞乎群众，而未有能测之者也，可不谓神矣乎！神也者，至妙而不息者也。此圣人之内也。圣人者，道之极也。①

曾巩是极其纯粹的儒者，他引经据典，以《尚书》为依凭，通过对个人生命的体悟，认为由思而睿，由睿而圣，是"作圣"的过程。更要由圣域推而进于神的境界，"既圣矣，则无思也，其至者循理而已，无为

---

① 〔宋〕曾巩：《梁书目录序》，《曾巩集》卷十一，第177—178页。

也，其动者应物而已"，以此说明圣人能够臻于道之极致的原因。然而其所显现的概貌，则是"覆露乎万物，鼓舞乎群众，而未有能测之者"，这是他所认定的圣人，也是他理想中的圣人。

虽然当时的大环境是佛学的广泛影响，对宇宙大化以至物我生命等方面的课题，已有更深层的体会与解析，但是曾巩在文字之间始终坚持其为儒者的立场，从未有所改变。像他这样坚持儒者立场的态度，无疑是值得给予充分敬意的。

四、格物与致知

1. 尽心与格物

大学之道，始于格物致知，在现存《大学》原文中，对此一节却没有详细的解说。《孟子·尽心上》首章云："尽其心者，知其性也。知其性，则知天矣。"孟子算是很粗疏地提出了由尽心，而知性，而知天的通道。《中庸》云："唯天下至诚，为能尽其性；能尽其性，则能尽人之性；能尽人之性，则能尽物之性；能尽物之性，则可以赞天地之化育；可以赞天地之化育，则可以与天地参矣。"此章所阐释的是由"尽性"到"参天地"的过程，可与《孟子》前述文字相呼应。此处进而提出"至诚"的概念，并且以"诚"作为推动此认知过程的原动力。《中庸》还说："诚者自成也，而道自道也。诚者物之终始，不诚无物，是故君子诚之为贵。诚者非自成己而已也，所以成物也。"经由这样的补充，使"诚"成为认知动能的义涵更加清晰，遂使"诚"在儒家哲学体系中成为本体性的概念。

2. 论诚与天道

曾巩在《洪范传》中说："所谓诚者，天之道也""所谓思诚者，人之道也"。这些文字，呼应了《中庸》的"自诚明，谓之性；自明诚，谓之教。诚则明矣，明则诚矣"。他认为"诚"是天道，是自然界的本然状态。上天也赋予人此一优美的本质,这是人性本然具有的状态,自始就存在于人心之中,为人所本有。倘若人类能够充分发挥人性中美好的一面,通过"反求诸己"的内省功夫,经由"思诚"也就是"自明诚"的努力,就可以立即进入"诚"的范围,达到"诚"的境界。所以人们应该致力于"思诚",因为"思诚者,人之道也"。

元丰元年(1078),他在所写的《自福州召判太常寺上殿札子》中指出,在"熙宁二年,出通判越州,因转对幸得论事",乃是"据经之说"。他所提到的"转对"就是《熙宁转对疏》,其全文以"诚意正心修身,治其国家天下,必本于学"为主要内涵。在十年之后,曾巩依然要特别强调他曾在这篇《熙宁转对疏》中用心陈述过的一些重要观点。他说:

> 臣观《洪范》所以和同天人之际,使之无闲,而要其所以为始者,思也;《大学》所以诚意正心修身,治其国家天下,而要其所以为始者,致其知也。故臣以谓正其本者,在得之于心而已。得之于心者,其术非他,学焉而已矣。此致其知所以为大学之道也。……夫能使事物之接于我者不能累其内,所以治内也;言语之接于我者不能蔽其外,所以应外也。有以治内,此所以成德化也;有以应外,此所以成法度也。德化法度既成,所以发育万物,而和同天人之际也。[①]

这里所谓的"和同天人之际"是人的精神与天道相谐和的状态。如果没有"诚",物质世界就会成为荒谬的现象,而无法梳理出理则来。所以要使一切事物具有意义,都必须从"诚"开始。人类也必须经由"诚"的动念,才可以使外在的"天"与其所彰显的"诚"内化为主观的"诚",这就是曾巩所谓的"思诚"。唯其如此,人类的能力才可以有意

---

① 〔宋〕曾巩:《熙宁转对疏》,《曾巩集》卷二十九,第434—435页。

地展现出来，才可以延展到一切事物。所以"诚"之一字，可以沟通天道与人道，最主要还是因为在人的心中，本来就有有灵明的"诚"作为基础。至于使"诚"灵明的努力之道，曾巩认为"得之于心者，其术非他，学焉而已矣"。

关于走向"和同天人之际"的终极理想，曾巩指出要从"思"入手，也就是要始于"致其知"，是说人类要通过"思"以其聪明"致其知"，借此由"学焉"扩而充之。也唯独人类能有此"思"的心念，才会有追究终极理想之意志，而终极理想也才有被认知的可能。经过坚定此意志的实践，然后其精神才可以至于不可知之神。

曾巩于熙宁初年皇帝即位之初，在朝廷上下方将改弦更张准备变法之际作如是说，固然系于对宋神宗皇帝之推崇与期许。然而，这正可知曾巩对于人类确实有"内成德化，外成法度，以发育万物，而和同天人之际，甚易也"①的憧憬。他认定，只要努力以赴，这些理想都可以实现。

3. 笃实与尽理

曾巩不好玄谈，在《相国寺维摩院听琴序》中，也有关于天人之际的探讨，可是他却务实地直接从"理"的探求说起：

> 三才万物之理，性命之际，力学以求之，深思以索之，使知其要，识其微，而斋戒以守之，以尽其才，成其德，至合于天地而后已者，又当得之于心。②

他认为，无论是外在的三才万物之众理，还是内在的性理与天命，都是学习的对象和内涵，都要以"力学"与"深思"作为认知的法门，而且必须在力学与深思的时候，做得极其彻底才行。因为力学与深思，都只是努力的过程中所赖以进行的方法。倘能有所收获，而能了解其道

---

① 〔宋〕曾巩：《熙宁转对疏》，《曾巩集》卷二十九，第436页。
② 〔宋〕曾巩：《相国寺维摩院听琴序》，《曾巩集》卷十三，第211页。

理之要衷，进而探得妙理之精微，犹当以恭敬虔诚之心善加护持才好。因为唯有在从事"学"与"思"的时候，尽其生命之全部心力，才能成就个人德行的圆融完满，进而使这些成就能与天地之德相称。与此同时，学习者的心中还必得有深刻、通透而亲切的领受，整个学习的历程才算全部完成。而此整个学习的历程，无论是力学、深思，还是"斋戒以守之"，其实全都是"心"的作用。

要达到曾巩所期待的学习成就，真是何其难哉！在文中他接着指出，这也就是自古以来"君子所以爱日而自强不息，以求至乎极也"的原由。虽则如是，正因为古之学者都以此存心，也依此自强，积之渐而资之深，所以终究能够"习之有素，闲之有具"，于是才能获得"求其放心，伐其邪气，而成文武之材，就道德之实"的成果。①

在《墨池记》中，对墨池的传说，曾巩有所传述，然而他更从"习之有素，闲之有具"的体会中指出：

> 羲之尝慕张芝，临池学书，池水尽黑……羲之之书晚乃善，则其所能，盖亦以精力自致者，非天成也。然后世未有能及者，岂其学不如彼邪？则学固岂可以少哉！况欲深造道德者邪？②

"诚"固然是致力学习必须有的态度，可是格物致知的工作，本来就应该落实在学习的努力之中，无论期望有多高，"笃实力学"终究是不变的法则。大约这就是曾巩在讨论笃行的功夫时，避开"诚"字的精思，而从比较易于掌握的"理"字开展其论述的原因。而此间的差异，或许可以作为曾巩未进入理学家行列的原因之一。

4. 思诚与尽性

在曾巩看来，格物致知在整个学习过程中，只是初阶而已，究其极

---

① 见：《曾巩集》卷十三《相国寺维摩院听琴序》，第212页。
② 〔宋〕曾巩：《墨池记》，《曾巩集》卷十七，第279页。

致，学习之事仍然要与寻求智慧生命的过程相结合。在《梁书目录序》中他有与此论点相应的说法：

> 盖思者所以致其知也。能致其知者，察三才之道，辨万物之理，小大精粗，无不尽也。此之谓穷理，知之至也。①

致知就要做到"穷理"，这才是"知之至"，而这必须要与本身与生俱来的"性"相叠合才行，所以必须是"尽其性"才可以无愧于知。

> 能尽其性，则诚矣。诚者，成也，不惑也。既诚矣，必充之，使可大焉。既大矣，必推之，使可化焉。能化矣，则含智之民，肖翘之物，有待于我者，莫不由之以全其性，遂其宜，而吾之用与天地参矣。②

这几句话，可以看作曾巩对格物与致知所作的补充说明。曾巩的见解完全是从《中庸》进一步推演而来，其中值得注意的是，他所说的"必充之""必推之"都强调"思"的重要性，要以个人心智所展现的"思"来统摄学习的全部过程。所以曾巩对"尽其性"已经不是纯任"尽性"的层次而已，而是要做有意识的"必充之""必推之"，也只有如此才是儒者的负责态度。

曾巩会有这样的思维，或许与他撰写《梁书目录序》这篇文章旨在辨析佛儒理趣之异同有关，从此也可看到曾巩对学与思的态度。

朱熹在《大学章句》中说：

> 所谓致知在格物者，言欲致吾之知，在即物而穷其理也。盖人心之灵莫不有知，而天下之物莫不有理，惟于理有未穷，故其知有不尽也。是以《大学》始教，必使学者即凡天下之物，

---

① 〔宋〕曾巩：《梁书目录序》，《曾巩集》卷十一，第177—178页。
② 〔宋〕曾巩：《梁书目录序》，《曾巩集》卷十一，第178页。

莫不因其已知之理而益穷之，以求至乎其极。至于用力之久，而一旦豁然贯通焉，则众物之表里精粗无不到，而吾心之全体大用无不明矣。此谓物格，此谓知之至也。①

就这段文字的构思而言，与曾巩的《梁书目录序》，彼此在文字之间，确有神似之处。朱熹自谓是取用程子之意。然考《伊川学案》中所列程子之语录，例如：

随事观理，而天下之理得矣。天下之理得，然后可以至于圣人。君子之学，将以反躬而已矣。反躬在致知，致知在格物。②

致知在格物，非由外铄我也，我固有之也。因物而迁，迷而不悟，则天理灭矣，故圣人欲格之。③

程子诸语，都只在格物方面探讨，殊未见其中还涉及"穷理"之言语。窃自以为：朱熹于古文八大家中特别推崇曾巩，曾一再指出曾巩文章之成功处，只怕朱熹有关即物穷理一段观点，其实是受到曾巩前述相关文字的启发。

五、认知与表达

1. 八识与五事

佛教唯识宗认为人类的觉察能力有"八识"之说，八识包括眼识、耳识、鼻识、舌识、身识、意识、末那识、阿赖耶识，其中的阿赖耶识并非人类所能自由控制与运用的，末那识也是以思量为自性，而非以了

---

① 〔宋〕朱熹：《大学章句》，《四书章句集注》，第6—7页。
② 〔清〕黄宗羲原撰，〔清〕全祖望补修：《宋元学案》卷十五《伊川学案上》，第605页。
③ 〔清〕黄宗羲原撰，〔清〕全祖望补修：《宋元学案》卷十五《伊川学案上》，第605页。

别为自性。据吉藏所说，道安之性空论正作如是说。其余六者，则与六根相配合，对于色、声、香、味、触、法等各种尘缘，分别有所牵系云云。这套对于外在世界的观察，与传统中国人所理解的现象之间，仍然颇有歧异。

传统中国人对外在环境的理解途径及其表现形式，原则上是率性而为，殊少作深刻剖析。在《论语·颜渊》中有"非礼勿视，非礼勿听，非礼勿言，非礼勿动"的讨论，已经接近对心灵意志的探索，但是孔子与颜渊仅仅是对个人生活态度进行探讨，并未遍及全部心念的触缘。另外，《论语·季氏》则言："君子有九思。视思明，听思聪，色思温，貌思恭，言思忠，事思敬，疑思问，忿思难，见得思义。"这"九思"超越生活性触缘的层次，对于各种状况，讨论甚为详备。只是孔子在这段文字中，还加入了价值判断的思考，掌握的是生命的理想，为求生命更加完善更加充实的情境，已经是高度哲理的探索。其实在《尚书·洪范》中，也已经有相关的论述："次二曰敬用五事……五事，一曰貌，二曰言，三曰视，四曰听，五曰思。貌曰恭，言曰从，视曰明，听曰聪，思曰睿。恭作肃，从作义，明作哲，聪作谋，睿作圣。"此处不仅提出"五事"的状况，还提供了运作的纲领，"五事"的作用，还分别提出其所可以呈现的人文理想，是相当严谨的一段文字，其中有许多探讨的空间。王安石在他的《洪范传》中有谓：

> 恭则貌钦，故作肃。从则言顺，故作义。明则善视，故作哲。聪则善听，故作谋。睿则思无所不通，故作圣。五事以思为主，而貌最其所后也，而其次之如此何也，此言修身之序也。恭其貌，顺其言，然后可以学而至于哲。既哲矣，然后能听而成其谋。能谋矣，然后可以思而至于圣。思者，事之所成终而所成始也。思所以作圣也，既圣矣，则虽无思也，无为也，寂

然不动，感而遂通天下之故可也。①

王安石对于"五事"的讨论，仅就文字稍予疏解，俾能较为明确地掌握理念而已。曾巩的《洪范传》也随着经文中所述"五事"的内容，依例作注不破经的诠释，然而对此"五事"却有较多的讨论。

曾巩首先提出"敬"字，作为其诠释"五事"的基本观点："敬，本诸心而见诸外，故五事曰敬用。"②并以"内外"的分别，对"五事"的触缘部分稍予区分："五者，思所以为主于内，而用四事于外者也。"③他的一连串观察是这样的：

> 盖自外而言之，则貌外于言。自内而言之，则听内于视。自貌言视听而言之，则思所以为主于内，故曰貌，曰言，曰视，曰听，曰思。弥远者弥外，弥近者弥内，此其所以为次叙也。④

他强调"思所以为主于内"，认为无论是讯息的取得或表达，思的重要性高于貌、言、视、听。理由是"思"兼有认知与表达的功能，存在于内心之中，可以超然于貌、言、视、听之外而独立运作，又可以运用貌、言、视、听四者以统合之，不像其余四事之间，只是各自独立运作，不互相依从，四者也就不必然互相影响：

> 至于四者，则皆自为用而不相因。故貌不恭者不害于言从，视不明者不害于听聪，非貌恭言从然后能哲，能哲然后能谋，能谋然后能思，而至于圣也。⑤

---

① 〔宋〕王安石：《洪范传》，《临川先生文集》卷六十五，第688页。
② 〔宋〕曾巩：《洪范传》，《曾巩集》卷十，第156页。
③ 〔宋〕曾巩：《洪范传》，《曾巩集》卷十，第157页。
④ 〔宋〕曾巩：《洪范传》，《曾巩集》卷十，第157页。
⑤ 〔宋〕曾巩：《洪范传》，《曾巩集》卷十，第157页。

2. 论貌、言、视、听

就认知而言，视听二者居其大宗，曾巩在《洪范传》中说：

> 视之明，无所不照，所以作哲；听之聪，无所不闻，所以作谋也。人之于视听，有能察于闾巷之间、米盐之细，而不知蔽于堂阼之上、治乱之几者，用其聪明于小且近，故不能无蔽于大且远也。古之人知其如此，故前旒蔽明，黈纩塞聪，又以作聪明为戒。夫如是者，非涂其耳目也，亦不用之于小且近而已矣，所以养其聪明也。①

视听之运用极其平常，也极其强大。古人早就提出不可过度倚重的警告，以免陷于偏执而不自知。为此古代国君的服制上有"前旒蔽明，黈纩塞聪"的设计，用以提醒为君者，视听方面都会受限，应该知所戒惧；同时也保护视与听的官能，务使耳目能保持在"视之明……所以作哲；听之聪……所以作谋也"的最佳状态，以期为国家天下作大且远的视听。所以曾巩接着说：

> 养其聪明者，故将用之于大且远。夫天下至广，不可以家至户察，而能用其聪明于大且远者，盖得其要也。②

身为国君，在一般人可以做到的小事方面，不可以花费太多时间和精神，因为要承担一国的大事，地广人众，不可能挨家挨户去关怀、去察考。曾巩还列举古代圣王行事，以作为范例：

> 昔舜治天下，以诸侯百官，而总之以四岳，舜于视听，欲无蔽于诸侯百官，则询于四岳，欲无蔽于四岳，则辟四门，欲无蔽于四门，则明四目，达四聪。夫然故舜在士民之上，非家

---

① 〔宋〕曾巩：《洪范传》，《曾巩集》卷十，第158页。
② 〔宋〕曾巩：《洪范传》，《曾巩集》卷十，第158页。

至户察而能立于无蔽之地，得其要而已矣。其曰明四目、达四聪者，舜不自任其视听，而因人之视听以为聪明也。①

舜关怀百姓的生活，借由诸侯百官的协助，并指定四岳督导百官的工作，还建立四门，以方便各地官民表达舆论。曾巩还把这种"因人之视听以为聪明"的做法，指称为"君道"，就是"天道"。这样的做法，是后代为政者应该用心奉行与思考的法则：

> 不自任其聪明而因之于人者，固君道也。非君道独然也，不自任其聪明而因之于人者，固天道也。故曰"天聪明，自我民聪明"，又曰"惟天聪明，惟圣时宪"。舜于聪明，下尽人，上参天，斯其所以为舜也。②

善于治国者，"不自任其聪明而因之于人"，才能"下尽人，上参天"，才符合"君道"。曾巩进而推求古代设置"前旒蔽明，黈纩塞聪"的原因在于"若唯恐不能无所蔽者"。他说：

> 舜之时，至治之极也，人岂有欺舜者哉？舜于待人，亦岂疑其欺己也？然而访问反复，相参以考察，又推之于四面，若唯恐不能无所蔽者，盖君天下之体，固不得不立于无蔽之地也。立于无蔽之地者，其于视听如此，亦不用之于小且近矣。夫然故蔽明塞聪，而天下之情可坐而尽也。③

为国君者放不开胸襟，是因为有唯恐被欺瞒的心态，所以曾巩要不厌其详地举证与讨论。对一般人而言，视听二事居认知之大宗，固然不

---

① 〔宋〕曾巩：《洪范传》，《曾巩集》卷十，第158页。
② 〔宋〕曾巩：《洪范传》，《曾巩集》卷十，第158页。
③ 〔宋〕曾巩：《洪范传》，《曾巩集》卷十，第158—159页。

可轻忽；至于传达本身意念的言与貌，也都必须谨慎：

> 言曰从、从作乂者，《易》曰：出其言善，则千里之外应之；出其言不善，则千里之外违之。则言之要为可从而已也。言为可从也，则其施于用，治道之所由出也。古之君人者知其如此，故其戒曰："慎乃出令，令出惟行，弗惟反。"又曰："其惟不言，言乃雍。"而舜以命龙亦曰："夙夜出纳朕命，惟允。"言之不可违如此也。貌曰恭、恭作肃者，孟子曰："今夫蹶者趋者，是气也，而反动其心。"故曰"持其志，无暴其气"。盖威仪动作见于外者无不恭，则生于心者无不肃也。传曰，人受天地之中以生，所谓命也；礼义威仪之则，所以定命也。故颜渊问仁，孔子告之以视听言动以礼。而卫之君子所以称仁者，亦曰"威仪棣棣，不可选也"。貌之不可慢如此也。存其思，养其聪明，而不失之于言貌，故尧之德曰聪明文思。言貌者，盖尧之所谓文。①

"圣"，《说文解字》十二上："通也。从耳，呈声。""壬"，《说文解字》八上："善也。从人、士。士，事也。一曰象物出地挺生也。"

《风俗通》谓："圣者声也，闻声知情，故曰圣也。"

徐锴《说文系传·通论》："通而先识曰圣，无所不通也。于文，耳呈为圣。呈，圣声也。又，圣则万物皆呈其情也。从耳者，非任耳也，言心通万物之情，若耳之通声也。"徐铉校订《说文解字》八上："壬，人在土上，壬然而立也。"朱骏声《说文通训定声》："耳顺谓之圣，故从耳。"八上又谓："壬，此字从人立土上会意，挺立也。"

徐铉以为"壬，人在土上，壬然而立也"，允为卓见，故朱骏声从

---

① 〔宋〕曾巩：《洪范传》，《曾巩集》卷十，第159页。

其说。人立土上,既非天然的石上,又能令人见其在土上,则系人为堆栈所成的高台,其迥出人群之上可以知之。可以从此推演出来,"壬"本有"超越群伦"之意。从而"圣"字不妨看作"耳口壬"三文的会意字,意谓"圣人乃是耳口功能超越群伦的人"。其耳具有听知能力,其口具有表达能力,则可以谓之"圣人"者,必须具有对于各种信息能够以其耳目充分吸纳与觉知的能力,还能够就其所知所感,通过言行举止作详尽表达。

曾巩借由《洪范传》,在貌、言、视、听各部分都作精审的诠释,以尧舜为例对于"圣人"的境界作了深刻的体察,在北宋晚期他应属极有透辟见解的思想家。

3. 论思的运作

通过貌、言、视、听等方面的各种努力,不论认知或表达,都与外物有所牵涉,其实都是在与个别生命作外缘的交会。唯独通过"思"的运作,才能使这些外缘的际会,成为个别生命的真实体会,从而臻于"圣"的境界,这也正是儒者的理想目标。曾巩对此颇有探讨:

> 曰思曰睿,睿作圣者,盖思者所以充人之材以至于其极,圣者人之极也。孟子曰:人之性或相倍蓰而无算者,不能尽其材,不能尽其材者,弗思耳矣。盖思之于人也如此。①

因为貌、言、视、听都只能就已有的现象,做认知与表达的工作而已。"思者所以充人之材",至哉斯言!唯有"思"才能够扩充生命的实质内涵,才能让生命充分发挥其巨大的能量,是成为"圣"者最重要的内在决定因素。由此可知曾巩先是依循着孟子的观点,认为在从事的过程中所要强调的原则是人应"尽其材",而在成就自我之材的路途上,则

---

① 〔宋〕曾巩:《洪范传》,《曾巩集》卷十,第157—158页。

特别要着力于"思"。

《中庸》之"唯天下至诚，为能尽其性"则系从"诚"字入手，希望通过"尽性"的努力，彰显生命的价值及其可以表现的深层意义。可以说《中庸》对于人的自觉足以臻于圣域之可能，已经有相当程度的认识。不同于《孟子》的是，《中庸》直接由"至诚"以求"尽性"，从而达到"赞化育""参天地"的终极目标，跳过了"思"的运作，使得"至诚"的深层作用，愈加突显出来。

曾巩在《相国寺维摩院听琴序》中所说"三才万物之理，性命之际，力学以求之，深思以索之"，则强调"思"的重要和必要。他认为"思"之于学者，可以致其知，扩而大之，可以"察三才之道，辨万物之理，小大精粗，无不尽也"[1]。所以要充分发挥"思"的作用，使学习者的材性得以充分呈现。他又取《论语·雍也》所记孔子"知之者不如好之者，好之者不如乐之者"的观点，使知之、好之、乐之等各种不同层次的体会，通过诚心以达到"尽其性"的目标，他说：

> 知至矣，则在我者之足贵，在彼者之不足玩，未有不能明之者也。有知之之明而不能好之，未可也，故加之诚心以好之。有好之之心而不能乐之，未可也，故加之至意以乐之。能乐之则能安之矣。[2]

所以，曾巩认为："箕子言思所以作圣，孟子言弗思故相倍蓰而无算，其所言者皆法也。"[3] 箕子是向君王进言，故以圣哲相期，是就目标而言；孟子是对一般人的学习而言，关心的是过程，两者取向显然不同，然对于"思"作为学习的重要课题则完全给予肯定。曾巩在《梁书目录

---

[1]〔宋〕曾巩:《梁书目录序》,《曾巩集》卷十一, 第177—178页。
[2]〔宋〕曾巩:《梁书目录序》,《曾巩集》卷十一, 第178页。
[3]〔宋〕曾巩:《洪范传》,《曾巩集》卷十, 第158页。

序》中还顺着这个观点进一步解说：

> 能尽其性，则诚矣。诚者，成也，不惑也。既诚矣，必充之，使可大焉。既大矣，必推之，使可化焉。能化矣，则含智之民，肖翘之物，有待于我者，莫不由之以全其性，遂其宜，而吾之用与天地参矣。①

他把"尽其性"和"至诚"通过这样的诠释，作了密切的叠合。既然是"至诚"，于是进而扩充、推阐而至于"化成"，都是自然而然的过程，而这些推扩的过程，都是在默化中"尽其性"，都是生命中最值得珍惜的法则。这也就使得《中庸》一系"不思而得"的方法有了另外一层的诠释与表达。在《洪范传》中他又说：

> 盖人有自诚明者，不思而得，尧舜性之是也。所谓诚者，天之道也。有自明诚者，思之弗得弗措也，汤武身之是也。所谓思诚者，人之道也。然而尧舜汤武之德及其至，皆足以动容周旋中礼，则身之者终亦不思而得之也。尧舜性之矣，然尧之德曰聪明文思，盖尧之所以与人同者法也，则性之者亦未尝不思也，故曰诚则明矣，明则诚矣。而性之身之者及其成，孟子皆以谓盛德之至也。②

在这段文字中，曾巩极谨慎也极详审地把"思"与"不思"的两种状况加以说明。他指出古代的圣人，或者如尧舜系天生性分之所固能，属于"自诚明"的一类，是"性之者"；或者如汤武系力行而及身从事，属于"自明诚"的一类，是"身之者"。然而，无论是天生性分还是及身从事，都是透过他们对道德生命的体会，在动容周旋之间都能完全合

---

① 〔宋〕曾巩：《梁书目录序》，《曾巩集》卷十一，第178页。
② 〔宋〕曾巩：《洪范传》，《曾巩集》卷十，第158页。

宜，所以，无论思与不思，都自有一致的法则存在于其间。但有一点须加留意，朱熹《中庸章句》第二十一章："德无不实而明无不照者，圣人之德。所性而有者也，天道也。先明乎善，而后能实其善者，贤人之学。由教而入者也，人道也。诚则无不明矣，明则可以至于诚矣。"朱熹对圣人与贤人，予以较为清楚的区隔，与曾巩的看法显然有所差异。

关于《尚书·洪范》五事，曾巩的结论是："则虽尧之圣，未有不先于谨五事也。"[①]他认为即使基于天性就能臻于圣人的领域，终究在认知与表达的各方面，还须谨慎而为之。所以古之圣贤不问思与不思，都能合于既有的社会礼法，也确系不争的事实。

六、论学与思辨

1. 先儒述学与思

学是吸纳各种知识，思是参酌各种状况。学是摄取，思是判断。学与思两事一向为儒家学者所重视，相关经典之中迭有论述。孔子所说载于《论语》兼及学与思的有："学而不思则罔，思而不学则殆""吾尝终日不食，终夜不寝，以思，无益，不如学也"。学与思必须并重，不可偏废。只知摄取，不经思考与判断，会迷失努力的方向；不广泛接触各种知识，只凭苦思冥想，也终究难有收获。子夏的体会则是："博学而笃志，切问而近思，仁在其中矣。"

学与思二者，是学为君子者在自我成长的途径中，所要念兹在兹的事。对二者应多作有效的运用，学习时能有方向，能坚持理想，判断时能贴近需要，能掌握重点，的确是自我成长的重要原则。有关学之一事，仅仅在《论语·学而》中就有数章讨论。

首章的"学而时习之"立刻就触及此一儒者最重要的法门。第六

---

① 〔宋〕曾巩：《洪范传》，《曾巩集》卷十，第159页。

章"弟子入则孝,出则弟,谨而信,泛爱众,而亲仁。行有余力,则以学文"则指出,"学文"固然可以充实自我,成就自我的期待,但是学习者在走向达材的路上,究竟还是应该以成德为先务。孔子自己从志学一直到知天命、耳顺、不逾矩,在通往达材的路上,处处都有以成德为先务的实际足迹。只要以成德为心,哪怕只是"贤贤易色,事父母能竭其力,事君能致其身,与朋友交言而有信"这样的小小成就,在子夏看来则"虽曰未学,吾必谓之学矣"。

所以孔门之人会以君子的起码目标相督促,认为处事的态度"不重则不威,学则不固",把学习与成德并列在一起,随时互相勉励。这些都是学者所应再三玩味的言语。

其余在《论语》全书中触及学习内涵的还有很多,如"君子博学于文,约之以礼""学诗乎……学礼乎""古之学者为己,今之学者为人",故孔门之中将恒视延伸知识领域作为学习的重要之事。这是君子,也是知识分子最重要的工作。

此外,在"百工居肆以成其事,君子学以致其道""学则,禄在其中矣"中都可以看到,学习成就的初步认定,虽然难免局限在达材方面,甚至不免有利禄的考虑,却还必须进而"下学而上达",好让自己的成长不是只有近程的目标,不只是使生活有所凭借,还必须"致其道"以追求生命的理想,这也是君子与百工生命情调的分界处。

但是"古之学者为己,今之学者为人",倘若"学之不讲",没有以成德作为继续成长的方向,继续作向上提升的努力,生命是难以就此满足的。所以在整部《论语》中,孔门师徒一直把学习视为相当严肃的事。

因此,当子路提出"有民人焉,有社稷焉,何必读书,然后为学"的质疑时,孔子立刻就点醒他:"是故恶夫佞者。"因为"君子学以致其道""君子学道则爱人""可与共学,未可与适道"。如果不以成德存心,就容易迷失生命方向,倘若甚至连扩充学习领域的念头也排除,将会自绝于充实生命内涵的最重要目标。所以在从事政治工作时，仅仅追求生活中物质的一面，对于其所服务的民人社稷，岂能有真正的帮助？

《中庸》所叙述的学习之法，有曰："博学之，审问之，慎思之，明辨之，笃行之。"就扩充了学与思的层次与内容。然而学与思或有轻重先后，在成德与达材的努力过程中，则同样有其重要性。

《孟子》书中似乎未见学思并举的文字，《告子上》所记述的"学问之道无他，求其放心而已"，勉强可以列为一例。但是《孟子》全书中分别讨论学与思者颇多。他曾引述孔子的话"我学不厌而教不倦"，并且还转述了子贡推崇孔子的话："学不厌，智也；教不倦，仁也；仁且智，夫子既圣矣。"于是孟子进而自述其学曰："乃所愿，则学孔子也。"此外他分别论及学与思的话还有："学则三代共之，皆所以明人伦也""博学而详说，将以反说约也""诚者天之道也，思诚者人之道也""周公思兼三王以施四事。其有不合者，仰而思之，夜以继日。幸而得之，坐以待旦""仁义礼智非由外铄我也，我固有之也，弗思耳矣""人人有贵于己者，弗思耳""人苟欲生之，皆知所以养之者……弗思甚也""耳目之官不思，而蔽于物。物交物，则引之而已矣。心之官则思，思则得之，不思则不得也。此天之所与我者"。

从以上所列各条观之，孟子似乎并不愿意特别对"学"进行说明，甚至可以说，他对"思"的重视，远超过他对"学"的用心。他甚至清楚地指出，即使是耳目之官，容或可以有好恶之感，遂有对于信息产生或迎或拒的不同反应，然而以其终究不具备思辨的能力，耳目之官也仅能以"物"的立场看待。既然是"物"，就容易与他物互相牵引，乃至为外物所蔽障，为外物所引诱，因而失却其本来的清明状态。

至于"思"的能力，则必须求之于"心"，也只有在心的思辨之官充分发挥时，学习才能有所收获，大约这正是孟子"求其放心"之说的心理基础。

2.学习的重要性

曾巩对于"学"与"思"二者相关的领域，都有深刻讨论，然而对于"学"的论述，显然比"思"多些。他在《熙宁转对疏》中说："陛下有更制变俗、比迹唐虞之志，则亦在正其本而已矣。《易》曰：正其本，万事理。臣以谓正其本者，在陛下得之于心而已。"曾巩以为，宋神宗自从"即位以来，早朝晏罢，广问兼听"，有心要致天下于平治。但是"且将岁余，未闻取一人，得一言"，看不到施政的动向，更遑论治国的绩效。他进言宋神宗，政治目标应为"更制变俗、比迹唐虞"。建言遂从此切入，认为应该从"正其本"着手，所以皇帝要先"得之于心"。①

宋神宗时期，"所遇之时，在天则有日食星变之异，在地则有震动陷裂、水泉涌溢之灾，在人则有饥馑流亡、讹言相惊之患，三者皆非常之变也"②。日食星变，在古代社会令人心惊胆战。而自然灾害，包括地震、水患，直接对人民的生命与财产造成损毁，也令人忧心。随之而来的饥馑流亡、讹言惊恐，都是对社会人心的严厉考验。曾巩如实地摘举当时社会的困境，当然是要提醒宋神宗，当时社会的隐忧是：

> 及从而察今之天下，则风俗日以薄恶，纪纲日以弛坏，百司庶务，一切文具而已。内外之任，则不足于人材；公私之计，则不足于食货。近则不能不以盗贼为虑，远则不能不以夷狄为忧。③

曾巩认为，在这样的时空背景之下，朝廷却没有特别的应对之道。要寻求天与人归的效果，应该清楚地标举出治国的根本之计，以期望能够得到百姓的认同，才能获致长治久安的机会。他又说：

---

① 见:《曾巩集》卷二十九《熙宁转对疏》，第433—434页。
② 〔宋〕曾巩:《熙宁转对疏》，《曾巩集》卷二十九，第434页。
③ 〔宋〕曾巩:《熙宁转对疏》，《曾巩集》卷二十九，第434页。

> 臣观《洪范》所以和同天人之际，使之无间，而要其所以为始者，思也；《大学》所以诚意正心修身，治其国家天下，而要其所以为始者，致其知也。故臣以谓正其本者，在得之于心而已。得之于心者，其术非他，学焉而已矣。此致其知所以为大学之道也。①

曾巩认为国君为政，就是要取法于古代圣贤，"比迹唐虞"应该如此，学于《尚书·洪范》亦复如此。而最重要的法则，还是遵照《大学》，由修身做到治国、治天下。因为《尚书·洪范》一书之中本来就有"和同天人之际"的理想，自然《尚书·洪范》就成为施政方略可以取法的对象，《大学》的八目则提供了推展的进程。

于是，曾巩推演出，追求"和同天人之际"必须以"思"作为施政的切入点，还要探索"得之于心"的方法。面对全国百姓与纷繁的国政，要做到"得之于心"则唯有从"学"的功夫入手，才能"致其知"，才能达到治其国家、平其天下的目的。

因为"古之圣人，舜禹成汤文武，未有不由学而成，而傅说、周公之辅其君，未尝不勉之以学"②。自古以来圣君贤相，只要有心治国，都必须经由"学"的过程，才能使生命充实，才能做好为政者。所以"学"是为政者追求长治久安的不二法门。曾巩对"学"之一事，极其重视，也极其坚持。因为"学"不只是寻求"得之于心"的正本清源之道，还是接触外在事理的法门：

> 能尽天下之理，则天下之事物接于我者，无以累其内；天下之以言语接于我者，无以蔽其外。夫然则循理而已矣，邪情之所不能入也；从善而已矣，邪说之所不能乱也。如是而用之

---

① 〔宋〕曾巩：《熙宁转对疏》，《曾巩集》卷二十九，第434页。
② 〔宋〕曾巩：《熙宁转对疏》，《曾巩集》卷二十九，第434页。

以持久，资之以不息，则积其小者必至于大，积其微者必至于显。古之人自可欲之善，而充之至于不可知之神，自十五之学，而积之至于从心之不逾矩，岂他道哉？由是而已矣。①

唯有"学"才能尽天下之理，才能获得丰富的知识，应对各种状况的发生，这时才有资格谈到运用本性之善。

曾巩在文章中，多方引用古代经典上的语言，阐发专心致志于学习的精彩意见，诸如"念终始典于学""学然后知不足""吾学不厌"等语，述及古代圣王由"学"以成就事功：

> 古之圣人，舜禹成汤文武，未有不由学而成，而傅说、周公之辅其君，未尝不勉之以学。故孟子以谓学焉而后有为，则汤以王，齐桓公以霸，皆不劳而能也。盖学所以成人主之功德如此。诚能磨砻长养，至于有以自得，则天下之事在于理者，未有不能尽也。②

曾巩认为，诚如孟子的看法，只有经由学习的途径，才能够有所作为。即使是古代的圣贤，也莫不皆然，至于王者霸者的事业，也都是因为有教育才能达成。显然其思考的理路，是从孟子"学问之道无他，求其放心而已"之语推演而来。

这篇《熙宁转对疏》系对神宗皇帝建言，基于对皇帝之尊重，遂隐去"求其放心"的原文，而改之以"得之于心"，这样一来就使得孟子原本带有指导性的论述，转变为曾巩深切期许的陈述。

在这篇文章中，曾巩还绾合《大学》的意旨，倡言由诚意、正心以

---

① 〔宋〕曾巩：《熙宁转对疏》，《曾巩集》卷二十九，第434页。按：中华书局1984年版《曾巩集》第434页"用之以持久"之"持"误作"特"，"不逾矩"之"矩"误作"距"。
② 〔宋〕曾巩：《熙宁转对疏》，《曾巩集》卷二十九，第434页。

至于治理国家天下，由小至大、积微至显，整个过程都成为学习的事业，使得从立心之始，一直到从心所欲不逾矩，全都融贯在做学问的工作之中。这也就使得求放心、做学问，同样都成了毕生要努力的事业。于是"求其放心"遂成为做学问的重要法门。曾巩的说法相较于孟子的言论，可说是作了坚实而有力的补充。所以，在《熙宁转对疏》的文末，他再次诚恳地强调：

> 臣愚以谓陛下宜观《洪范》《大学》之所陈，知治道之所本不在于他；观傅说、周公之所戒，知学者非明主之所宜已也。陛下有更制变俗、比迹唐虞之志，则当恳诚恻怛，以讲明旧学而推广之，务当于道德之体要，不取乎口耳之小知，不急乎朝夕之近效，复之熟之，使圣心之所存，从容于自得之地，则万事之在于理者，未有不能尽也。……夫然，故内成德化，外成法度，以发育万物，而和同天人之际，甚易也。①

曾巩对"学"之一事十分重视，他一生中先后两次向宋神宗建言，选择的不是急功近利，而是一再清楚地表现出儒者的坚持：讨论治国行政之大事时，就是从推原究始的探讨开始。在深思熟虑之后，他坚持认为："学"之一事，实际上占着国家大政最具关键性的地位。他认为：倘若能够以诚恳恻怛的心情，努力讲明旧学，相信一定可以在从容自得之间，达到"和同天人之际"的神圣目的。而此一目的，正是作为一个儒者倾其毕生之精力所梦寐以求的情境。

3. 学的方法

曾巩在《熙宁转对疏》中，充分陈述"学"的重要性，九年之后在《自福州召判太常寺上殿札子》中仍然以"学"为全文之主轴，并作了进

---

① 〔宋〕曾巩：《熙宁转对疏》，《曾巩集》卷二十九，第 435—436 页。

一步的补充说明。在这篇文章中,他以"盖古之圣人,虽出乎其类,拔乎其萃,然至其成德,莫不由学"①作为整篇文章的核心观点,以特别突显出"学"的重要性。文中对于"道"与"学"之与人类的智慧,作如是的描述:

> 盖乐而不乱,复而不厌者,道也;测之而益深,穷之而益远者,圣人之言也;知不足与困者,学也。②

"道"是最精粹的至理名言,可以一再地浸淫玩索,而乐在其中,却不至于引人陷溺沉沦,乃至于悖乱为非,是生命中极为宝贵的领悟。"和同天人之际"应该就是"道"在充分实践时的情况。

圣人所陈述的言论,往往就是他们各自在生命中所领悟的最宝贵的部分,虽然未必是"道"的全部,却都可与"道"互相呼应,而各自呈现其美妙的光华。"讲明旧学"大约就是以发扬圣人所发表过的言论为主要内容。所以"学"可以看作是探索"道"与呼应"圣人之言"的过程。

作为一个有志于"学"的人,他必须是觉醒的,是愿意为人类社会承担起责任的。那么也就应该以这个社会所推崇的"道"与"圣人之言"作为裁断的标准,知自我之不足,从而正确地找出发奋自强的方向。有关"学"的过程,文中则云:

> 方其始也,求之贵博,畜之贵多。及其得之,则于言也在知其要,于德也在知其奥。能至于是矣,则求之博、畜之多者,乃筌蹄而已。所谓多闻则守之以约,多见则守之以卓也。如求之不博,畜之不多,则未有于言也能知其要,未有于德也能知其奥,所谓寡闻则无约,寡见则无卓也。③

---

① 〔宋〕曾巩:《自福州召判太常寺上殿札子》,《曾巩集》卷二十九,第438页。
② 〔宋〕曾巩:《自福州召判太常寺上殿札子》,《曾巩集》卷二十九,第438页。
③ 〔宋〕曾巩:《自福州召判太常寺上殿札子》,《曾巩集》卷二十九,第438页。

这段文字可以说是曾巩学习理论的纲领。他认为，在开始的时候应该尽量多"学"，所以要"求之贵博，畜之贵多"。其次要能把握"言"（资料）的要点与"德"（内涵）的精蕴。在第一阶段能够有所收获，才能进入第二阶段。等到在第二阶段也有良好的成果，那么原来在第一阶段努力要求多学的做法，也就不过是过程（"筌蹄"）而已。一旦取得所需要的鱼与兔等目标，"筌蹄"是可以略而不闻的。

然而曾巩要郑重强调的是，学习的态度应该是"多闻则守之以约，多见则守之以卓"。也就是说，多方采撷资料（"多闻"）与多做实际体验（"多见"）两者是学习的先决条件，必须先行满足这样的充分条件，然后才能爬梳出精粹的原则（"约"）与高明的见解（"卓"）。倘若先决条件不足，就不可能有优越的成果。这样的看法真可谓精到而又确实，特别值得有志进学者深刻品味。

大概曾巩认为，奄有四海的皇帝最不该有的缺点，就是寡闻与寡见。唯其能够做到"多闻则守之以约，多见则守之以卓"，才能拥有开阔的胸襟，才能举重若轻，才能精确地掌握国家社会的发展方向，才能对时代和人民有切合实际的贡献。也唯其能够"知不足与困者"，然后才会保有谦卑的态度，珍重生命的价值，珍惜环境的既有条件，才不会傲慢狂妄，也不会自暴自弃，而是努力自我充实。

虽然曾巩有"求之博、畜之多者，乃筌蹄而已"的说法，然而生命终究必须通过努力，在"多闻""多见"之后"于言也在知其要，于德也在知其奥"，只有经过这样的锻炼，才可能彰显其生命的价值，这是曾巩所念念不忘的最要紧处。

《熙宁转对疏》作于熙宁二年（1069），曾巩时年五十一。《自福州召判太常寺上殿札子》则作于元丰元年（1078），曾巩时年六十。前文是在宋神宗即位改元之后，王安石以富强之说进于朝廷，即将推动变法之际，曾巩俨然以儒者的姿态持力学之观点以劝君上。后文则成于新法推行已近十年之时，王安石罢相退隐之后。两篇文章的写作时间，虽然相隔许久，文章之脉络则始终如一。足见曾巩对治国之要术，一直未稍改其初衷，依然秉儒者之志业，以学问之道劝说其君。这种始终如一、坚持儒术的心志，千古之后依旧令人感动，令人景仰。

宋朝理学由胡瑗、孙复启蒙，直到周敦颐著《通书》与《太极图说》，创濂学，才正式崭露头角。到洛学程颢、程颐两先生出，理学才正式成为学术领域的重要门户。曾巩生平大致与周敦颐同时，而稍早于二程。曾巩的文章知名甚早，又受到欧阳修的赏识，与程颢同为宋仁宗嘉祐二年（1057）进士，彼此必然会有相当程度的影响。从本节所讨论的修身方面的诸多观点来看，曾巩的许多论题与见解，可说是后来理学家继续探索的张本，两者之间显然存在着许多可以追寻的联系。

元代学者刘埙在所著《隐居通议》中认为："濂洛诸儒未出之先"，"欧、苏一变，文始趋古"，"然以理学，或未之及也。当是时，独南丰先生曾文定公，议论文章，根据性理"。[1] 南宋时的朱熹格外推崇曾巩的文章，应该不仅仅是因其文学成就。《隐居通议》中还说："朱文公评文，专以南丰为法者，盖以于其周、程之先，首明理学也。"[2]《朱子语类》有云："（曾文）虽议论有浅近处，然却平正好。"[3] 透过朱熹在儒学的深湛涵养之余，来看曾巩之文章中所蕴蓄的思想，刘埙的说法于情于理都是十分切当的。

---

[1] 〔元〕刘埙：《隐居通议》卷十四，《四库全书》本。
[2] 〔元〕刘埙：《隐居通议》卷十四，《四库全书》本。
[3] 〔宋〕朱熹：《论文上》，〔宋〕黎靖德编，王星贤点校：《朱子语类》卷一百三十九，中华书局，1986年，第3309页。以下所引《朱子语类》皆依此版本。

第三节　曾巩的为政思想

曾巩是一个纯粹的儒者，其言行莫不以儒者情怀为基础。他的为政思想，也完全是传统儒者理念的写照。在《上欧蔡书》中，他就以孔孟的行谊勉励欧阳修、蔡襄二人：

> 孔子之所说而聘者七十国，而孟子亦区区于梁、齐、滕、邹之间。为孔子者，聘六十九国尚未已。而孟子亦之梁、之齐二大国，不可，则犹俯而与邹、滕之君谋。其去齐也，迟迟而后出昼，其言曰："王庶几改之，则必召予。如用予，则岂惟齐民安，天下之民举安。"观其心若是，岂以一不合而止哉？诚不若是，亦无以为孔孟。①

文中有"昨者天子赫然独见于万世之表，既更两府，复引二公为谏官"之事，接着又有"二公相次出，两府亦更改。而怨忌毁骂谗构之患，一日俱发，翕翕万状""乘女子之隙，造非常之谤，而欲加之天下之大贤"等事，可知这篇《上欧蔡书》作于庆历新政失败之后。②

曾巩勉励欧、蔡二人，其实正是自我鞭策。曾巩毕生所汲汲努力，决不只在求文章可以流传于后世而已。通过考试，取得为官的资格，然

---

① 〔宋〕曾巩：《上欧蔡书》，《曾巩集》卷五十二，第708页。
② 庆历五年（1045）正月，以党论罢范仲淹参知政事、富弼枢密副使平章事、杜衍枢密使职。三月，范仲淹以资政殿学士，知邠州，兼陕西四路沿边安抚使。韩琦罢枢密副使。五月，余靖罢知制诰，出知吉州。八月，贬欧阳修知滁州。庆历新政之推动者与支持者均遭罢逐。又，庆历三年十二月辛丑八日，有旨欧阳修不试，直以右正言知制诰，仍供谏职。当时欧阳修遂有《辞直除知制诰状》云："今一言事之臣得速进，则小人好进纷然，争以口舌为事。"（见〔宋〕欧阳修：《欧阳修全集》卷九十，第1317页。）则恐庆历三年时已陷身口舌之害。

后可以有用于当时当世，一直是他在生涯规划中最重要的目标。于是他通过对经学的体认，建构起一套为政的概念，就是他在学习的路上所特别用心的事业。

曾巩对古代之经学，存于世而可见其用心最多者，厥为《尚书·洪范》作"传"。《尚书·洪范》创制的原始，系周朝鼎定天下之后，周武王访视箕子时，箕子对武王陈述治国大政的言论，其论述内容系托之于远古时期的故事："鲧堙洪水，汩陈其五行。帝乃震怒，不畀洪范九畴，彝伦攸斁。鲧则殛死，禹乃嗣兴，天乃锡禹洪范九畴，彝伦攸叙。"曾巩作传，解析其文字，固然坚守注不破经的原则，尽量如实地呈现经文的原意。这篇文章既以治国大政为内容，对于为政理想自有较为深刻的阐释，字里行间都可以看到他特别用心的所在。通过这篇文章，自然可以在一定程度上了解他的为政理念。

在《洪范传》之末尾，曾巩有这样的阐发：

> 人君之于五行，始之以五事，修其性于己。次之以八政，推其用于人。次之以五纪，协其时于事。次之以皇极，谨其常以应天下之故，而率天下之民。次之以三德，治其中不中，以适天下之变。次之以稽疑，以审其吉凶于人神。次之以庶征，以考其得失于天。终之以福极，以考其得失于民。其始终先后与夫粗精小大之际，可谓尽矣。①

看整篇《洪范传》的内容，可见其皆为辅佐国君治理国家之政务而作。其所述之内容，则不外乎修己与治人二端，而修己与治人都属于儒家思想所要探索的内涵。

本节仍以《洪范传》为主要纲领和依据，从治国方面印证曾巩对于

---

① 〔宋〕曾巩：《洪范传》，《曾巩集》卷十，第169页。

经学的体会。受制于原作者的想法及访谈的格局，牵涉的内容自然有其限制。文中"三德"所言："箕子之言者，皆九畴之所有；九畴之所无者，箕子盖不得而言也。"所以，单就曾巩此文仍无法完整呈现其全部理想，有待采撷其他篇章作为印证和补充。

一、为政的态度
1. 渊源自孔孟

儒者事业一般包括对内希冀成为圣人与向外追求王道政治两个方向。两者都要从自我开始，通过自我向内考察，还要让生命内涵能够向上开展，以至有用于国计民生。

《论语》中孔子论述古代先王之政治内容者不多，其及门弟子之言谈，也只有"有子曰：'礼之用，和为贵。先王之道，斯为美'"一则。讨论当前之政治现象与理想者则甚多。孔子一生以实现其政治理想为志业。他在父母之邦鲁国曾短暂担任过大司寇职务，虽然在其生命中创下了辉煌的成绩，却未能使他持续施展抱负，只好周游列国，以另外寻求政治理想的落脚处。《论语·学而》："夫子至于是邦也，必闻其政。"《论语·子路》："冉子退朝。子曰：'何晏也？'对曰：'有政。'子曰：'其事也。如有政，虽不吾以，吾其与闻之。'"从中对其参与政治的自负与执着于政治事业的态度可见一斑。

《论语》一书中弟子问政的记录既多，则日常师徒间之话题，必然经常以政事为主。"为政以德，譬如北辰，居其所而众星共之"一则，可说是他为政观点最重要的表达。而《礼记·礼运》篇中的"大同"与"小康"一节也留下了孔子所憧憬的政治理想。

曾巩的为政思想之中，除对孔子拳拳服膺外，论述之间，其思想途径及灵感汲取于《大学》《中庸》《孟子》的部分也很多，述"先觉"和"觉斯民"的说法，即是来自《孟子·万章上》："天之生此民也，使先知觉后知,使先觉觉后觉。予,天民之先觉者也,予将以斯道觉斯民也。"在这段话之后,孟子作如是评述:"思天下之民,匹夫匹妇有不被尧舜之泽者,若己推而内之沟中,其自任以天下之重如此。"

伊尹是耕于有莘之野的农夫,既不是神,也不具有世家贵族出身的条件,更不是国君。当上尹之前他只是一个平凡百姓,却能够超出群伦而觉醒,能够有"先觉"的创造性思考。等到他被尊为"阿衡"之后,也就真能达到上觉其君而下觉其民、有其言且有其行的目标。

曾巩也曾久处蒿莱,有志难伸,《洪范传》应该创作于宋仁宗年间,那时他还未任官。[①]任官之后,在熙宁变法期间,他也曾离开京城,在外担任地方官十二年,转徙七州,行迹半中国。凡是治任所到,无不尽其心力,唯以百姓之安居与福祉是问,其成就与遗泽班班可考。

曾巩在撰述《洪范传》时,固然要禀承原文的意旨,为箕子传述治国之要务,然而呈现于文字之间勤勤恳恳的情怀,充满了"使是君为尧舜之君"的心愿。他以伊尹言行而自任,还期望做到"使是民为尧舜之民"的目标。通过对《洪范传》与自身行谊的诠释,曾巩既是伊尹的化身,也希望从实务上达成自古以来儒者的心愿。

2. 为君的条件

儒家素来重视人治。《礼记·中庸》云:"哀公问政。子曰:'文武之政,布在方策。其人存,则其政举。其人亡,则其政息……故为政在人。'"儒家认为政治成败的关键在于主政者,其首要的条件是其人品必

[①] 御撰宋钞本《洪范政鉴》十二卷序署在康定元年七月,则《洪范传》的写作时间大约就在此之后。书跋有云:"史载,仁宗畏天勤民,恭己好学。今以传记参之,其经筵讲论,秘殿绅书,于《洪范》五行尤为致意。如御撰之书,自《乾象新书》外,有《宝元天文祥异书》十卷、《洛书五事》一卷。其与臣僚咨讨者,如景祐元年御延和殿,问晁迥以《洪范》两旸之应。宝元二年十月乙丑御迩英殿问丁度以《洪范》大义,命录以进。康定二年四月丙午,徐复召对,上《洪范论》。皇祐三年九月辛未,令王洙进《洪范稽疑经注疏》。四年九月己巳与王洙讲《洪范》五事,因有奉天在于修德之谕。"上有好之者,下必有甚焉者。为自修,为应试,均可能特别注意到《洪范》一文。

须端正。《论语·颜渊》有:"季康子问政于孔子。孔子对曰:'政者,正也。子帅以正,孰敢不正?'"又有:"君子之德风,小人之德草。草上之风必偃。"《孟子·离娄上》有:"君正莫不正,一正君而国定矣。"《孟子·离娄下》又有:"君仁莫不仁,君义莫不义。"

治国从国君入手,较容易获致效果。以国君的修为影响官吏与百姓,就可以达到国治人安的目标。曾巩在《梁书目录序》中有谓:"夫得于内者,未有不可行于外也;有不可行于外者,斯不得于内矣。《易》曰:智周乎万物而道济乎天下,故不过。此圣人所以两得之也。"①国君要取法于圣人,自我的修为要能够"得于内",也要"行于外",要"智周乎万物",还要"道济乎天下",然后才算是得到了生命之意义。倘若施行于外,而有任何不惬于心,就应该反求诸己。必须达到内外兼得之完美,才是圣人在内外两得的意涵。

在《洪范传》中,曾巩直接从《尚书·尧典》上引证,以尧作为国君的范例。尧是圣君,能以其聪明哲思而自觉,先就具备有修己完满的"先觉"条件。因此在《洪范传》中,只有要求国君下觉斯民的宣告,而不必提到应该如何上觉其君。在曾巩的言论中,也就未能以知识分子的自觉,鞭策国君自觉,进而由国君自觉的经验,追求"觉后知、觉后觉"的推扩效应,俾对生命内涵的提升,作较完整的涵盖。从哲学体系的讨论而言,不要求国君"自觉"遂成为曾巩思想的缺漏。后来朱熹直接以"修己治人"来概括一切,于是无论是君、是臣、是民,在论述中都包揽无遗。

曾巩论为君者修己治人的相关思想,除《熙宁转对疏》《自福州召判太常寺上殿札子》详论从为"学"所从入之途外,还可以从《上蔡学士书》一文中窥见端倪:

---

① 〔宋〕曾巩:《梁书目录序》,《曾巩集》卷十一,第178页。

古之制善矣。夫天子所尊而听者宰相也，然接之有时，不得数且久矣。惟谏官随宰相入奏事，奏已，宰相退归中书，盖常然矣。至于谏官，出入言动相缀接，蚤暮相亲，未闻其当退也。如此，则事之得失，蚤思之不待暮而以言可也，暮思之不待越宿而以言可也，不论则极辨之可也。屡进而陈之，宜莫若此之详且实也，虽有邪人、庸人，不得而间焉。故曰：成此美者，其不在于谏官乎？[1]

这篇文章全文的重点本是讨论古今谏官建置的差异，显然曾巩只是在君主专制的体制下，依循"不在其位，不谋其政"的原则，认为应把上觉其君的责任付予谏官。谈论到国君的人格形象时，曾巩对当时国君颇有过度崇扬的言论，难免失真。事实上，他还是通过此文，强调谏官的设置可以作为防范国君失政的关卡：

今主上至圣，虽有庸人、邪人，将不入其间。然今日两府谏官之所陈，上已尽白而信邪？抑未然邪？其已尽白而信也，尚惧其造之未深，临事而差也。其未尽白而信也，则当屡进而陈之，待其尽白而信，造之深，临事而不差而后已也。成此美者，其不在于谏官乎？[2]

可知，曾巩的想法是要顺应当时政治的现实状况，借由谏官制度的建置，以建立补救国君思虑不周的缺憾。身为朝臣，当然会偏于制度层面的思考，而不免疏略于理论的建构。

然而期待国君的自我觉醒，本来就是难以掌握的事。至于期待谏官能有效地尽劝谏的责任，而身为皇帝者也能乐于接纳谏言，在那样的时

---

[1] 〔宋〕曾巩：《上蔡学士书》，《曾巩集》卷十五，第238—239页。
[2] 〔宋〕曾巩：《上蔡学士书》，《曾巩集》卷十五，第238页。

代与环境中，仍然只是可望而不可即的理想。稍后不久，在得知欧、蔡二公被罢免谏官之后，曾巩所写的《上欧蔡书》云：

> 君子之于道也，既得诸内，汲汲焉而务施之于外。汲汲焉务施之于外，在我者也；务施之于外而有可有不可，在彼者也。在我者，姑肆力焉至于其极而后已也；在彼者，则不可必得吾志焉。然君子不以必得之难而废其肆力者。①

就一个有志于致君尧舜的君子而言，在能力所能操控的范围之外，难免要遇到不可施为的挫折。面对现实世界的困顿，在无可奈何之余，也只有以"不以必得之难而废其肆力"作自我的期许而已。而这不仅是曾巩一人的悲哀，也是自古以来儒家思想所受的困顿与难以真正化解的共同悲哀。

3. 为政的理想

孔子为政的众多理念中，"仁"应该是最重要的概念。现行的《论语》中，问仁的弟子有樊迟（三次）、颜渊、仲弓、司马牛、子张等人。孔子回答各有不同，最简短的是"爱人"两字，如此看来，许慎《说文解字》中"仁，亲也"的释义最贴近孔子的本意。

除此之外，《论语》中孔子回答弟子问"仁"的内容如下："仁者先难而后获，可谓仁矣""克己复礼为仁""出门如见大宾，使民如承大祭。己所不欲，勿施于人。在邦无怨，在家无怨""仁者，其言也讱""居处恭，执事敬，与人忠""能行五者于天下，为仁矣。……恭则不侮，宽则得众，信则人任焉，敏则有功，惠则足以使人"。把以上对于"仁"所作的回答，套用在施政者的身上作为施政的准则，远比套用在一般人身上作为德行的内容，显然更为重要。

---

① 〔宋〕曾巩：《上欧蔡书》，《曾巩集》卷五十二，第708页。

孔子在言谈之间，并未单纯地把"仁"作为自我修为的德行，而是要求知识分子投身于人群中，随时秉持着发现自我、表达自我的态度，去努力行"仁"。从而可以知道，"仁"之为德的表达，其最适宜的时机应该是在献身社会、服务人民的时候。

大约孔门弟子追随孔子，有相当程度是以施政作为学习的核心课程，所以孔子回答弟子的言语，也多半针对施政的作为直接点化弟子，试观《论语·雍也》篇中所录：

> 子贡曰："如有博施于民而能济众，何如？可谓仁乎？"子曰："何事于仁！必也圣乎！尧舜其犹病诸！夫仁者，己欲立而立人，己欲达而达人。能近取譬，可谓仁之方也已。"[①]

可见孔子不以"仁"为崇高难致的德行，而是要求大家在现实的环境中，恰如其分地做一个能主动积极任事的人。"能近取譬"，随时彰显自己的善意，应该就可以算是"仁"的作为了。

虽然孔子曾说"若圣与仁，则吾岂敢"，其实这应是孔子自谦之辞。"圣"的完美固然不易获致，"仁"的境界则何尝不能达到？何况他自己也说："仁远乎哉？我欲仁，斯仁至矣！"其实"仁"只是人人随时可以做到的庸德之行而已。

"仁"虽然是庸德，孔门弟子中却只有"回也，其心三月不违仁；其余则日月至焉而已"。孔子若是以终其身而不违仁作自我要求，则不易落实。所以"仁"之施行，有其容易处，也有其不容易处，唯其如此，所以孔子认为："人而不仁，如礼何？人而不仁，如乐何？"作为一个有血有肉的人，倘若失去了主动积极任事的善意，那么一切用以装点人的尊严与价值的事务，像礼乐等，自然也就失去了意义。

---

① 〔清〕阮元校刻：《十三经注疏（清嘉庆刊本）》，中华书局，2009年，第5385页。

孔子论及"仁"道施之于治人的详细作为，则较少传世，仅有以下数则："道千乘之国，敬事而信，节用而爱人，使民以时""子贡问政。子曰：'足食，足兵，民信之矣。'"。大致而言，对施政时的实际作为，孔子只是很实际地从"爱人""保民"的角度，作扼要的指点而已。至于仁政的实务，应数《孟子》书中讨论较多。

孟子承袭孔子"仁"的思想，主张性善，于是要求为政者应当善推其恻隐之心，以善政施于人民，故在政治态度方面要做到"以不忍人之心，行不忍人之政""乐民之乐""忧民之忧"。于是从"谨庠序之教，申之以孝悌之义""老吾老，以及人之老；幼吾幼，以及人之幼"等各种作为，期望使人民养生丧死无憾。为政者若能做到"尊贤使能""保民而王"，必能获得人民的爱戴。以上这些，大约是孟子仁政思想的要点。①

《尚书·洪范》不曾使用到"仁"字，故曾巩论为政之术，也就很

---

① 《孟子》书中所述的仁政，其内容如下：《孟子·梁惠王上》："不违农时，谷不可胜食也。数罟不入洿池，鱼鳖不可胜食也。斧斤以时入山林，材木不可胜用也。谷与鱼鳖不可胜食，材木不可胜用，是使民养生丧死无憾也。养生丧死无憾，王道之始也。五亩之宅，树之以桑，五十者可以衣帛矣。鸡豚狗彘之畜，无失其时，七十者可以食肉矣。百亩之田，勿夺其时，数口之家可以无饥矣。谨庠序之教，申之以孝悌之义，颁白者不负戴于道路矣。七十者衣帛食肉，黎民不饥不寒，然而不王者，未之有也。"又："地方百里而可以王。王如施仁政于民，省刑罚，薄税敛，深耕易耨。壮者以暇日修其孝、悌、忠、信，入以事其父兄，出以事其长上，可使制梃以挞秦楚之坚甲利兵矣。"又："无恒产而有恒心者，惟士为能。若民，则无恒产，因无恒心。……是故，明君制民之产，必使仰足以事父母，俯足以畜妻子；乐岁终身饱，凶年免于死亡。"《孟子·公孙丑上》："尊贤使能，俊杰在位，则天下之士皆悦，而愿立于其朝矣。市廛而不征，法而不廛，则天下之商皆悦，而愿藏于其市矣。关讥而不征，则天下之旅皆悦，而愿出于其路矣。耕者助而不税，则天下之农皆悦，而愿耕于其野矣。廛无夫里之布，则天下之民皆悦，而愿为之氓矣。"《孟子·滕文公上》："贤君必恭俭礼下，取于民有制。……设为庠序学校以教之。庠者，养也。校者，教也。序者，射也。夏曰校，殷曰序，周曰庠，学校则三代共之，皆所以明人伦也。……夫仁政必自经界始。经界不正，井地不均，谷禄不平，是故暴君污吏必慢其经界。经界既正，分田制禄，可坐而定也。……请野九一而助，国中什一使自赋。卿以下必有圭田，圭田五十亩，余夫二十五亩。死徙无出乡。乡田同井，出入相友，守望相助，疾病相扶持，则百姓亲睦。方里而井，井九百亩；其中为公田，八家皆私百亩，同养公田。公事毕，然后敢治私事，所以别野人也。此其大略也。"

少言"仁"。然而凡是可以进而达"仁"的部分,则必定详细讨论之。在《洪范传》"五事"一节中,论及为政者之心意往往会形之于貌时,他就从孟子"持其志,无暴其气"的态度作引申的讨论,认为:

> 盖威仪动作见于外者无不恭,则生于心者无不肃也。传曰,人受天地之中以生,所谓命也;礼义威仪之则,所以定命也。故颜渊问仁,孔子告之以视听言动以礼。而卫之君子所以称仁者,亦曰"威仪棣棣,不可选也"。貌之不可慢如此也。①

有诸中然后形诸外,视、听、言、动倘若都能依"礼"而行,孔子就认为符合"仁"的标准。

古时人们接受命定的思想,避免搅乱整个既定的秩序,所以儒家认为应该接受命定的人伦关系,依照礼义威仪之则,不要逾越。于是不仅个人的视、听、言、动依据"礼",为政更应依照"礼"来推展。所以施政的方式与内容,或许不必清楚规定,却必须有严谨的心念。这就是儒家"礼教"制度的原始心态。曾巩当亦作如是观。

4. 为政之原则

曾巩论为政,虽罕于陈述"仁"的内涵,却经常以"仁"作为评论的标准。他好古敏求,对孔孟宣扬先王之道的心意与实际施作,都有深刻的体会与认同。在《战国策目录序》中,他说:"二帝三王之治,其变固殊,其法固异,而其为国家天下之意,本末先后,未尝不同也。"在文中,他对刘向的议论观点有所批评:

> 向叙此书,言"周之先,明教化,修法度,所以大治。及其后,谋诈用,而仁义之路塞,所以大乱"。其说既美矣。卒以谓"此书战国之谋士度时君之所能行,不得不然"。则可谓惑于

---

① 〔宋〕曾巩:《洪范传》,《曾巩集》卷十,第159页。

流俗，而不笃于自信者也。①

对于刘向从社会现象与其价值观的角度，留心治乱的根源，曾巩给予高度的认同。其中"仁义之路塞，所以大乱"更是振聋发聩的宣示。仁政本无定制，当施政者对"仁义之路"忽视，甚至侮慢的时候，也就正是天下大乱的时候。

刘向是当朝知识分子之领袖，却认同战国时策士的权宜心态，揣度时君心意，还认为是"不得不然"，这就不是卓然独立的儒者所应该认同的。因为立心怠忽，从而牵就现实的权势，甚至渐进于屈从一切，又岂是仁人君子所应有的作为。在《熙宁转对疏》中，他就说：

> 以陛下之明，而所遇之时如此，陛下有更制变俗、比迹唐虞之志，则亦在正其本而已矣。《易》曰：正其本，万事理。臣以谓正其本者，在陛下得之于心而已。②

国君能坚持其为治之心，有"比迹唐虞之志"，以仁民爱物为治国的法则，才是正本清源之道。

在《洪范传》中，曾巩对"洪范九畴"作这样的总述：

> 人君之于五行，始之以五事，修其性于己。次之以八政，推其用于人。次之以五纪，协其时于事。次之以皇极，谨其常以应天下之故，而率天下之民。次之以三德，治其中不中，以适天下之变。次之以稽疑，以审其吉凶于人神。次之以庶征，以考其得失于天。终之以福极，以考其得失于民。其始终先后与夫粗精小大之际，可谓尽矣。……《虞书》于六府言修，则箕子于五行，言其所化之因于人者是也。《虞书》于六府，次之

---

① 〔宋〕曾巩：《战国策目录序》，《曾巩集》卷十一，第183—184页。
② 〔宋〕曾巩：《熙宁转对疏》，《曾巩集》卷二十九，第434页。

以三事，则箕子于五行，次之以五事而下是也。《虞书》于九功，言戒之用休，董之用威，则箕子于九畴，言庶征之与福极是也。则知二帝三王之治天下，其道未尝不同。①

"洪范九畴"虽不曾运用"仁政"之语以言为政之道，然而凡是箕子所陈述，用以提供国君施行的内容，则莫非仁政也。曾巩以为此乃自上世以来万代继承之治国要法。经由曾巩之诠释，则由二帝三王而下，其施于行政皆以爱人、保民为初衷，而且凡所施行者，皆深有法要，所以也就无一而非"仁政"。

至于曾巩对后世之君主，其评述的标准，也都以"仁"为原则。他在《唐论》中说：

（汉文帝）仁闻虽美矣，而当世之法度，亦不能放于三代。……代隋者唐，更十八君，垂三百年，而其治莫盛于太宗之为君也。诎己从谏，仁心爱人，可谓有天下之志。②

汉文帝仁政的美名，务在与民休息，故以黄老无为之术为施政的基调，不强调仁心，所以并未跻于儒家的境地，其作为当然远不及三代。唐太宗的治绩确有可观，而推究其用心，则"仁心爱人"，能推扩其心以关心天下人民，才是其成就盛世的关键。

曾巩在《进太祖皇帝总序》中说：

太祖为天下所戴，践尊位，以生民为任，故劝农桑，薄赋敛，缓刑罚，除旧政之不便民者，诏令勉核相属，推其心，无一日不在百姓也。……盖太祖笃于孝友，有天下之行；聪明智勇，

---

① 〔宋〕曾巩：《洪范传》，《曾巩集》卷十，第169页。
② 〔宋〕曾巩：《唐论》，《曾巩集》卷九，第140页。

有天下之材；仁心爱人，有天下之志；包含遍覆，有天下之量。①

在《移沧州过阙上殿札子》则说：

> 仁宗皇帝宽仁慈恕，虚心纳谏，慎注措，谨规矩，早朝晏退，无一日之懈。……陛下神圣文武，可谓有不世出之姿；仁孝恭俭，可谓有君人之大德。②

曾巩以臣子之身，陈述列位皇帝之事，用语必须极其谨慎。虽然不免会有溢美与习套的毛病，但是他在运用文字方面非常严谨，显然他有相当的矜持。试观他对太宗、真宗、英宗三人虽然也有称颂之辞，却自始至终决然不使用"仁"字，可知曾巩对"仁"之标准，必有其定见在。而"仁政"作为其施政的原则，也就从而可以得知。

此外，在《越州赵公救灾记》这篇文章中，他详述赵公救灾的全部过程，进而加以发挥：

> 所以经营绥辑先后终始之际，委曲纤悉，无不备者。其施虽在越，其仁足以示天下；其事虽行于一时，其法足以传后。③

曾巩也是以"仁"作为对赵公救灾的评断标准。要而言之，"仁政"应该是曾巩关于施政最重要的观点。无论是君是臣，都必须以百姓的安危与需求为出发点，才有资格接受"仁政"的认定。

---

① 〔宋〕曾巩：《进太祖皇帝总序》，《曾巩集》卷十，第171—172页。
② 〔宋〕曾巩：《移沧州过阙上殿札子》，《曾巩集》卷三十，第441—442页。
③ 〔宋〕曾巩：《越州赵公救灾记》，《曾巩集》卷十九，第317页。

二、中庸与王道

1. 中庸思想溯源

"中庸"是儒家思想的重要课题，孔子说："中庸之为德也，其至矣乎！民鲜久矣。"现存孔子有关中庸之道的言论中，还有"不得中行而与之，必也狂狷乎！狂者进取，狷者有所不为也"，以及引述自上古言论："允执厥中。"如是而已。其余相近的观点诸如"人之过也，各于其党。观过，斯知仁矣""过犹不及""过而不改，是谓过矣""过则勿惮改""见其过而内自讼"等言论，皆可视为对中道思想所作的补充说明。

孟子的言论中，有对孔子"不得中行"的呼应，而以"中道"称之。他说："孔子'不得中道而与之，必也狂狷乎。狂者进取，狷者有所不为也'。孔子岂不欲中道哉？不可必得，故思其次也。"其余还有："君子……中道而立，能者从之""汤执中""子莫执中。执中为近之。执中无权，犹执一也。所恶执一者，为其贼道也，举一而废百也"。

其中《孟子·尽心上》"子莫"一节认为"执中"并非固执不化的"执一"，所以必须保留权衡现况与环境的调整空间。此一观点可说是对"中道"的精义的补充。然而有关"中庸"一义的内涵，还是在《中庸》一书中才有更清楚而深刻的论述，第一章云："天命之谓性，率性之谓道，修道之谓教。道也者，不可须臾离也，可离非道也。……喜怒哀乐之未发，谓之中；发而皆中节，谓之和。中也者，天下之大本也；和也者，天下之达道也。致中和，天地位焉，万物育焉。"第二章云："仲尼曰：'君子中庸，小人反中庸。君子之中庸也，君子而时中；小人之中庸也，小人而无忌惮也。'"依据郑玄的解释："中庸者，以其记中和之为用也。庸，用也。"又："庸，常也。用中为常道也。"《中庸》以"中"为天下之大本，以"和"为天下之达道，充分肯定了中庸之道的根本性与普遍性意义。第二章则是以君子小人持心与行事之歧异，对中庸之道作清楚的界定。

由此以下，散在全篇之中，凡所辑录孔子及其弟子的言行，也多能充分体现中庸之道的内涵，如第三章云："子曰：'中庸其至矣乎！民鲜能久矣！'"第四章云："子曰：'道之不行也，我知之矣，知者过之，愚者不及也；道之不明也，我知之矣，贤者过之，不肖者不及也。'"此二章用以讨论中庸之道久不见施行之原故。

第六章云："子曰：'舜其大知也与！舜好问而好察迩言，隐恶而扬善，执其两端，用其中于民，其斯以为舜乎！'"此章指出，古之圣君执两端而用中道，以作为治国之法。第七章云："子曰：'人皆曰予知……择乎中庸而不能期月守也。'"第九章云："子曰：'天下国家可均也，爵禄可辞也，白刃可蹈也，中庸不可能也。'"此二章言常人难以臻于中庸境地之原因。

第十章云："子曰：'……君子和而不流，强哉矫！中立而不倚，强哉矫！'"第十一章云："子曰：'……君子遵道而行，半途而废，吾弗能已矣。君子依乎中庸，遁世不见知而不悔，唯圣者能之。'"第十四章云："君子素其位而行，不愿乎其外。素富贵，行乎富贵；素贫贱，行乎贫贱；素夷狄，行乎夷狄；素患难，行乎患难。君子无入而不自得焉。在上位，不陵下；在下位，不援上。正己而不求于人则无怨。上不怨天，下不尤人。故君子居易以俟命，小人行险以徼幸。子曰：'射有似乎君子，失诸正鹄，反求诸其身。'"此三章言君子在德业方面致力于中庸之情况。

第二十章云："诚者，天之道也。诚之者，人之道也。诚者，不勉而中，不思而得，从容中道，圣人也。诚之者，择善而固执之者也。"第二十七章云："君子尊德性而道问学，致广大而尽精微，极高明而道中庸。温故而知新，敦厚以崇礼。是故居上不骄，为下不倍，国有道其言足以兴，国无道其默足以容。"第三十一章云："唯天下至圣，为能聪明睿知，足以有临也；宽裕温柔，足以有容也；发强刚毅，足以有执也；齐庄中正，足以有敬也；文理密察，足以有别也。"此三章言君子于德行之外，从行事与进学的途径，提升生命境界以至于"中庸"之方法。

相较于《中庸》，从《论语》与《孟子》看来，"中庸"仍属单纯用以叙述德行为主的道德概念。在《中庸》中，"中庸"的概念已经跨入行事，乃至进学、施政的领域，所指涉的范围显然已经有所扩大。唯书中凡叙述用及"中庸"时，其理念无不贴近于完美的情境。从此"中庸"允为后世儒者所共同追寻的圣域。

2. 以皇极为大中

曾巩在《洪范传》中以极大的篇幅诠释"皇极"一节，可以作为他"中庸"之道的重要观点。在解释"皇建其有极，敛时五福，用敷锡厥庶民。惟时厥庶民于汝极，锡汝保极。凡厥庶民，无有淫朋，人无有比德，惟皇作极"这一段文字时，他说：

> 言大建其有中，故能聚是五福，以布与众民。而惟时厥众民，皆于汝中，与汝保中。盖中者民所受以生，而保中者不失其性也。凡厥众民，无有以淫为朋，人无有以比为德。盖淫者有所过也，比者有所附也。无所过，无所附，故能惟大作中也。①

曾巩以"大"训"皇"，以"中"训"极"，并以"中"之德为"民所受以生"，乃是众民所共有，而非人君所独有。只是众民未必皆能"持性之中"，所以要以国君为模范，以期保中而不失其性。因此国君为人处世应"持性之中"才行。这样的观点使国君与众民彼此扶持，而可以保中且不失其性，故能"惟大作中"。曾巩的论述使"中道"思想更具通贯性与普遍性。

《尚书·洪范》谓："大中之道，大立其有中，谓行九畴之义。"《尚

---

① 〔宋〕曾巩：《洪范传》，《曾巩集》卷十，第162页。

书正义》云:"皇,大也。极,中也。施政教,治下民,当使大得其中,无有邪僻。故演之云:大中者,人君为民之主,当大自立其有中之道,以施教于民。当先敬用五事,以敛聚五福之道。用此为教,布与众民,使众民慕而行之。在上能教如此,惟是其众民皆效上所为。无不于汝人君,取其中道而行。积久渐以成性,乃更与汝人君以安中之道……大中之道,大立其有中,欲使人主先自立其大中,乃以大中教民也。凡行不迁僻,则谓之中。中庸所谓从容中道,论语允执其中,皆谓此也。"

"皇极"一节思想允为《洪范传》全篇之核心。曾巩引用孔颖达之意,却舍弃"人君为民之主""施教于民"的文字,提升了人民的位阶。文中虽然保留了"皆于汝中"的概念,仍然以国君为全国人民行为的模范,然而通过"与汝保中"的文字,让国君的生物性与民众平等,并提出"中者民所受以生"的概念,使民众精神生命,提升到与国君平等的地位。这种对民众尊重的态度很值得注意。

对于以上这段文字,王安石的《洪范传》则用这样的文字来诠释:"皇,君也;极,中也,言君建其有中,则万物得其所;故能集五福以敷锡其庶民也。……言庶民以君为中,君保中则民与之也。"①曾、王二人虽系并世而生,早年为学行事时相商量,然对"皇"字之意涵,显然彼此互相龃龉。王安石《答曾子固书》亦云:"前书疑子固于读经有所不暇……读经而已,则不足以知经……不如是,不足以尽圣人故也。"②曾、王二人书问往来,恒以读书为事,对经书之体会有所不同,实则再正常不过了。

王安石居相位期间,曾经提举经义局,有《三经新义》之撰著,其中正有《书义》之作,往往能够发明新义,不可谓非深于经书者也。然而,王安石训诂此一"皇"字时,不依循汉唐学者以"大"为训,而取

---

① 〔宋〕王安石:《洪范传》,《临川先生文集》卷六十五,第689页。
② 〔宋〕王安石:《答曾子固书》,《临川先生文集》卷七十三,第778—779页。

"君"落实作解,既不知其依据,又过度尊崇皇帝,难免有屈从于君权而作不恰当的卑抑。

3. 论庶民之协中

由于《尚书·洪范》本身主要环绕着为政的主题而发言,所以在"皇极"一节中,就一再关注到有关百姓的行事。可是百姓众多,其禀赋不齐,难免不能持"中",曾巩对此作如是诠释:

> 言厥庶民有猷有为有守者,汝则念其中不中,其不协于中,不罹于咎,若狂也肆、矜也廉、愚也直之类……有猷有为有守而不罹于咎者,民之有志而无恶者也。不协于极者,不能无所过而已,教之则其从可知也。①

百姓具有各种不同的人格特质,只要生而为人就"受中以生",就有趋向"中"的可能。百姓之所以"不协于极(中)者",其实是"有志而无恶",仅仅因为"不能无所过"。

为政者对于百姓诸般"不协于极者"当然要探求而得其实情,并且要以哀矜的心情对待,进而要透过教育的方法协助百姓,百姓自然会有感应而配合依从。

> 夫刚不中者至于虐茕独;柔不中者至于畏高明。今也惟大之中,故刚无虐茕独,柔无畏高明,所谓刚而无虐,柔而立也。盖刚至于虐茕独,则六极恶之事也;柔至于畏高明,则六极弱之事也。惟皇之极,则五福攸好德之事也。②

正直中庸之道殊不易到达,理想的做法是"惟大之中"。之,往也。大,应作"尽力"解。所以"惟大之中"是为政者应该极力辅导人民,

---

① 〔宋〕曾巩:《洪范传》,《曾巩集》卷十,第162页。
② 〔宋〕曾巩:《洪范传》,《曾巩集》卷十,第162页。

以求趋近中道。必如此，则可以用刚，也可以用柔。只是刚不可以陷于"虐茕独"，柔也不可以陷于"畏高明"。否则就会陷溺在极恶与极弱的困境中。曾巩在"五福六极"一节中，还有进一步的说明：

> 人君之道失，则有不得其死者，有戕其生理者，故凶短折。不康，故疾。不宁，故忧。食货不足，故贫。不能使之于汝极，则刚者至于暴，故恶；柔者不能立，故弱。此人君所以考己之得失于民者也。①

《尚书·洪范》有云："恶，丑陋。弱，尪劣。"刚太过，则暴烈的人格特质会使情性失去平衡，会有诸如残暴的丑陋行为。柔太过，则生命的尊严无从建立，人格就会陷于不自长进的卑劣尪羸。其所以如此，凡是作为国君的人，都应该痛切地反省才好。曾巩还指出，因为国君不易自我察觉，所以要"考己之得失于民"。可见，民众的幸福度就是国君德行的指标，是为政者施政成败的具体反映。曾巩又说：

> 洪范于皇极，于三德，于五福、六极，言人之性，或刚柔之中，或刚柔有过与不及，故或得或失，而其要未尝不欲去其偏，与夔之教胄子、皋陶之陈九德者无以异。盖人性之得失不易乎此，而所以教与所以察之者，亦不易乎此也。教之、福之，而民之协于中者如此，又使有能有为者进其行而不已，则久而后能积，积而后能大，大而后能著。②

曾巩不只是以"中庸"为德行纲目，也不仅以"中庸"为哲学概念，他要用"中"来作为施政的治国要略。所以凡民之有不协于中者，就是为政者所应关切的对象。曾巩还认为为政者对百姓当施以教化，就是要

---

① 〔宋〕曾巩：《洪范传》，《曾巩集》卷十，第168页。
② 〔宋〕曾巩：《洪范传》，《曾巩集》卷十，第162页。

针对百姓持性之偏,期望经过教化的修正,而使不协于中者返于"中"。因为他认为:自古圣贤就以"中"作为为政之要务。在《洪范传》的"三德"一节中,曾巩作了进一步补充说明:

> "平康正直,强弗友刚克,燮友柔克"者,所遇之变殊,故所乂之德异也。凡此者,所以治人也。"高明柔克,沉潜刚克"。何也?人之为德高亢明爽者,本于刚,而柔有不足也,故济之以柔克,所以救其偏;沉深潜晦者,本于柔,而刚有不足也,故济之以刚克,所以救其偏。正直则无所偏,故无所救。凡此者,所以治己与人也。①

"三德"叙述为政者行事之际所应该秉持的态度,不论是治己或治人,正直无所偏执的中道境界都应该致力为之。有偏于高明、沉潜的表现,就难免或偏于刚,或偏于柔。不"中",虽然不是极不好,却仍然要禀于赋性的限制,要警觉到行事之间可能会有所不足,而不敢有所疏忽,而要随时救济其偏失。

《洪范传》的"五福"一节有云:"所以劝天下之人,使协于中。""使协于中"可以算是曾巩认为的为政之术中最重要的原则。

4.树王道理想

"皇极"一节中,除对中庸思想的阐述,对百姓、对国君作"协于中"的期望外,另一重点是对王道理想的描绘。《尚书·洪范》的原文是:"无偏无陂,遵王之义;无有作好,遵王之道;无有作恶,遵王之路;无偏无党,王道荡荡;无党无偏,王道平平;无反无侧,王道正直。会其有极,归其有极。"对于这一段文字,曾巩虽然没有在理想的内涵方面作延伸性探索,但至少是不惮其烦地逐一详细诠释:

---

① 〔宋〕曾巩:《洪范传》,《曾巩集》卷十,第165页。

"无偏无陂，遵王之义"者，无过与不及，无偏也；无不平，无陂也。所循者惟其宜而无适莫，遵王之义也。"无有作好，遵王之道；无有作恶，遵王之路"者，作好作恶，偏于己之所好恶者也；好恶以理，不偏于己之所好恶，无作好作恶也。所循者通道大路，而不由径，遵王之道路也。……"无偏无党，王道荡荡"者，存于己者无偏，则施于人者无党，无偏无党也，其为道也，广大而不狭吝，王道荡荡也。"无党无偏，王道平平"者，施于人者无党，则存于己者无偏，无党无偏也，其为道也，夷易而无阻艰，王道平平也。"无反无侧，王道正直"者，无所背，无反也；非在左而不得乎右，在右而不得乎左，无侧也；其为道也，所止者不邪，所由者不曲，王道正直也。如是，所以为王之义、为王之道、为王之路，明王天下者，未有不如是而可也。会于有极者，来而赴乎中也；归于有极者，往而反乎中也。

由"无偏"以至于"无侧"，所知者非一曲，所守者非一方，推天下之理，达天下之故，能大而不遗小，能远而不遗近，能显而不遗微，所谓天下之通道也。来者之所赴，归者之所反，中者居其要，而宗之者如此，所应者弥广，所操者弥约，所谓天下之大本也，君人者未有不由此而国家天下可为者也。①

在这一大段诠释中，曾巩发挥了他作为一个文章家的特质，以精确而优美的文字，对这段具有韵律的美文，作了贴切的解析；更重要的是，他一直秉持中道的概念，作为王道理想的核心，所以在文字之间自有其严谨的思考。

"君人者未有不由此而国家天下可为者也"，曾巩对于"无偏""无

---

① 〔宋〕曾巩：《洪范传》，《曾巩集》卷十，第163—164页。

侧"的"中庸"境界，是寄予何等期待。然而他在反复的论述中，试图建构王道世界的环境，当然知道会有实际的困难。孔子尚且要感叹"民鲜久矣"，更何况是一般的为政者。为了把理想化为事实，曾巩更进而摘取典籍上的记载，以古人的成就作为印证：

> 其可考于经，则《易》之智周乎万物，道济乎天下，故不过。其可考于行事，则舜之执其两端而用中于民；汤之执中立贤无方，能推其无偏陂、无作好恶、无偏党、无反侧之理，而用其无适莫、无由径、无狭吝、无阻艰、无所背、无在左而不得乎右、在右而不得乎左者，以通天下之故而不泥，执其所会所归之中以为本，故能定也。夫然，故《易》之道为圣人之要道，非穷技曲学之谓也。舜之治民，为皇建其有极，用敷锡厥庶民，非偏政逸德之谓也。汤之用贤，为翕受敷施，九德咸事，非私好独恶之谓也。《洪范》之为类虽九，然充人之材，以至于其极者，则在于思；通天下之故，而能定者，则在于中。其要未有易此也。①

曾巩撷取《周易·系辞》的文字，与《尚书》之故实作精确的相互印证，可以深深感受到他作为儒家后学，对古圣先贤的歆慕与对理想的执着。这种诚挚的心情，令人十分感动。"皇极"最末一段云："皇极之敷言，是彝是训，于帝其训。凡厥庶民，极之敷言，是训是行，以近天子之光。曰，天子作民父母，为天下王。"曾巩则云：

> 其辞以谓人君之于大中，既成之以德，又布之以言，是以为常，是以为顺，于帝其顺而已，人君之为言，顺天而致之于民，故凡其众民，亦于极之布言，是顺是行，以亲附天子之辉光。②

---

① 〔宋〕曾巩：《洪范传》，《曾巩集》卷十，第164页。
② 〔宋〕曾巩：《洪范传》，《曾巩集》卷十，第164页。

由曾巩将"皇极"以"大中"作解,及其所作的详细诠释可以察知,曾巩不仅是对这段文字拳拳服膺,还对经文的内容既赞而兼之以颂,盘旋低回于这段文字之中久久不已。不但使经文的精义格外豁显出来,千载之后的后学者,也可以感受到那份深沉的执着而为之感动不已。

三、德化的治术

儒家的政治主张,自来就是以德化为极则。《论语·为政》云:"为政以德,譬如北辰,居其所而众星共之。"这段文字对儒者而言,不只是耳熟能详,简直就是儒者的"为政"标志了。曾巩之于儒术,不只身体力行,直可谓为生死以之而无有假借焉。所以,希踪古圣先贤,也寻求德化政治的实践,都是他毕生努力之目标。

1. 不主张法治治民

曾巩时时以儒者自我期许,所以并不认同法家所谓"法治"的观点。他在《洪范传》中曾指出:

> 盖尧之所以与人同者法也……箕子言思所以作圣,孟子言弗思故相倍蓰而无算,其所言者皆法也。[1]

这里取尧、箕子、孟子的行事为例,无论是"与人同"或是"思",都与"法治"无关,则其所谓"法"当然不会是法家治国的"法治",而是法则、方法、法度之意。汉赵岐所注《孟子》中,凡"法"字作名词用者,皆注为"法度"。曾巩当是用赵岐之意。[2] 在《与王介甫第二书》中,曾巩对于王安石的施政方面"时时小有案举,而谤议已纷然"的抱怨,

---

[1] 〔宋〕曾巩:《洪范传》,《曾巩集》卷十,第158页。
[2] 《孟子·离娄上》"徒法不能以自行",赵注:"但有善法度而不施之,法度亦不能独自行也。"又,"遵先王之法",赵注:"遵用先王之法度。"又,"下无法守",赵注:"臣无法度可以守职。"《孟子·尽心下》"君子行法,以俟命",赵注:"君子顺性蹈德,行其法度,夭寿在天,行命以待之而已矣。"

有一段分析：

> 不先之以教化，而遽欲责善于人；不待之以久，而遽欲人之功罪善恶之必见。故按致操切之法用，而怨忿违倍之情生；偏听摘抉之势行，而谮诉告讦之害集。己之用力也愈烦，而人之违己也愈甚。况今之士非有素厉之行，而为吏者又非素择之材也。一日卒然除去，遂欲齐之以法，岂非左右者之误而不为无害也哉？则谤怒之来，诚有以召之。①

他主张施政不可躁急冒进，应该"先之以教化"，并给予充裕的时间，以期待相关人员有所调适，然后再徐图良法之新设改异。

曾巩认为实施"按致操切"的严刑峻法，雷厉风行地推动政治革新，急于求治的做法，一定会遭遇到许多抗争，断非君子所乐见。何况人君本来就容易"偏听摘抉"，各种抱怨很容易成为"谮诉告讦之害"。至于一般的知识分子与公务人员，其素质又未必整齐，急切之间改弦更张，要冒很大的风险，甚至会有"己之用力也愈烦，而人之违己也愈甚"的现象，遂至于事倍功半，得不偿失。熙宁二年（1069），他在出任越州通判之前所写的《熙宁转对疏》中说："有以治内，此所以成德化也；有以应外，此所以成法度也。"② 粗粗看来，曾巩似乎是把"治内"与"应外"截然切割为两个领域，从而主张兼用德化与法治两种治国方式。然而，正如他对自觉与觉人两者之间的区隔一样，其实他是依据里外之先后次序分别陈述，只是取其方便用来解说而已。所以这里的"法度"正是前文《洪范传》中所谓的"法则"，是"制度"的层面，同样不作"法治"解。所以对曾巩而言，推行政务只有施政者是否坚持儒家"德化"的问题，而不需要牵涉"法治"的运用与约制。

---

① 〔宋〕曾巩：《与王介甫第二书》，《曾巩集》卷十六，第256页。
② 〔宋〕曾巩：《熙宁转对疏》，《曾巩集》卷二十九，第435页。

追求德化政治，始终是曾巩毕生致力的目标。《曾巩集》中编辑在第一篇的书序是《新序目录序》，这篇文章开头就说：

> 古之治天下者，一道德，同风俗。盖九州之广，万民之众，千岁之远，其教已明，其习已成之后，所守者一道，所传者一说而已。故《诗》《书》之文，历世数十，作者非一，而其言未尝不相为终始，化之如此其至也。①

曾巩认为，从"《诗》《书》之文，历世数十，作者非一，而其言未尝不相为终始"一事，足以认定古代社会确实曾经存在"一道德，同风俗"这样价值观非常一致的现象，像这样打破"九州之广，万民之众，千岁之远"包括时空、人我的各种藩篱，就是古代圣贤努力教化的成果。所以"教化"一事，应该就是最重要的政治事务。在《王子直文集序》中，他也指出，古代的至治之世，就是德化政治的社会："至治之极，教化既成，道德同而风俗一，言理者虽异人殊世，未尝不同其指。"② 就儒者而言，这种辉煌的德化政治，倘若能够成为实际的政治现象，的确令人心向往之，而这也正是曾巩毕生努力的职志所在。

2. 以至诚之德化民

在《梁书目录序》中曾巩指出，可以在充实与扩大之后，通过"至诚"的心态，获致德化的成果。而此德化的过程，系立基于人与人之心同理同，他说：

> 能尽其性，则诚矣。诚者，成也，不惑也。既诚矣，必充之，使可大焉。既大矣，必推之，使可化焉。能化矣，则含智之民，肖翘之物，有待于我者，莫不由之以全其性，遂其宜，而吾之用与天地参矣。德如此其至也。而应乎外者，未尝不与

---

① 〔宋〕曾巩：《新序目录序》，《曾巩集》卷十一，第176页。
② 〔宋〕曾巩：《王子直文集序》，《曾巩集》卷十二，第197页。

人同，此吾之道所以为天下之通道也。①

这里所谓的"应乎外者，未尝不与人同"，与他在《熙宁转对疏》中所说的"有以应外，此所以成法度也"，如出一辙。在这篇文章中，他还进一步地说明：

> 故与之为衣冠饮食、冠婚丧祭之具，而由之以教，其为君臣父子兄弟夫妇者，莫不一出乎人情；与之同其吉凶而防其忧患者，莫不一出乎人理。故与之处而安且治之所集也，危且乱之所去也。与之处者其具如此，使之化者其德如彼，可不谓圣矣乎！②

可见，曾巩所重视的"应乎外者"其实都是再平凡不过的日常生活及礼仪制度，包括衣冠、饮食，冠、婚、丧、祭的各种事务，以及君臣、父子、兄弟、夫妇之间的各种关系。这些所需要用心的是"法度"之所适宜，与"法治"毫无关系。

曾巩"与之同其吉凶"的做法，与《墨子》的"尚同"并不相同。《墨子》要求百姓尚同于其国君，以寻求举国一致的价值观。③曾巩则是指，居上位者应该以同样生而为人的立场，完全出之于人情、出之于人理，以推动有关教化的事务。

诚如曾巩的看法，处于其间的所有民人，随着同理心作用的扩散，

---

① 〔宋〕曾巩：《梁书目录序》，《曾巩集》卷十一，第178页。
② 〔宋〕曾巩：《梁书目录序》，《曾巩集》卷十一，第178页。
③ 《墨子·尚同》："古者民始生，未有刑政之时，盖其语人异义。是以一人则一义，二人则二义，十人则十义。其人兹众，其所谓义者亦兹众。是以人是其义，以非人之义，故交相非也。……里长发政，里之百姓言曰：'闻善而不善，必以告其乡长。乡长之所是必皆是之，乡长之所非必皆非之。……乡长唯能壹同乡之义，是以乡治也。乡长者，乡之仁人也。乡长发政，乡之百姓言曰：'闻善而不善者，必以告国君。'……国君发政，国之百姓言曰：'闻善而不善，必以告天子。'……天下之百姓，皆上同于天子，而不上同于天，则菑犹未去也。"

很容易在自然而然的情况下有良好的适应，而且受到感化。正因为居上位者，其德行能够如彼的合乎人情、合乎人理，于是乎"德化政治"的理想也就易于实现。

所以曾巩所认定的"同其吉凶"，在上位者应该以其智慧与爱心努力寻求百姓观点，以期彼此能够协同一致，就是以尊重百姓为立场而推动政务，必要时或者提供各种资源，或者提供可资模拟的法度，其目的都是使百姓从心灵深处认同社会，认同国家。《墨子》的"尚同"则要以国君为百姓学习的对象，百姓只是附从于国君。两者所取择的方向并不相同。

曾巩进而指出，为政者还要主动地"防其忧患"，以实际的作为从根本上解决百姓的灾祸，而不只是以百姓之苦难为自己的苦难。因为人饥己饥，人溺己溺，以百姓之苦难为自己的苦难只是等同于宗教家的悲悯情怀而已。

唯有高瞻远瞩的哲学家，才能作长远的规划；唯有笃实践履的实行家，才能作有效的推展；也唯有未雨绸缪的宗教家，才能以悲悯的情怀，预先为百姓作好评估和预防的方略。只怕必须合此三者，才是真正的政治家。从曾巩深于为百姓用心的观点来看，他实在不失为真正的政治家。直到今天，这些政治观点，依然是振聋发聩的治国要言。

3. 取法于古代政治

曾巩在《战国策目录序》中讨论到古代德化政治的实践状况时，先是引用刘向的看法："周之先，明教化，修法度，所以大治。及其后，谋诈用，而仁义之路塞，所以大乱。"[①] 他认定在周朝以前的上古时代，确有实现德化政治的事实，只是因为后世谋诈盛行，才使得人们对仁义道德的价值观，由于迷惘而渐至于错乱，以致社会沦于动乱不安。

---

① 〔宋〕曾巩：《战国策目录序》，《曾巩集》卷十一，第183页。

然而他对刘向所说"此书（指《战国策》）战国之谋士度时君之所能行，不得不然"之语就不认同，指刘向为"可谓惑于流俗，而不笃于自信者也"。战国时代纵横法术之士，迁就于时君世主的欲求，以及盲目推行法术的作为，曾巩完全无法苟同。在文中，他指出：

> 夫孔孟之时，去周之初已数百岁，其旧法已亡，旧俗已熄久矣。二子乃独明先王之道，以谓不可改者，岂将强天下之主以后世之所不可为哉？亦将因其所遇之时、所遭之变而为当世之法，使不失乎先王之意而已。①

先王之道具有"明教化，修法度"的特质，所以能够使天下臻于大治，在历史上自有其指标性的意义。孔孟的想法，则是基于对先王之道的深刻了解，取先王之道作为指导的原则，在当代的时空中寻求适当的着力点，期望能有实现理想的机会而已。其实孔孟的做法，并非食古不化，死守先王之术。所以曾巩又指出：

> 二帝三王之治，其变固殊，其法固异，而其为国家天下之意，本末先后，未尝不同也。二子之道，如是而已。盖法者所以适变也，不必尽同；道者所以立本也，不可不一，此理之不易者也。②

曾巩笃信"道者所以立本也，不可不一"的德化政治，至于"法者所以适变"，亦即法度、制度等则应随时代的需要而及时调整。然而，对法术之士，为着迁就个人追逐利禄名位而徇私枉道，他就不假辞色地深恶痛绝，而且给予这些人严厉的批判。对刘向、刘歆父子有国师之尊位，不能带领学术风气振衰起敝，已经愧对当世，居然还推崇战国策士的行

---

① 〔宋〕曾巩：《战国策目录序》，《曾巩集》卷十一，第184页。
② 〔宋〕曾巩：《战国策目录序》，《曾巩集》卷十一，第184页。

径，以为是"不得不然"，简直是愧对孔孟，愧对祖宗，愧对历史。从此看来，曾巩的确是一个不折不扣、坚持儒术的纯儒。

4. 提出身化的法则

在《洪范传》中曾巩借着对"八政"的诠释，探讨"德化"的观点。他首先提出，"化"的状态是要在不经意之间，使黎民百姓有向善的自觉，以期能够追随居上位者的脚步，渐趋于至善的境地。就"化"的施为而言，他以尧为例，引述古籍上的史料，认为尧的施政方式及其成果，正是德化的典范：

> 古之欲明明德于天下者，必始于知至意诚，心正然后身修，身修然后国家天下治。以是为大学之道，百王莫不同然。而见于经者，莫详于尧。盖聪明文思，尧之得于其心者也。克明俊德，有诸心，故能求诸身也。以亲九族，九族既睦，有诸身，故能求诸家也。平章百姓，百姓昭明，有诸家，故能求诸国也。协和万邦，黎民于变时雍，有诸国，故能求诸天下也。积于其心以至于身修，此尧之所以先觉，非求之于外也；积于其家以至于天下治，此尧之所以觉斯民，非强之于耳目也。夫然，故尧之治何为也哉？民之从之也，岂识其所以从之者哉？此先王之化也。①

在德化的施政理念下，居上位的国君必须以其崇高的德行，透过九族、百官以影响力感化众人，正如《论语·为政》所说："为政以德，譬如北辰，居其所而众星共之。"在曾巩看来，古代圣王必须是全国的典范，要做黎民、百官、九族的共同榜样。他说：

> 当尧之时，万邦黎民之所效者，尧之百官；百官之所效者，

---

① 〔宋〕曾巩：《洪范传》，《曾巩集》卷十，第159—160页。

尧之九族；九族之所效者，尧之身。①

德化的重要法则即是身化，在《说用》中，他说："《易》曰：'阴阳不测之谓神。'又曰：'显诸仁，藏诸用。'善播万物、善教万民者为之也。"②显然，"善播万物、善教万民"正是他对"德化"的基本看法。"善播万物"，能使万物滋长，可以建构良好的生存空间，至于其极，可以与天地合同而无碍。"善教万民"，则可以使万民和睦幸福，营造良好的生活环境。这些都是属于德教实践的部分。在《梁书目录序》中，他认为："能化矣，则含智之民，肖翘之物，有待于我者，莫不由之以全其性，遂其宜，而吾之用与天地参矣。"③这一段文字正好可以作为德化效果的脚注。能"化"的"我"是一个何其重要、何其庄严的人。凡"我"所接触、影响，天地间之一切，遂因而沾溉润泽，含蕴辉光。"吾之用与天地参"，"我"的生命价值遂得以充分彰显。这样的"我"不会因性别、官阶而有价值之高下。

5. 推崇女性的身教

曾巩多以尊重的态度对待生命中所认识的女性。《元丰类稿》中为女性撰写的墓志铭达二十五篇，皆编在《曾巩集》卷四十五、四十六。他在《列女传目录序》中说：

> 以臣所闻，盖为之师傅保姆之助，《诗》《书》图史之戒，珩璜琚瑀之节，威仪动作之度……故内则后妃有《关雎》之行，外则群臣有《二南》之美，与之相成。其推而及远，则商辛之昏俗，江汉之小国，兔罝之野人，莫不好善而不自知，此所谓

---

① 〔宋〕曾巩：《洪范传》，《曾巩集》卷十，第160页。
② 〔宋〕曾巩：《说用》，《曾巩集》卷五十一，第696页。
③ 〔宋〕曾巩：《梁书目录序》，《曾巩集》卷十一，第178页。

身修故国家天下治者也。①

可惜的是，曾巩受制于当时的时空环境，在讨论到这些属于"身化"的效果时，一方面从《家人》《关雎》等篇章的观察，承认女性的伟大及其影响力之深刻；另一方面则又推演为：

> 其教之者虽有此具，然古之君子，未尝不以身化也。故《家人》之义归于反身，《二南》之业本于文王，夫岂自外至哉？世皆知文王之所以兴，能得内助，而不知所以然者，盖本于文王之躬化。②

曾巩依然把德化作用的总源头附着在文王身上。虽然如此，他强调"身修故国家天下治"的观点，认为德行教化之影响可以极其深远，并始终一贯的。

四、教导的内容

曾巩在《与王介甫第二书》中认为施政应该先从推行教化开始，且有一段相当深刻的讨论：

> 夫我之得行其志而有为于世，则必先之以教化，而待之以久，然后乃可以为治，此不易之道也。盖先之以教化，则人不知其所以然，而至于迁善而远罪，虽有不肖，不能违也。待之以久，则人之功罪善恶之实自见，虽有幽隐，不能掩也。③

曾巩指出，为政者要协助君王善用教化的功能，就应该帮助民众了

---

① 〔宋〕曾巩：《列女传目录序》，《曾巩集》卷十一，第179—180页。
② 〔宋〕曾巩：《列女传目录序》，《曾巩集》卷十一，第179—180页。
③ 〔宋〕曾巩：《与王介甫第二书》，《曾巩集》卷十六，第255页。

解为政者所具有的诚意，要善于运用时间的推移，逐渐使其成效显现出来。验诸史实，在施政之先，诸如政策的倡导，的确是为政者所应该尽力推行的事，否则徒然有治国的宏规。采取强力变革的措施，民众往往未能理解，难免会有配合不良，甚至交相指责的现象，这就会使原有的善意遭到扭曲，反而成为彼此的遗憾。要避免此类遗憾，最好的办法还是从推行"教化"做起。

1. 设司徒之官

在《洪范传》中曾巩不只是提出德化政治的理想，还提出执行的实际内容。德化政治不只是从"身修"的角度，使国君的德行作为国人的典范，在行政方面国君还要有所作为，即是他所谓"法"以建立制度。诸法之中，首先要设置司徒之官，负责施"教"的工作：

> 立司徒之官以教之者法也。教之者，导之以效上之所为而已也。养之于学，所以使之讲明；文之以礼乐，所以使之服习，皆教之之具也。使之讲明者，所以达上之所为，使之服习者，所以顺上之所为，所谓效之也。上之所有，故下得而效之，未有上之所无，下得而效之也。[1]

相对于"化"的消极态度，"教"则是积极地引导。国君要通过任命官吏的方式交付责任，司徒之官就是承担此任务的人。其所服务的对象，虽然是遍及全国的民众，却以在学阶段的学子为重心。学子在各级学校中学习。司徒所应从事的工作，则是"养之于学"和"文之以礼乐"两大要项。

2. 养士于学校

"养之于学"是以良好的学习环境建置学校，提供各种物质条件作为

---

[1] 〔宋〕曾巩：《洪范传》，《曾巩集》卷十，第160页。

养成教育的场所。教学的内容，则是取法优秀的典型，作为实务模拟的对象。而圣明的国君，正是现成的样本。曾巩以为：

> 当尧之时，万邦黎民之所效者，尧之百官；百官之所效者，尧之九族；九族之所效者，尧之身。①

以尧这种圣明帝王的典型作为固定的范例，一则可以使学习者有明确的目标，二则可以使万邦黎民有一致的标准。然而典型本身的感染力不免受限，司徒之官就应该以自己亲身的体会，积极引导学习者从适当的角度向典型作多方面的学习。然而，作为一个尽心的指导者一定要知道，学习还要注意到时代与环境的变迁。于是，曾巩《战国策目录序》中言："二帝三王之治，其变固殊，其法固异，而其为国家天下之意，本末先后，未尝不同也。"②治理天下国家的心态，施政的本末先后，其法则古今并无不同，但是二帝三王处在不同的时代，不同的地域，各有不同的作为，所以会形成不同的政治风貌，其关键就在于施政的内容互有不同。因此，适应不同的时代、不同的地域、不同的人群，当然要有不同的政治措施。针对此等社群环境的了解，从而研拟与调教施政内涵的重任，自然也要由司徒之官承担起来。

3. 文之以礼乐

司徒之官所应该承担的"文之以礼乐"更是一种积极承担责任的作为。曾巩主张礼治，在《与王深父书》中说：

> 夫学者，其心笃于仁，其视听言动由于礼，则无常产而有常心，乃所履之一事耳。何则？使其心笃于仁，其视听言动由于礼。③

---

① 〔宋〕曾巩：《洪范传》，《曾巩集》卷十，第160页。
② 〔宋〕曾巩：《战国策目录序》，《曾巩集》卷十一，第184页。
③ 〔宋〕曾巩：《与王深父书》，《曾巩集》卷十六，第264页。

有志于学的知识分子，以用世为心，却往往是生活缺乏凭借的人，曾巩自己在年轻的岁月中备尝辛苦，所以对于相关议题就有更多的考虑：

> 然而无常产也，则其于亲也，生事之以礼，故啜菽饮水之养，与养以天下一也；死葬之以礼，故敛手足形旋葬之葬，与葬以天下一也。而况于身乎？况于妻子乎？①

一个知识分子，只要做到"其心笃于仁，其视听言动由于礼"的总原则，就可以孝养其亲，而不必究责其物资的供应能力。推扩如是的修身作法于齐家方面，自然也能够尽心尽力而为之。有朝一日担负国家政治责任时，当然就可以善持治国、平天下的理想。古人所谓"士先器识而后文艺"就是这样的期许。在这篇文章中他又说：

> 夫学者苟不能其心笃于仁，其视听言动由于礼，则必不能不失其常心，此后之学者之患也。苟能其心笃于仁，其视听言动由于礼，则必不失其常心……此学者治心修身，本末先后自然之理也。所以始乎为士，而终乎为圣人也。②

曾巩以"常心"论证学者的得失。"其视听言动由于礼"其实只是再平常不过的态度，笃于自信者不必沿于习染，勉强依循世俗标准。

《礼记·仲尼燕居》云："礼也者，理也。"只要合于"本末先后自然之理"，就已经进入"礼"之境地，就是学习与用心的对象。学者对"治心修身"之事，岂能以轻忽的态度看待？在《礼阁新仪目录序》中，他说：

> 夫礼者，其本在于养人之性，而其用在于言动视听之间。

---

① 〔宋〕曾巩：《与王深父书》，《曾巩集》卷十六，第264页。
② 〔宋〕曾巩：《与王深父书》，《曾巩集》卷十六，第264页。

使人之言动视听一于礼，则安有放其邪心而穷于外物哉？不放其邪心，不穷于外物，则祸乱可息，而财用可充。其立意微，其为法远矣。故设其器，制其物，为其数，立其文，以待其有事者，皆人之起居、出入、吉凶、哀乐之具，所谓其用在乎言动视听之间者也。①

"礼"之事，不只是"治心修身"之事而已，举凡所以养民之性，防其邪心者，尽在于斯。推其功用，在使人民达到"不穷于外物，则祸乱可息，而财用可充"的情境，则为政之际当然要予以高度重视。

曾巩对古代的礼乐之教，有其不胜向往的仰慕之情，他在《相国寺维摩院听琴序》中对古代"六艺"的教育内容，作如是叙述：

> 古者学士之于六艺，射能弧矢之事矣，又当善其揖让之节；御能车马之事矣，又当善其驱驰之节；书非能肆笔而已，又当辨其体而皆通其意；数非能布策而已，又当知其用而各尽其法。而五礼之威仪，至于三千，六乐之节文，可谓微且多矣。噫！何其烦且劳如是！然古之学者必能此，亦可谓难矣。

> 然习其射御于礼，习其干戈于乐，则少于学，长于朝，其于武备固修矣。其于家有塾，于党有庠，于乡有序，于国有学，于教有师，于视听言动有其容，于衣冠饮食有其度，几杖有铭，盘杅有戒。在舆有和鸾之声，行步有佩玉之音，燕处有《雅》《颂》之乐。而非其故，琴瑟未尝去于前也。盖其出入进退，俯仰左右，接于耳目，动于四体，达于其心者，所以养之至如此

---

① 〔宋〕曾巩：《礼阁新仪目录序》，《曾巩集》卷十一，第181页。

其详且密也。①

曾巩好古敏求，他对教学的内容，绝非只求浮泛的表面效果，而是希望在日常生活之间，可以表里如一地呈现出来，使得教学的效果深入实用的文化内涵之中。于射而言，要能"善其揖让之节"；于御而言，要能"善其驱驰之节"；于书而言，要能"皆通其意"；于数而言，要能"知其用而各尽其法"。"礼乐"自古以来是活生生的生活教材，是教育的重要内容，不能只在肢体行为上呈现出来，不能只在生活中实践，要充分地进入心灵。

曾巩还尝试从学习的心态作讨论，认为应该透过哲理的思索，务期使"礼乐"的学习进入更深刻的层次。他说：

> 若夫三才万物之理，性命之际，力学以求之，深思以索之，使知其要，识其微，而斋戒以守之，以尽其才，成其德，至合于天地而后已者，又当得之于心，夫岂非难哉？
>
> 噫！古之学者，其役之于内外以持其心、养其性者，至于如此，此君子所以爱日而自强不息，以求至乎极也。然其习之有素，闲之有具如此，则求其放心，伐其邪气，而成文武之材，就道德之实者，可谓易矣。②

学习内容内外兼修，外而"三才万物之理"，内而"性命之际"。因此指导者要辅导学习者"力学以求之，深思以索之，使知其要，识其

---

① 〔宋〕曾巩：《相国寺维摩院听琴序》，《曾巩集》卷十三，第211页。按：干戈，何焯《义门读书记》谓："顾校本、章校本注：戈，疑'戚'。"实则《周礼·春官·乐师》"凡舞，有帗舞，有羽舞，有皇舞，有旄舞，有干舞"注引郑司农云："干舞者，兵舞。"疏："干戈，兵事所用，故以干舞为兵舞。"可见干戈、干戚、甘羽、干旄皆舞者所执，"干戈"未必非是，今仍之。
② 〔宋〕曾巩：《相国寺维摩院听琴序》，《曾巩集》卷十三，第211—212页。

微"，学习者自己还要"斋戒以守之，以尽其才，成其德，至合于天地而后已"。在教者与学者的通力合作之下，才能期待学习成效切合实际需要，成为社会所倚重的人才。

4. 以乐教为重

礼乐是古代教育最重要的部分，礼学的重要缙绅先生多能言之，"乐"的部分则较少受到注意。曾巩有《听琴序》，其中云：

> 琴之为艺，虽圣人所不废也。其制作之意，盖有所寓。而至其所闻者，不出乎几席之间，而所感者常在乎沧浪之滨，崔嵬之颠，亦已至矣。……故乐之实不在于器，而至于鼓之以尽神，则乐由中也明矣。故闻其乐可以知其德。[①]

曾巩在这篇文章中详细说明了他对于音乐的见解。他自己有实际的学琴经验，而且还自认为是"知琴"的人。通过对音乐的参与和关注，在"为政以德"的理念下，有其可以用心经营的空间。他说：

> 某人尝与巩适抚之金溪，因以琴称，而不知吾之琴也。某人苟知所存不在弦，所志不在声，然后吾之琴可得矣。[②]

他对于"所存不在弦，所志不在声"所作的诠释，倒是与"五行"相结合的。他说：

> 反宫于脾，而圣亦不废也；反商于肺，而义亦不废也；反角于肝，而仁亦不废也；反征于心，而礼亦不废也；反羽于肾，

[①]〔宋〕曾巩：《听琴序》，《曾巩集》卷五十二，第715—716页。按：曾巩的著作主要收集在《元丰类稿》中。据韩维所撰《神道碑》记载，除《元丰类稿》五十卷以外，还有《续元丰类稿》四十卷，《外集》十卷。南宋以后《续稿》《外集》都已经失传，偶然散见于他书与选本之中。清康熙五十六年长洲顾崧龄刻本从《圣宋名贤五百家播芳大全文粹》等书中辑录了集外文二卷，其中有《听琴序》一文。
[②]〔宋〕曾巩：《听琴序》，《曾巩集》卷五十二，第716—717页。

而智亦不废也。①

然而他更强调音乐与自然的结合：

> 方其时也，非春也，求之于律则不中夹钟，物安得而生哉？非夏也，求之于律则不中蕤宾，物安得而长哉？非秋也，求之于律则不中南吕，物安得而敛哉？非冬也，求之于律则不中应钟，物安得而藏哉？……若乃当春而叩商，及秋而叩角，当夏而叩羽，当冬而叩徵，虽知四时之行，在我未免乎有手动弦也。②

他特别强调音乐要与人文礼仪相结合：

> 凡贵者，且不足贵也。故在郑则不淫也，在宋则不溺也，在卫则不烦也，在齐则不骄也。用之于祭祀，则鬼神亦莅乎其所矣，尚何烦于知音哉？……他日祭酒之堂，樽俎之宴，追三代之遗风，想舞雩之咏叹，使闻者若有所得，则庶几不愧于古人矣。③

音乐与人文结合，是"乐教"的实现，而其与自然、五行的结合也都是"乐教"的内涵。因为音乐本来就是人文艺术活动，在音乐活动的过程中，任何与之相关的联想，都可以对人类的生命与价值提供有效的鼓舞与升华。曾巩对音乐的感染力量作如是说：

> 故无出无内，无缓无急，无修无短，巧历不能尽其数，岂止于十九八六而已耶？故闻者无闻也。其神之游，东不极于碣

---

① 〔宋〕曾巩：《听琴序》，《曾巩集》卷五十二，第716页。
② 〔宋〕曾巩：《听琴序》，《曾巩集》卷五十二，第716页。
③ 〔宋〕曾巩：《听琴序》，《曾巩集》卷五十二，第716—717页。

石，南不极于北户，西不极于流沙沈羽，北不极于令正之谷，则鸟何从而舞？鱼何从而跃？六马何从而仰秣？景风何从而翔？庆云何从而浮？甘露何从而降？醴泉何从而出？吾之琴如是，则有耳者无所用其听，尚何厌之有哉？①

曾巩注意到了"乐教"的重要，在《相国寺维摩院听琴序》一文中，他自谓是"于琴窃有志焉久矣"。其实，此处曾巩之志，主要就是希望彰显"乐教"的重要，所以他说：

> 孔子曰："兴于《诗》，立于《礼》，成于《乐》。"盖乐者，所以感人之心，而使之化，故曰"成于《乐》"。昔舜命夔典乐，教胄子，曰："直而温，宽而栗，刚而无虐，简而无傲。"则乐者非独去邪，又所以救其性之偏而纳之中也。故和鸾、佩玉、《雅》《颂》琴瑟之音，非其故不去于前，岂虚也哉？②

"乐教"失传久矣，曾巩亦难以言其全部内容，仅能从典籍的记载与音乐本身所表现出的和谐特质试作探索而已。他在亲身体会之余，还引述《尚书·舜典》所记上古"乐教"实施的事实，例如，文中引文，见《尚书·孔氏传》："教之正直而温和，宽弘而能庄栗。刚失之虐，简失之傲，教之以防其失。"其指出了实施"乐教"之后所可能获致的心灵调和的效果。然而，无论如何，曾巩能够在笔下呈现他对音乐的体会，进而阐述他对"乐教"的重视与期待，这种种的表现，实在是一般儒学者所疏于注意的。

5. 设礼仪制度

关于"礼"的产生，从文字推溯其原始，最早应是从饮食之事而来。

---

① 〔宋〕曾巩:《听琴序》，《曾巩集》卷五十二，第716页。
② 〔宋〕曾巩:《相国寺维摩院听琴序》，《曾巩集》卷十三，第212页。

能拥有充裕的物资以供饮食，是人类最基本的期待。此外，人类对于居处的环境，尤其对于自然现象的实际状况与其种种变化，既不可知，也无从控制，于是对冥冥中操控自然界的力量，有所畏惧，也有所崇敬，遂推演出以饮食为基础的对鬼神致敬的仪式，以协调人类与鬼神的关系，因而产生种种"礼"仪制度。古代经籍对"礼"的雏形略有记载。

许慎《说文解字》一上有："礼，履也，所以事神致福也。"段玉裁注云："礼有五经，莫重于祭，故礼字从示。豊者，行礼之器。"王国维在《观堂集林·释礼》中，从他所看到的甲骨卜辞作以下分析：

> 此诸字皆象二玉在器之形。古者行礼以玉，故《说文》曰：'豊，行礼之器。'其说古矣。惟许君不知豊字即珏字，故但以从豆象形解之。实则豊从珏在凵中，从豆乃会意字而非象形字也。盛玉以奉神人之器谓之豊，若豊。推之而奉神人之酒醴，亦谓之醴；又推之而奉神人之事，通谓之礼。[①]

王国维从行礼的仪式，分析"礼"字的原始结构。《礼记·礼运》则从初民社群行为的角度观察，也仍然与饮食紧密相关，其文云："夫礼之初，始诸饮食，其燔黍捭豚，污尊而抔饮，蒉桴而土鼓，犹若可以致其敬于鬼神。"

《尚书·洪范》所列举的"八政"中前面的四个是："曰食，曰货，曰祀，曰司空。"曾巩在《洪范传》中述其缘由，认为：

> 人道莫急于养生，莫大于事死，莫重于安土，故曰食，曰货，曰祀，曰司空。孟子以使民养生送死无憾为王道之始，此四者所以不得不先也。[②]

[①]〔清〕王国维：《释礼》，《观堂集林》卷六，中华书局，1959年，第291页。
[②]〔宋〕曾巩：《洪范传》，《曾巩集》卷十，第159页。

曾巩指出，"八政"的顺序，由饮食养生，然后及于送死之仪、鬼神之事，与"礼"的产生及其发展过程若合符节。他引用《孟子·梁惠王上》"使民养生丧死无憾，王道之始也"的原文，以为养生、送死、安土，都是人类珍视生命的表现，在关键时刻，借由仪式呈现出丰富的意涵，用以彰显生命的意义。养生系用以维持生命之存续，不先养生不足以言其他。货以足用，祀以宁神，司空以安彼此，同样都是安顿生命的重要课题，故曰"不得不先也"。

先秦诸子百家中儒家最重视礼乐制度，因为儒家以"人"为本位，对于人身的生命意义最为重视。然而在中国古代社会中，礼所牵涉到的范围极其广泛，绝不只在养生送死。诸如政治体制、朝廷法典、祭祀天地神鬼、祈禳水旱之灾、学校教育、人才举用、军队征战、报功授捷，乃至衣食住行、婚丧嫁娶、言谈举止，全在礼制之中。礼囊括了国家所有政治、经济、军事等的典章制度与人们之道德修养、行为准则的种种概念。所以"八政"的内容，乃至《尚书·洪范》所牵涉的全部概念，都属于礼的范围。

"八政"在养生送死以次，还有"曰司徒，曰司寇，曰宾，曰师"四个为政的要项。曾巩谓：

> 使民足于养生送死之具，然后教之，教之不率，然后刑之，故曰司徒，曰司寇，此彝伦之序也。①

> 先王之治，使百姓足于衣食，迁善而远罪矣。人之所以相交接者不可以废，故曰宾，宾者非独施于来诸侯、通四夷也。人之所以相保聚者不可以废，故曰师，师者非独施于征不庭、伐不愬也。八政之所先后如此，所谓彝伦之叙也，不然则彝伦之斁而已矣。②

---

① 〔宋〕曾巩：《洪范传》，《曾巩集》卷十，第159页。
② 〔宋〕曾巩：《洪范传》，《曾巩集》卷十，第161页。

《周礼·大司徒》云:"以五礼防万民之伪,而教之中。"注引郑司农云:"五礼,谓吉、凶、宾、军、嘉。"吉、凶、嘉三礼习见于日用之间,宾、军二礼,一属外交,一属军事,各有专司,不在一般讨论层次之中,故于此略略述之。曾巩在《礼阁新仪目录序》中对"礼"有较详细的讨论,其文云:

　　　　夫礼者,其本在于养人之性,而其用在于言动视听之间。使人之言动视听一于礼,则安有放其邪心而穷于外物哉?不放其邪心,不穷于外物,则祸乱可息,而财用可充。其立意微,其为法远矣。故设其器,制其物,为其数,立其文,以待其有事者,皆人之起居、出入、吉凶、哀乐之具,所谓其用在乎言动视听之间者也。①

　　"礼"从生活日用中产生,执行运用时还具有"养人之性"的意义。人们"言动视听一于礼",不放纵其心意,就不致在外物的牵引下显现邪恶的念头。由于不对身外之物作非分的追逐,至少可通过人心的导正,使祸乱消弭于无形,使财富的累积不受干扰,生活资源自然可以达到充足的状态。所以曾巩认为"礼"的产生与运用,不必依托于宗教信仰,只要在日常生活之中,通过器物层面的制度作适合的规范,确定适宜的数目,与其运作时详细的仪节,就已经是"礼"的内容。

　　至于"待其有事"一节则更指明,"礼"虽普遍运用于日常视听言动之中,然而在生命遭逢转折的关头,遇有吉凶哀乐的大事时,"礼"更是用以调节生命之脉动的阀门,是协助人们顺利通过大喜大悲的激情之冲击的最佳工具。所以曾巩在谈"礼"时,虽不能排除鬼神,却尽量提升

---

① 〔宋〕曾巩:《礼阁新仪目录序》,《曾巩集》卷十一,第181页。

了人文的内涵。此与孔门"务民之义,敬鬼神而远之""未能事人,焉能事鬼?……未知生,焉知死?"所呈现的态度相一致。

随着社会的发展,各种生活资源与人际关系都有变化,礼仪制度的内容也随着社会的形态、人群的伦常观、价值观而有所增加,乃至有所变革。"殷因于夏礼,所损益,可知也;周因于殷礼,所损益,可知也",礼制的损益本是常态,曾巩也说:

> 古今之变不同,而俗之便习亦异。则法制数度,其久而不能无弊者,势固然也。故为礼者,其始莫不宜于当世,而其后多失而难遵,亦其理然也。失则必改制以求其当。故羲农以来,至于三代,礼未尝同也。后世去三代,盖千有余岁,其所遭之变,所习之便不同,固已远矣。①

"礼"的内容所牵涉的层面十分广泛,既有导源于传统的因袭,也要随着时代趋势有所变革,更有因人而异的诸多体会与创制。倘若要作深入的探讨,诚非易事。曾巩认为"礼"的设计固然要考虑其实用与需求,然而在改易更革之际最重要的考虑,还是在于是否能尊重传统。只要推溯其本末,仍然可以"合乎先王之意"即可,不必一一求其行迹之相同。

> 古今之变不同,而俗之便习亦异,则亦屡变其法以宜之,何必一二以追先王之迹哉?其要在于养民之性,防民之欲者,本末先后能合乎先王之意而已,此制作之方也。②

法制数度的变革固然与时俱异,却有一定的价值取向,其要应与"养民之性,防民之欲"相关,而其"本末先后能合乎先王之意"则是最重要的原则。他明确地举例指出,更改"礼"制内容的原则是"一以为

---

① 〔宋〕曾巩:《礼阁新仪目录序》,《曾巩集》卷十一,第181—182页。
② 〔宋〕曾巩:《礼阁新仪目录序》,《曾巩集》卷十一,第182页。

贵本，一以为亲用"。"贵本"是对先王礼制的尊崇，"亲用"则是为当前的使用者提供可以调整的空间：

> 故瓦樽之尚而薄酒之用，大羹之先而庶羞之饱，一以为贵本，一以为亲用。则知有圣人作而为后世之礼者，必贵俎豆，而今之器用不废也，先弁冕，而今之衣服不禁也，其推之皆然。然后其所改易更革，不至乎拂天下之势，骇天下之情，而固已合乎先王之意矣。①

《礼记·礼器》云："孔子曰：诵诗三百，不足以一献；一献之礼，不足以大飨；大飨之礼，不足以大旅；大旅具矣，不足以飨帝。毋轻议礼！"礼学牵涉至广，"毋轻议礼"是基本的态度，曾巩云：

> 议者不原圣人制作之方，乃谓设其器，制其物，为其数，立其文，以待其有事，而为其起居、出入、吉凶、哀乐之具者，当一二以追先王之迹，然后礼可得而兴也。至其说之不可求，其制之不可考，或不宜于人，不合于用，则宁至于漠然而不敢为，使人之言动视听之间，荡然莫之为节，至患夫为罪者之不止，则繁于为法以御之。故法至于不胜其繁，而犯者亦至于不胜其众。岂不惑哉！②

先王制礼有其一定的用心，往往因事而作，以合当时之需求。后代好作议论者，但凭一己之私见，往往撷取古人陈迹，强求牵合。倘若走火入魔，则将陷于"不宜于人，不合于用"的地步，甚至导致礼仪荡然。倘若再进而立法约束以强求复古，势必滋生纷扰，更远非制礼的本意。在《战国策目录序》中曾巩也指出：

---

① 〔宋〕曾巩：《礼阁新仪目录序》，《曾巩集》卷十一，第182页。
② 〔宋〕曾巩：《礼阁新仪目录序》，《曾巩集》卷十一，第182页。

> 二帝三王之治，其变固殊，其法固异，而其为国家天下之意，本末先后，未尝不同也。……盖法者所以适变也，不必尽同；道者所以立本也，不可不一，此理之不易者也。①

在依循传统之余，他认为必须是"变法制数度而不变其道"，否则师心自用，将导致治丝益棼的结果。他在《礼阁新仪目录序》中说：

> 是以羲农以来，至于三代，礼未尝同，而制作之如此者，亦未尝异也。后世不推其如此，而或至于不敢为，或为之者特出于其势之不得已，故苟简而不能备，希阔而不常行，又不过用之于上，而未有加之于民者也。故其礼本在于养人之性，而其用在于言动视听之间者，历千余岁，民未尝得接于耳目，况于服习而安之者乎？至其陷于罪戾，则繁于为法以御之，其亦不仁也哉。②

为政者订立礼制时，不宜只是牵就现实希图苟简，也不能妄作迂阔难行的规划。尤其是在用心动念之际，不应只求合乎在上位者迁就现实需要的一时之计。议论者也不可以持复古的观点，要求一切以恢复古代制度为法则，胶柱鼓瑟以行之，以免有扞格不入的现象。

曾巩并未以礼学名家，议论礼学之专论殊少。这篇《礼阁新仪目录序》应该是曾巩在整理图书资料之际创作的，随文检核其内容，试图追索文献中所存在的上古礼制之意义，其议论弥足珍贵。

欧洲启蒙运动时期，法国的著名思想家孟德斯鸠在《孟德斯鸠法意》中，就针对中国的社会情况指出：

> 彼方合宗教、法典、仪文、习俗四者于一炉而冶之。凡此

---

① 〔宋〕曾巩：《战国策目录序》，《曾巩集》卷十一，第184页。
② 〔宋〕曾巩：《礼阁新仪目录序》，《曾巩集》卷十一，第182—183页。

皆民之行谊也，皆民之道德也。总是四者之科条，而一言以括之曰礼。使上下由礼而无违，斯政府之治定，斯政府之功成矣，此其大经也。幼而学之，学于是也；壮而行之，行于是也。教之以一国之师儒，督之以一国之官宰，举民生所日用常行，一切不外于是道。使为上能得此于其民，斯支那之治为极盛。①

孟德斯鸠是远在西方的学者，能够以如此清楚而深刻的眼光，认识"礼"在中国社会与传统文化中的影响力，很能供吾人省思。而曾巩在近千年前的宋朝社会中，颇用心于"礼"，透过其文字，或许可以更深刻地认识到传统文化中关于"礼"的优质内涵。

6.法尧舜教化

经典所记载，上古政治最优秀的典范是尧舜，当时国君的德治，不只以传说的方式流传。当时的教化事务在《尚书》中留有许多记载，可作为后代的楷模。

尧选择舜担任司徒之官，《尚书·尧典》提及众臣推荐舜时，四岳对舜生长环境的描述是："瞽子。父顽，母嚚，象傲，克谐，以孝烝烝，乂不格奸。"说明舜是生长于家庭极不和谐的青年，却极其孝顺，竟使家庭变得和谐。自己非常上进，从来没有奸恶的事迹，于是能够得到尧的任用。②

《尚书·舜典》也记载舜在政治上的优良事迹："重华协于帝，浚哲文明，温恭允塞，玄德升闻，乃命以位。慎徽五典，五典克从。纳于百揆，百揆时叙。"《尚书孔传》曰："徽，美也。五典，五常之教，父义，母慈，兄友，弟恭，子孝。舜慎美笃行斯道，举八元，使布之于四方，五教能从，无违命。"舜在担任司徒的职务之后的确没令人失望，他总是

---

① 〔法〕孟德斯鸠著，严复译：《孟德斯鸠法意》，商务印书馆，1981年，第410—411页。
② 末句系依《尚书孔传》解。孔颖达《尚书正义》曰："其人能谐和以至孝之行，使此顽嚚傲慢者皆进进于善以自治，不至于奸恶。言能调和恶人，是为贤也。"

尽心尽力地忠于职守，充分运用自己的聪明才智去办事，并以温煦谦恭的人格特质与人相处。这使得他的声望很快就跃升到颠峰状态，因而受到帝尧的青睐，任命他为国君的继任人。虽然地位如此尊崇，舜所特别尽心的依旧是人际关系的美好与和谐，依旧是虚心接纳百官的意见，让百官对公共事务的共同参与有很好的成果。这就是舜伟大的地方。曾巩对舜作这样的陈述：

> 导之以效上之所为者，舜为司徒也。舜于其官，则又慎徽五典，身先之也。然后至于五典克从，民效之也。①

舜在担任司徒时，的确是善尽了他的职责，"导之以效上之所为"。担任国君以后，则率先在百僚之前审慎推行五常的优美内涵。司徒之官承担"教"的责任，国君承担"化"的角色，两者差异极大。舜先后拥有这两种身份，却都善尽他的职责。《论语·卫灵公》记载，孔子称述舜的为政方式是"无为而治……恭己正南面而已矣"。其实舜何尝无为？何尝只是"恭己正南面而已"？

《洪范传》记载舜在为君之后，任命契为司徒之官时所作的期许，仍然直接撷采自《尚书》的原典：

> 及舜之时，舜之导民者固有素矣。然水害之后，其命契为司徒，则犹曰："百姓不亲，五品不逊。敬敷五教，在宽。"盖忧民之不亲，而念其不顺上之化，命之以谨布其教，而终戒之以在宽，岂迫蹴之也哉？其上下之际，导民者如此，此先王之教也。②

角色转变之后，舜更能体会到：国君虽然拥有强大的公权力，单凭"化"的消极力量，殊难期待德化政治能够获致圆满的效果。这也正是他

---

① 〔宋〕曾巩:《洪范传》,《曾巩集》卷十, 第160页。
② 〔宋〕曾巩:《洪范传》,《曾巩集》卷十, 第160页。

虽然有过作为司徒之官的经验，仍然不能不倚重契，而委请他专任为司徒之官的原因。

舜曾经担任司徒之官，曾经引导百姓"养之于学""文之以礼乐"，知道教育事业不能只做表面文章，必须实实在在从根本做起。当时国土遭受洪水危害之后，百姓或有流离失所的颠困，或有失去亲人的悲戚。这时候百姓最需要的是通过学习与安顿，重新获取生活的资源与生命的定位。要妥善处理这些事务，特别需要维护人性尊严与尊重生命的高度智慧，主其事者要有宽厚的胸襟与温煦悲悯的态度。他对契的期许非常简单平凡："谨布其教，而终戒之以在宽。"如果没有以敬谨的态度建立起各种人伦关系，就不可能拥有顺畅而有秩序的相互关系，那将会是精神上极大的伤害与危机，所以舜特别提示了行政务必从宽的原则，绝不希望因为过于迫促的对待，造成人际关系的紧张，以致伤害到亟须追求的和谐。

《孟子·滕文公上》中孟子引述孔子的话称赞舜："君哉舜也，巍巍乎有天下而不与焉。尧舜之治天下，岂无所用其心哉。"曾巩阐述尧舜之治天下，正是以"仁"的理念作为其施政的基本精神。

由以上的引述，足以见曾巩的为政观点，诸如重视礼乐教化、轻政刑、宽民力等，也都莫不皆然，都是以尧舜为楷模，都是基于"人性本善"的认知，对于自己以及所有的为政者，充满"忠恕"的期待。我们在千古之后，通过曾巩，循着孔子与孟子宣扬的政治理念的轨迹，触碰上古时代圣贤的心灵，的确可以得到非常深刻的感动。

五、政刑的施用

1. 德化政治的内涵

曾巩主张礼治，推动施政时以"重礼乐、轻政刑"为其主轴是很自然的倾向。他在《洪范传》中述"八政"时，阐述其政治理想的文字最

具有概括作用:

> 盖化者所以觉之也,教者所以导之也,政者所以率之也。觉之无可言,未有可以导之者也;导之无可言,未有可以率之者也;而况于率之无可言,而欲一断之以刑乎?孟子曰:"徒善不足以为政,徒法不能以自行。"其所谓善,觉之者也;其所谓法,导之者也;其所谓政,率之者也。其相须以成,未有去其一而可以言王道之备者也。①

这段话中曾巩以孟子的言论为基础,很完整地叙述了他对推行德化政治的想法与做法。虽然曾巩坚决而强烈地主张德化政治,但是他也明白,德化政治绝非无为而治,而是必须有所作为的。

他认为孟子所谓的"善"——存在于人性中本然的善,具有感染他人的力量,也是可以"觉之"的心理基础。因此身居上位者,应该以其所具备的"善"作有方法、有步骤的"化",以期"善"能发挥最大的感染力量。这一层次称为"所以觉之也",应该是一种不着痕迹的努力作为。

其次施行的"教""政"二者,都是助成德化政治的积极作为。"教者所以导之也","教"是由为政者从侧面作辅导,行为的主体则是一般人民。"政者所以率之也","政"是主政者作正面的领导,主动者是在上位的国君与官吏。"教"是开展的、自在的,"政"则是凝聚的、严谨的。

就政治事务施行的先后来说,因为施政的对象是百姓,所以要尽量由百姓作为牵动政治行为的主动者。曾巩期望由为政者的"善"作先导,使百姓自然而然地随之而"化",再经由为政者从旁而"教"民,最后才是主政者去强力地推动"政"务以引导人民,由此逐步促进社会的

---

① 〔宋〕曾巩:《洪范传》,《曾巩集》卷十,第160页。

和谐与发展。至于"刑",则应是备而不必用的消极作为。所以曾巩是以"善"为出发点,要通过化、教、政、刑的全套规范,以促进德化政治的实现。

前述文字中,曾巩对《孟子》的言论有所演绎,也有所调整。曾巩认为:"其所谓法,导之者也;其所谓政,率之者也。"曾巩以《孟子》所谓的"法"作为"教"的依据,则"法"与"教"的对应关系,正如"善"与"化"的对应关系。必须有"善","化"才有可能;必须有"法","教"才易于推展。"善""法"二者只是朴素存在的事物,要提升到"化"与"教"的层次,必须有主导者的有意作为,才能有效地发挥功能。

所以显然曾巩认为,《孟子》此处所谓的"法"其实就是法度,是作为规范的一些原则。要使这些法度成为帮助人们的资源,还必须加上主其事者设官任职的安排,才可以通过"教"的过程,而有效辅导黎民百姓迈向治平的社会。这也正是儒家的德化政治必然是人治而绝非法治的原因。

循此理念推演,曾巩对《孟子》所谓的"政"的看法则存在着差异。《孟子》所说的"政"固然是公权力,是施政者主动施为的力量,完全由施政者主导,可以在相当程度下达成施政者的期待。曾巩所谓的"政"在《洪范传》中明白指出:"为之命令,为之典章,为之官守,以致于民,此先王之政也。"[①] 所以"政"不只是"为之命令,为之典章,为之官守"而已,还必须"以致于民"。唯有处处为百姓着想,一切以百姓为依归,才是"先王之政",才能真正对黎民百姓有切合实际的贡献。

2. 化教政刑的配置

曾巩极力倡导德化政治,在规划出化、教、政等施政内容之外,仍

---

① 〔宋〕曾巩:《洪范传》,《曾巩集》卷十,第160页。

然加上"刑"的项目，以作为整个政治体制运作时的重要内涵。在《洪范传》中，他认为：

> 先王之养民而迪之以教化，如此其详且尽矣，而民犹有不率者，故不得不加之以刑。加之以刑者，非可已而不已也。……先王之治，使百姓足于衣食，迁善而远罪矣。①

先王在位时的古代社会衣食丰足，是教化盛行的太平盛世，但是犯罪的现象仍然很难避免。曾巩详细分析各种犯罪行为的背景，并且务实地作了原则性的裁定：

> 民之有罪也，必察焉，眚也，过也，非终也，虽厥罪大，未加之以刑也。②

出现犯罪的现象，当然是个人品德的缺点，然而犯罪倘若没有成为事实，则属于未遂犯，即使罪行极严重，也不宜处以刑责。

> 民之有罪也，必察焉，非眚也，非过也，终也，其养之有所不足，其教之有所不至，则必责己而恕人。故《汤诰》曰："惟尔万方有罪，在予一人；予一人有罪，无以尔万方。"如是，故以民之罪为自我致之，未加之以刑也。③

有犯罪的事实，然应归因于政府的服务有所不足，亦不宜处罚。

> 民之有罪必察焉，其养之无所不足，教之无所不至，不若我政人有罪矣，民之罪自作也，然犹有渐于恶者久，而蒙化之日浅者，则又曰勿庸杀之，姑惟教之，未加之以刑也。④

---

① 〔宋〕曾巩：《洪范传》，《曾巩集》卷十，第160—161页。
② 〔宋〕曾巩：《洪范传》，《曾巩集》卷十，第161页。
③ 〔宋〕曾巩：《洪范传》，《曾巩集》卷十，第161页。
④ 〔宋〕曾巩：《洪范传》，《曾巩集》卷十，第161页。

具有犯罪的事实，又不能归因于政府的缺失，如果是因为蒙受教化太少，就要对教育有所补救，而不该径行处罚。

曾巩一再列举有罪不罚的状况，只是姑且不处以刑责罢了。细查上文的用意，显然是要提供给犯罪者反省与补救的空间：只要能找到可以宽恕的理由，就不必用刑。因为不用刑，所以"化""教""政"三者的施行，也许还有可以发挥影响力的空间，也许还可以造就对社会有用的人才。

> 民之有罪，非眚也，非过也，终也，自作也，教之而犹不典式我也，则是其终无悛心，众之所弃，而天之所讨也，然后加之以刑，多方之所谓至于再、至于三者也。故有虽厥罪小，乃不可以不杀。①

不用刑的范围虽然极其广阔，却非一味地姑息。当一切善意的考虑都不足以为犯人脱罪的时候，还要"至于再、至于三"地反复详查，如果对犯人的所有权益都已经审慎衡量之后，犯人所犯的还是被众之所弃、天之所讨的罪行，终究要予以死刑定案。这段文字中曾巩不以罪行大小定罪，而是详就犯罪动机、程度及其时空背景作为裁量之标准，其论述显然是以《尚书·康诰》为主要依据。《尚书·康诰》如是说：

> 敬明乃罚。人有小罪，非眚，乃惟终，自作不典，式尔；有厥罪小，乃不可不杀。乃有大罪，非终，乃惟眚灾，适尔；既道极厥辜，时乃不可杀。②

---

① 〔宋〕曾巩：《洪范传》，《曾巩集》卷十，第161页。
② 〔清〕王鸣盛：《康诰》，〔清〕王鸣盛著，陈文和主编：《尚书后案》卷十五，中华书局，2010年，第699页。

《南丰曾子固先生集》卷十一收有《刑赏论》一文,以"忠厚之至"为其立论之核心:

> 夫圣人之治也,自闺门、乡党至于朝廷皆有教,以率天下之善,则有罪者易以寡也;自小者、近者至于远大皆有法,以成天下之务,则有功者易以众也。以圣神渊懿之德而为君于上,以道德修明之士而为其公卿百官于下,以上下交修而尽天下之谋虑,以公听并观而尽天下之情伪。当是之时,人之有罪与功也,为有司者推其本末以考其迹,核其虚实以审其情,然后告之于朝而加其罚、出其赏焉,则其于得失岂有不尽也哉?①

这篇文章应系曾巩参加进士考试时的作品。②虽然是随题议论,但是其中内容也与曾巩轻刑而重视德化的理想相呼应。曾巩以为,在圣人为政之世,以刑赏对应罪与功,因为有圣明的君臣,运作起来照理会极其精准。但是,他说:

> 然及其罪丽于罚、功丽于赏之可以疑也,以其君臣之材非不足于天下之智,以其谋虑非不通于天下之理,以其观听非不周于天下之故,以其有司非不尽于天下之明也。然有其智而不敢以为果有其通,与周与明而不敢以为察也。③

当执行赏罚时,罪与功难免会有模糊的时候,他认为"刑不必察,察当其罪;赏不必予,予当其功":

> 必曰罪疑矣而过刑,则无罪者不必免也;功疑矣而失赏,则有功者不必酬也。于是其刑之也,宁薄而不敢使之过;其赏

---

① 〔宋〕曾巩:《刑赏论》,《曾巩集》辑佚,第759页。
② 《苏轼文集》卷二有《省试刑赏忠厚之至论》,当同系嘉祐二年应进士试时的作品。
③ 〔宋〕曾巩:《刑赏论》,《曾巩集》辑佚,第759页。

之也，宁厚而不敢使之失。①

《刑赏论》的说法，正好就是对曾巩有关"化""教""政""刑"理念的补充说明。曾巩的看法既有本源，又能对罪犯的种种情况加以细腻的区别。他之所以作如此详细的讨论，应该是认为"刑"是备而不用的。"不得不加之以刑"是极不得已的做法，必如此才能真正彰显先王之所以设置"刑"的本意。唯其如此，"刑"在人文社会中才算是处在适宜的定位，也才能发挥其应有的功能。所以他说：

> 昔唐虞之际，相继百年，天下之人，四罪而已。及至于周，成康之世，刑之不用，亦四十余年。则先王之民，加之以刑者，殆亦无矣。②

刑期无刑，是儒者为政最高的期许。然而在唐虞之际，相继百年，虽然仅仅四罪而已，刑罪之运作，终究难以避免。曾巩任官期间，曾经撰《叙盗》之文，有云：

> 《康诰》曰：杀越人于货，愍不畏死，凡民罔不憝。孟子以谓不待教而诛者也。是则杀人之盗，不待教而诛，此百王之所同，而未有知其所始者也。然而孔子曰："天下有道，盗其先变乎？"此谓养之既足，导之既明，则为盗者知耻而自新。则非杀人之盗，有待教而诛者，此亦百王之所同，而未有知其所始者也。不待教而诛者，天下之所不得容也；待教而诛者，俟之之道既尽矣，然后可以责之备也。③

---

① 〔宋〕曾巩：《刑赏论》，《曾巩集》辑佚，第759页。
② 〔宋〕曾巩：《洪范传》，《曾巩集》卷十，第161页。
③ 〔宋〕曾巩：《叙盗》，《曾巩集》卷十三，第216—217页。

"杀人之盗，不待教而诛，此百王之所同"，《尚书·康诰》如是说，或许可以认为是依循古代的"刑罚报复主义"，是基于对无辜被害人的悲悯。然曾巩更悲悯地质疑"杀人者死"不知从何时而有是法。推求古人之意，杀人之盗若非基于义愤，而是贪取他人财货，则是罪上之罪。虽然如此，曾巩还是主张"待教而诛者，俟之之道既尽矣，然后可以责之备也"，再给予杀人之盗自新的机会，也再给予教育一个努力的机会。

《汉书·游侠传》："郭解之伦，以匹夫之细，窃杀生之权，其罪已不容于诛矣。"① 从主政者握有绝对权柄的立场，认为"以匹夫之细，窃杀生之权"是侵犯了司法权，当然要作强制的死刑裁判。曾巩却宁可追溯三代之政，而不仅取法于《尚书·康诰》，还要从犯罪者的心态加以探讨。他认为，只有杀人者太过强横，没有起码的悲悯心，而"俟之之道既尽"，才算是罪无可逭。

> 用刑如此其详且慎，故先王之刑刑也。其养民之具、教民之方，不如先王之详且尽，未有可以先王之刑刑民者也，矧曰其以非先王之刑刑民也。②

曾巩对"先王之刑"的体会，包含于他对德化政治的理解之中，也成为他整个德化政治观的一环。行文至此，我们不妨重新检视一下曾巩的下列言论：

> 其所谓善，觉之者也；其所谓法，导之者也；其所谓政，率之者也。其相须以成，未有去其一而可以言王道之备者也。先王之养民而迪之以教化，如此其详且尽矣，而民犹有不率者，

---

① 〔汉〕班固：《游侠传》，〔汉〕班固撰，〔唐〕颜师古注：《汉书》卷九十二，中华书局，1962年，第3699页。本书所引《汉书》皆依此版本。
② 〔宋〕曾巩：《洪范传》，《曾巩集》卷十，第161页。

故不得不加之以刑。加之以刑者，非可已而不已也。①

从这一整段文字可以注意到，曾巩德化政治的理念固然是从《孟子》心性之"善"与"政"在养民的讨论发端，演绎出"化""教""政""刑"等各种施为。然而他在"刑"的作为尚未进入讨论时，就先作出了"其相须以成，未有去其一而可以言王道之备"的论断，很清楚地表露出"刑"的消极地位及价值。

所以"刑"虽然仍是施政的一环，曾巩却把它排除在德化政治的运作之外，与"化""教""政"三者之间显然是有所区别的。这是探讨曾巩的政治思想时，必须格外留心的地方。

国君是全国臣民的领导中枢，其心意所系，视听言动之所及，无不影响深远。儒家论为政，往往从此入手，提纲挈领，本末先后，都有其十分严肃的意义。曾巩在经学方面于《洪范传》致力最深，而其《洪范传》全文，可以说就是围绕着国君治理国家之政务而作。儒家学者自古以来就主张德治，以《中庸》为极则。至于重视教化影响，倡言礼乐制度，都与传统儒家思想相结合。曾巩所认定的治国之道，采择的就是儒家的路子。朱熹称赞他："'五福六极'，曾子固说得极好。洪范，大概曾子固说得胜如诸人。"②朱熹一再致意的语言，深切地传达了他对曾巩的佩服。明代学者归有光在其《洪范传》中也认为："其论精美，远出二刘、二孔之上。"③然而，规劝国君重视德化，避免用刑，是否会使国君怀疑其建言之用心，视其为拙劣的献言，以致成为曾巩在宦途上始终无法飞黄腾达的原因，亦未可知。然而士君子以儒术立身朝廷，自古以来能与其君维持鱼水相得的例证甚少，其间的原因还是很值得深思的。

---

① 〔宋〕曾巩：《洪范传》，《曾巩集》卷十，第160页。
② 〔宋〕朱熹：《洪范》，《朱子语类》卷七十九，第2051页。
③ 〔明〕归有光：《洪范传》，〔明〕归有光著，彭国忠等校点：《震川先生集》卷一，上海人民出版社，2020年，第15页。

第三章

曾巩的史学思想

曾肇在《行状》中记载,曾巩的史学造诣曾经得到过宋神宗的赞赏,在元丰四年(1081)七月时,神宗"手诏中书门下曰:'曾巩以史学见称士类,宜典五朝史事。'遂以公为修撰。既而复谕公曰:'此特用卿之渐尔。'近世修国史,必众选文学之士,以大臣监总,未有以五朝大典独付一人如公者也"。[①] 曾肇对于其兄行谊或许揄扬稍过,然而此处系引述诏命中文字,则应为事实,可知曾巩在史学方面的确有优异表现。所以其生平史学经验与史学思想,自是研究曾巩学术不可或缺的部分。然宋朝立国以后的史学环境,则又是探索此一论题时,必须首先认识的要项。

第一节 宋初的史学环境

宋朝立国之初,北方有辽与西夏环伺,强大战力屡屡压迫国境,朝廷穷于应付,历来予人有国势"积弱不振"的看法。然而,承继于辉煌的唐朝史学之后,宋朝的史学却有其相当灿烂的成绩。

[①] 〔宋〕曾肇:《行状》,《曾巩集》附录,第795页。

一、官修史书缘起

曾巩在其《本朝政要策》第十四首《史官》一节中云：

> 天子，动则左史书之，《春秋》是也；言则右史书之，《尚书》是也。汉武帝有禁中起居注。魏晋归之著作，其后亦命近臣典其事。后魏始置起居令史，行幸宴会，则在御座前记君臣酬答之语，又别置起居注二人。北齐有起居省。隋置起居舍人二人，以掌内史。[①]

这段文字十分详审，显然曾巩对历代史官职务的掌故极为熟悉。

汉朝武帝以前关于史官职事的记载邈远难寻，仅存零星资料。其后，东汉明帝召集儒臣在兰台、东观从事著述工作，至灵帝熹平年间（172—178）修成《东观汉记》，是为迄今可考的第一部官修国史。兰台系朝廷著述工作的地方，东观则本是藏书所在，都不是修史的专业机构，修史也还没有专门负责的官员。

魏明帝太和年间（227—232），才开始设置著作郎，隶属于中书省。晋惠帝元康二年（292），著作郎改隶属于秘书省，专门负责撰史的任务，从此才有负责撰史的正式官职。东晋、南朝都延续著作郎专门负责撰述史事的制度。齐、梁两朝又增加修史学士。随修史风气的盛行，北朝的北魏，有修史局的专业机构。北齐、北周、隋又以大臣总领修史的事务，且定其职务为"监修国史"。所以从魏晋以后，撰史的官职和机构，都逐步建置。

从唐朝开始，朝廷设馆修史，而以宰相出任监修的职务，就成为固定的制度，历代沿袭不变。故曾巩《政要策·史官》云：

[①]〔宋〕曾巩：《本朝政要策》，《曾巩集》卷四十九，第661页。按：以下再重复引述《本朝政要策》第十四首《史官》一节时，径作《政要策·史官》。

唐起居之官隶于门下。显庆中，即与舍人分隶两省，每天子御殿，则左右夹香案，分立殿下螭头之侧，和墨濡翰，皆就螭头之墄处，有命则临陛俯听，对而书之。典礼文物、册命启奏、群臣蠲免惩劝之事，悉载于起居注。季冬终，则送于史官。长寿中，姚璹以为帝王谟训，不可使无纪述，若不宣自宰相，史官无由而书。请仗下所言军国政要，命宰相一人专知撰录，季终付于史官，即今之时政记也。元和十二年，又委承旨宰相宣示左右起居注，令其缀录。大和九年，诏郎舍人准故事入阁，日赏纸笔，立于螭头，以记言动，故文宗实录为备焉。

至后唐，明宗亦命端明殿学士枢密直学士修日历。世宗用陶谷之言，修明宗之制。①

大抵唐代以前，史馆所从事的修撰工作，主要是起居注之类史料的编纂而已。至于以纪传、编年两种体裁修撰成的史书，虽然偶有进行，但其规模甚小，成果有限。

南朝的萧梁，开始以起居注为基础，加以充实，逐渐形成"实录"体式的史书著作。唐朝致力修史，一方面把之前各朝代的历史修撰成正式史书，另一方面也极为重视本朝的史实，除起居注以外，每一皇帝逐一修撰实录，以利于后来编修正史，从此都成为固定的制度。另外如时政记、日历、会要等史料性史书，在唐朝时也都已逐渐建立其固定模式。此外，在唐朝史学发展过程中，尤其值得大书特书的是，景龙四年（710）刘知几撰著的《史通》成书，此一著作在史学思想与评论方面的成就足以照耀千古。

宋人朱弁在其《曲洧旧闻》中说："凡史官记事，所因者有四。一曰

---

① 〔宋〕曾巩：《政要策·史官》，《曾巩集》卷四十九，第661页。

时政记，则宰相朝夕议政，君臣之间奏对之语也。二曰起居注，则左右史所记言、动也。三曰日历，则因时政记、起居注润色而为之者也。……四曰臣僚行状，则其家之所上也。"[1]所以，早在唐朝时期，史官与史馆制度逐渐齐全，使得史学的理念与史料搜集制度的建置都已经具有相当完备的规模，给宋朝史学环境提供了非常有利的条件。

二、宋初修史纪要

宋朝立国于五代之后，为了防止出现武夫乱政的现象，全力提倡文官治国。在修史事务方面，除完全承袭唐朝的制度与做法之外，史馆规模更加扩大，起居院、时政记房、日历所、会要所等机构，都已经完全建置，各类型史书都有固定的修撰制度，而且互相衔接、彼此配合，共同组成完整的史书修撰体系。南宋章如愚认为：

> 其凡有二：曰纪载之史，曰纂修之史。时政有记，起居有注，其纪载之史乎！纂修之史，名目滋多，实录云者，左氏体也；正史云者，司马体也；纪其大事，则有玉牒；书其盛美，则有圣政；总其枢辖，则有会要；其曰日历，合纪注而编次之也；其曰宝训，于实录、正史之外而撰定之也。[2]

宋代官府所修史书种类甚多，配套齐全，而且规模宏大，制度完备，不仅超越唐朝，也为后世所不能及，堪称中国历史上史学最发达的时代。《政要策·史官》云：

> 开宝中，扈蒙为修撰，以谓内庭日历，枢密院抄录送史官所记者，不过对见辞谢而已。盖宰相虞漏泄，而史官限疏远，

---

[1] 〔宋〕朱弁撰，孔凡礼点校：《曲洧旧闻》卷九，中华书局，2002年，第216页。以下所引《曲洧旧闻》皆依此版本。
[2] 〔宋〕章如愚编：《群书考索续集》卷十六，《四库全书》本。

故莫得而具也。请言动可书者，委宰相、参政，月录以送史官，使修日历，遂以参知政事卢多逊专其事。

兴国中，诏书病史氏之漏落，又以参知政事李昉专其任，而枢密院亦令副使一人专知纂述。昉请每月先以奏御，乃送史官。时政记之奏御，自昉始也。

淳化之间，从张佖之请，始置起居院，修左右史之职，以梁周翰掌起居郎事，李宗谔掌舍人事焉。周翰、宗谔言：崇德殿、长春殿宣谕论列之事，时政记记之。枢密院事关机密，本院记之。余百司封拜除改、沿革制撰之事，请悉使条送，以备论撰。月终皆送史官。从之。又令郎舍人分直崇政殿，记言动，别为起居注，每月先以奏御。起居注奏御，自周翰、宗谔始也。①

就广义而言，"国史"是指一朝的国家史籍，按照《宋代蜀文辑存》卷五十二录李焘《国史监修提举题名序》所言："盖日历即国史也，祖宗实录、正史亦国史也，起居注、时政记、圣政录及会要亦国史也。"可知"国史"主要包括编年体的实录、纪传体的正史以及日历、起居注、会要等。

宋代所谓的"国史"通常是指纪传体的本朝史，例如《两朝国史》《三朝国史》等等。这类国史，有时又称正史，例如《两朝正史》《神宗正史》。宋代所谓的"国史"是狭义的专用名词。

宋代修撰史书从建朝以后就逐渐增多，宋太祖建隆二年（961）就已修成《唐会要》《周世宗实录》。乾德元年（963）修成《五代会要》。开宝七年（974）修成《旧五代史》。时政记、日历等当朝史料搜录制度也

---

① 〔宋〕曾巩：《政要策·史官》，《曾巩集》卷四十九，第661—662页。

都从这时建立起来。宋太宗继位后，葺三馆，建秘阁，除继续修撰时政记、日历等史书之外，还开始编修起居注、实录、国史、玉牒等资料。真宗、仁宗两朝，又增加修撰宝训、圣政、会要等书的工作，各种官修史书类型几乎已经齐备，后来各朝也都沿袭，形成制度。

曾巩正处于中国历史上史书创作最为辉煌的时代，除官修史料之外，几种重要史书也在这时撰著。宋仁宗嘉祐二年（1057），曾巩及进士第，开始为官。欧阳修主撰的《新唐书》则在嘉祐五年（1060）完成，《新五代史》也大致撰写就绪，而在宋神宗熙宁五年（1072）欧阳修死后正式面世。司马光的《资治通鉴》于元丰七年（1084）成书，虽然是在曾巩死后，但宋英宗治平三年（1066），司马光已先检取从战国到秦二世的部分，撰为《通志》八卷，进呈朝廷而公诸于世。今人金毓黻对宋朝的史学环境就极为推崇，他指出："宋代修史制度视唐代为进步，亦为元明以下所不及，故史料之丰富冠绝古今，是则后世修国史者所宜仿效者也。"[①]

第二节 曾巩早期的史书因缘

欧阳修曾经从事修撰《新唐书》与《新五代史》的工作，在史学的历史传统中，拥有极其崇高的地位。曾巩师事欧阳修，亲承教诲，其及身所受的影响甚大，欧阳修对于曾巩的史才也相当肯定。

嘉祐二年（1057），曾巩及进士第，依例先出任太平州司法参军。三年届满，正逢欧阳修膺任枢密副使。大约嘉祐五年（1060）十一月欧阳

[①] 金毓黻：《唐宋时代设馆修史制度考》，《说文月刊》，1942年第3卷第8期。

修就推荐曾巩担任编校史馆书籍的职务。①由此一事，可以见得欧阳修对曾巩的史学才华器重之深。

曾巩进入国史馆工作，先后两阶段参与修史相关职务的时间，共计十年以上。他曾两次奉神宗皇帝命令，承担撰写史书的职务，有列名为国史修撰官的机会，却都没有完成任务，未能在所参与撰述的史书留下"修撰国史"的名衔，使他与其毕生最强烈的生命理想擦肩而过。

一、参与欧阳修史事

曾巩极为珍惜史馆职务，固然是因为他自幼对孔子作《春秋》的事业极为向往，而又有幸受知于欧阳修，亲承教诲。曾巩出任史馆职务之前，正是《新唐书》修撰完成之际，则其追随欧公史学事业而见贤思齐，应该是探究曾巩史学思想时不可忽视的要项。

嘉祐五年（1060）七月，由曾公亮领衔，进御新修《唐书》二百二十五卷。②李唐国祚近三百年，商周以下唯两汉可以比肩，其间有关兴衰治乱之迹，君臣行事之详，以及典章文物之美灿然可观。欧阳修在为曾公亮代撰的《进新修唐书表》中说：

……考览前古。以谓商、周以来，为国长久，惟汉与唐，

---

① 欧阳修曾有《举章望之、曾巩、王回等充馆职状》，文中有云："太平州司法参军曾巩，自为进士，已有时名，其所为文章，流布远迩，志节高爽，自守不回。"（见〔宋〕欧阳修：《欧阳修全集》卷一百一十二，第1705页。）李震《曾巩年谱》谓此文于嘉祐五年十一月，欧阳修膺任枢密副使时，今姑从之。然遂谓曾巩于是时履京师任，疑非是。姚范《南丰年谱》云："其召编校书籍为馆阁校勘，当在是年冬。"然并未举列相关证据。依例，宋朝文辞之臣任编校书籍官职两年，始得为馆阁校勘，恐姚范《南丰年谱》失之。曾巩有《祭亡妻晁氏文》云："始来京师，辛丑之岁。"（见〔宋〕曾巩：《曾巩集》卷三十八，第530页。）辛丑为嘉祐六年，曾巩当在是年始履京师任。
② 曾公亮在新修《唐书》完成时任参知政事，身为监修官而未参与实际撰述工作，《进新修唐书表》亦系由欧阳修代撰。其中所载刊修官为欧阳修与宋祁，编修官则包括范镇、王畴、宋敏求、吕夏卿、刘羲叟等。《墨庄漫录》卷八谓："'宋公于我为前辈，且人所见多不同，岂可悉如己意。'于是一无所易。"

不幸接乎五代，衰世之士气力卑弱，言浅意陋，不足以起其文。而使明君贤臣隽功伟烈，与夫昏虐贼乱祸根罪首，皆不足暴其善恶，以动人耳目。诚不可以垂劝戒，示久远，甚可叹也。①

文中指出前人编撰《唐书》的缺点是"纪次无法，详略失中，文采不明，事实零落"。欧阳修主修《新唐书》，在《辞转礼部侍郎札子》中说："接续残零，刊撰纪、志六十卷。"② 所以他并非从庆历四年（1044）下诏编修开馆时参与工作，而是中途自至和元年（1054）起算③，他负责其中纪、志部分，到全书完成，费时共达七年之久。

在《论史馆日历状》中，他表示：

> 右臣伏以史者，国家之典法也。自君臣善恶功过，与其百事之废置，可以垂劝戒、示后世者，皆得直书而不隐。故自前世有国者，莫不以史职为重。④

这段文字表明了欧阳修对于历史的基本概念。他认为史官应先慎重拣选"可以垂劝戒、示后世者"的材料，从而以"直书而不隐"的态度，作严谨的撰述。这样的态度正是承袭了传统的儒家取法于孔子修《春秋》的精神，坚持史书应该褒贬严谨的一贯立场。

曾巩在《新唐书》成书之际，受恩师推荐担任史官，负责编校史馆

---

① 〔宋〕欧阳修：《进新修唐书表》，《欧阳修全集》卷九十一，第1341页。
② 〔宋〕欧阳修：《辞转礼部侍郎札子》，《欧阳修全集》卷九十一，第1342页。
③ 《新唐书》开馆之日，欧阳修并未在京师参与盛事。朝廷因编修官一再更易，未有实质性进展。皇祐元年（1049）六月，决定由宋祁担任刊修官，然而宋祁旋又离京外任知亳州事，遂以《新唐书》局随迁于其任所。至和元年（1054）七月，宋祁虽称"可了列传"，而列传部分之编纂则等到嘉祐三年（1058）方才完成。（参见〔宋〕欧阳修：《辞转礼部侍郎札子》，《欧阳修全集》卷九十一，第1341—1342页。）
④ 〔宋〕欧阳修：《论史馆日历状》，《欧阳修全集》卷一百一十一，第1687页。题下有小注："嘉祐四年。"

书籍。前述欧阳修这些"直书而不隐"的严谨观念，当然也会是后来曾巩从事史官撰述史实工作的基本原则。

修撰《新唐书》只是欧阳修史学事业中的一个环节而已，欧阳修撰述史实的名山事业，更显见在他私修的《新五代史》中。

宋太祖开宝六年（973）四月戊申，诏命参知政事薛居正负责领导修撰五代史事，据《文献通考》卷一九二，同修者有卢多逊、扈蒙、张澹、李昉、刘兼、李穆、李九龄等人。次年十月，书成。仅以一年半的时间，完成《旧五代史》多达一百五十卷的著作，附有目录二卷，成书的效率很高。这部史书，在编撰时所持的义例却引发了争议。

李昉等人承担编撰《旧五代史》之重任，为使赵匡胤的宋王朝在朝代递嬗过程中取得正统地位，就以朱温篡唐所建的后梁为伪朝，而李克用借其拥有唐室所封的李姓，以复国的姿态承接唐朝正统。延续到后晋、后汉、后周以至赵宋等朝代，都以异姓禅位的方式而一脉相袭。于是乎，赵宋就可以顺理成章地以正统自居。《旧五代史》采用《三国志》的成例，以五个朝代各自建为一史，分别独立成书，其体例一致，都是先本纪后列传，依序排列。至于仕宦者，则以卒年为断，分置于各朝史书。于是乎张全义、朱友谦、袁象先等人，生平事迹的重心在梁朝，因卒年已属后唐，故归入《唐书》。冯道历任唐、晋、汉、周四朝相职，于是归在《周书》。许多人物的传记所隶属的朝代，往往不能与其任官的朝代相呼应。诸如此类的弊病甚多，引发不少争议。宋人王辟之《渑水燕谈录》云：

> （《五代史》）初以《建康实录》为本，蒙（扈蒙）史笔无法，拙于叙事，五代十四帝，止五十三年，而为纪六十卷，其繁如此。传事尽于纪，而传止次履历，先后无序，美恶失实，殊无足取。①

---

① 〔宋〕王辟之：《文儒》，〔宋〕王辟之撰，吕友仁点校：《渑水燕谈录》卷六，中华书局，1981年，第70页。

欧阳修对前人所修撰的《旧五代史》，显然极不满意，早在景祐二年（1035）任职馆阁校勘时，就与同僚尹洙讨论关于撰写《十国志》的原则；被贬为夷陵县令时（1036—1037），他着手对《旧五代史》的改写进行规划。① 针对体例，欧阳修就有"正史更不分五史，而通为纪传"② 的构想并且开始编撰。宝元元年（1038），他对撰写成果很不满意，自谓："故虽编撺甫就，而首尾颠倒，未有卷第。"③ 皇祐四年（1052），欧母郑氏夫人卒，欧阳修回到颍州守丧，"改服哀苦中忙迫"④。等到丧事之后，欧阳修集中精神，精心整治这一春秋大业。皇祐五年（1053），《新五代史》初稿七十四卷完成。他致书梅尧臣时难掩喜悦之情，自认为这本著作是"极有义类"，"须要好人商量"，"此书不可使俗人见，不可使好人不见"。⑤ 相较于《新唐书》，书成之后，其成就感甚高。

嘉祐五年（1060），欧阳修撰有《免进五代史状》，其中云：

> 往者曾任夷陵县令及知滁州，以负罪谪官，闲僻无事，因将《五代史》试加补缉，而外方难得文字检阅，所以铨次未成。昨自还朝，便蒙差在《唐书》局，因之无暇更及私书，是致全然未成次第。欲候得外任差遣，庶因公事之暇，渐次整缉成书，仍复精加考定，方敢投进。冀于文治之朝，不为多士所诮。⑥

其中"铨次未成"应该只是托辞，至于"仍复精加考定""不为多士

---

① 此两事均参见〔宋〕欧阳修：《与尹师鲁第二书》，《欧阳修全集》卷六十九，第 1000 页。
② 〔宋〕欧阳修：《与尹师鲁第二书》，《欧阳修全集》卷六十九，第 1000 页。
③ 〔宋〕欧阳修：《答李淑内翰书》，《欧阳修全集》卷六十九，第 1004 页。
④ 〔宋〕欧阳修：《与渑池徐宰（无党）六通·二》，《欧阳修全集》卷一百五十，第 2473 页。
⑤ 〔宋〕欧阳修：《与梅圣俞四十六通·二十三》，《欧阳修全集》卷一百四十九，第 2455 页。
⑥ 〔宋〕欧阳修：《免进五代史状》，《欧阳修全集》卷一百一十二，第 1706 页。

所诮"则比较接近实情。所以这时欧阳修仍然不希望这本书公诸于世。直到熙宁五年（1072）闰七月欧阳修过世，八月间诏进《新五代史》，全书才正式面世。

薛居正等之所以能在极短时间内编纂完成《旧五代史》，就是直接辑录各朝实录，才会有迁就人物生卒年的情形。赵翼《廿二史札记》卷二十一《薛史全采各朝实录》，考之甚为详细，可参。欧阳修的《新五代史》则系依照司马迁《史记》的体例，纪传仍然分为本纪、世家、列传三种，以方便处理乱世中的种种特异现象。《新五代史》徐无党注指出：

> 本纪，因旧以为名，本原其所始起而纪次其事以时也。即位以前，其事详，原本其所自来，故曲而备之，见其起之有渐有暴也。即位以后，其事略，居尊任重，所责者大，故所书者简，惟简乃可立法。①

各朝事迹详于即位以前，则"乱君"夺权篡位的过程暴露无遗。至于即位以后，则以简明为原则，遂能改变旧史对新君即位以后歌功颂德"繁猥失实"的毛病，使"不隐恶"的重要原则可以贯彻。

本纪中，"大事则书，变古则书，非常则书，意有所示则书，后有所因则书。非此五者，则否。"②前三者是《春秋》书记史事的常法。不书，是史官失职；书之，则使国之大事、重要变革、特殊灾异等事迹可以保留下来，此外"意有所示""后有所因"两项原则被欧阳修提示出来，显得格外珍贵。

"意有所示"，是指国君为了要强力贯彻个人意志，导致国家社会强

---

① 〔宋〕欧阳修：《梁本纪》，〔宋〕欧阳修撰，〔宋〕徐无党注：《新五代史》卷一，中华书局，1974年，第1页。以下所引《新五代史》皆依此版本。按：徐无党注欧阳修《新五代史》，一般而言，疑为欧阳修夫子自道。清俞正燮《癸巳存稿》卷八《书五代史纂误后》云："其注于新义、隐义，以一二语抉之，甚精到，但未整理文辞，疑欧自注，而署徐名者。"
② 〔宋〕欧阳修：《新五代史》卷二《梁本纪》，第13页。

烈变革的事实，应该要有所记载。

"后有所因"，则是改变施政方略，以致产生后遗症，则当时身为国君者应负起全部的政治责任，当然也要有所记载。

从这里就可以略见欧公在治史之际，在种种的忌讳与限制间，针对朝代的兴亡与朝政的废替变革，具有呈现褒贬之意的苦心。

在欧阳修的《新五代史》中，隐约存有曾巩参与的痕迹。庆历五年（1045）欧阳修贬官滁州。这时曾易占要为景祐三年（1036）被诬失官的事，寻求平反的机会，由曾巩陪同进京。途中曾巩绕道滁州去拜见欧阳修，盘桓约二十日。前引欧阳修《免进五代史状》中云："往者曾任夷陵县令及知滁州，以负罪谪官，闲僻无事，因将《五代史》试加补缉。"则此时师徒聚会，或有益于《五代史》的补辑工作。

皇祐四年（1052）欧阳修回颖州守母丧。次年春，曾巩赴京师应进士试仍未得第。归途中，曾巩也道经颖州前往探视欧阳修。这时师徒俱无官守，更可以在学术领域的各个层面，作充分的商议。事后欧阳修在寄给徐无党的信（署"至和元年"）中表示：

> 《五代史》，昨见曾子固议，今却重头改换，未有了期。仍作注有难传之处，盖传本固未可，不传本则下注尤难，此须相见可论。[1]

大约在讨论中，曾巩认定《新五代史》初稿，确有需要重新商量的部分，欧阳修才会写信给徐无党，进一步商议注解《新五代史》的事。所以后来《新五代史》成书的某些观点，应该也留有曾巩的影子，只是

---

[1] 〔宋〕欧阳修：《与渑池徐宰（无党）六通·二》，《欧阳修全集》卷一百五十，第2473页。按：欧、曾交谊甚密，而自庆历七年（1047）别滁，以迄嘉祐二年（1057）曾巩及进士第，十年之间现存史料中竟不见只字往还。笔者昔年作《欧曾交谊考》，对此一节唯有付之阙如，多年来颇以此为憾。今捡得此书，始知在此期间师徒俱在忧患之中，应系避迹而悉焚相关书简也。

当事者没有详细的记载，后人也就无从追索。

二、序《新五代史》事

宋人陈长方《步里客谈》卷下，有以下的记载：

> 陈师锡伯修作《五代史序》，文词平平。初，苏子瞻以让曾子固，曰："欧阳门生中，子固先进也。"子固答曰："子瞻不作，吾何人哉！"二公相推未决，陈奋笔为之。①

上述内容倘若属实，现在姑且就其发生的时间，试作考察。苏轼、曾巩二人同在朝廷为官，共有以下数次。

1. 嘉祐二年（1057），两人同登进士第

这时两人初跻凤池，大约忙于往来酬酢，且彼此犹未熟稔，应该还不致有文中这样彼此谦让、互相推崇的现象；何况不旋踵苏轼就因为母丧，匆忙奔走归蜀，显然发生于此时的可能性甚低。

2. 嘉祐六年（1061）

这时曾巩已应诏在京编校史馆书籍。苏轼服除之后，赴京师应制科。在应试后不久，苏轼就转赴凤翔任职。此次的相处时间亦甚短暂，苏轼也是行色匆匆，应当也不是适当时机。

3. 治平二年（1065）二月

这一年，苏轼从签书凤翔府节度判官厅公事任上奉旨还朝，除判登闻鼓院。其后，他参加策试二论，皆能列入三等之内，所以，奉派在史

---

① 〔宋〕陈长方：《步里客谈》卷下，《四库全书》本。按：关于陈师锡的事迹，《永乐大典》卷三一四五引《建安志·陈师锡传》云："又有名贤之德行，追踪古人。有西汉之文章，冠绝当世。"又，苏轼《荐陈师锡状》："学术渊源，行己洁素，议论刚正，器识靖深，德行追踪于古人，文章冠绝于当世。"（见〔宋〕苏轼撰，〔清〕王文诰辑注，孔凡礼点校：《苏轼诗集》卷三十五《送陈伯修察院赴阙》注文，中华书局，1982年，第1873页。以下所引《苏轼诗集》皆依此版本。）则苏轼对陈师锡之学术、人品、文章亦颇为推许。

馆担任官职。从此以后，一直到治平三年（1066）四月二十五日，苏轼方因父丧而归蜀。在这期间，苏、曾同时在史馆任职，而且，此时《新五代史》已成书，却还没有大行于世，应该是最有可能的时机。[1]

由此可以推知，曾巩史学的见解与成就，都为当时知识分子所推崇。曾巩参与编撰《新五代史》，以及建言，都充满可能。从曾巩与欧阳修讨论《新五代史》的种种蛛丝马迹来看，曾巩对《新五代史》编撰的相关条例，应该曾经提供过独到的看法，而且还有相当的贡献。

三、曾巩叙录《陈书》

曾巩自嘉祐五年（1060）起担任史馆职务。嘉祐六年（1061）八月，朝廷下令校雠《陈书》，俾便雕镂出版。基于职责，曾巩提出了征集梁、陈等各朝代有关史书的建议。他在《陈书目录序》中云：

> 其（陈）书亦以罕传，则自秘府所藏，往往脱误，嘉祐六年八月始诏校雠，使可镂版，行之天下。而臣等言梁、陈等书缺，独馆阁所藏，恐不足以定著，愿诏京师及州县藏书之家，使悉上之。[2]

曾巩既入史馆，就兢兢业业地致力于整理史书。他按部就班，在了解国家藏书的现况后，就从最基础的古籍收集工作做起。

北宋以前，书籍的雕版印刷尚未盛行，书籍的流通，唯凭手抄。各抄本之间互有差异，实属难免；网罗众本详加校雠，正是从事雕版印刷

---

[1] 孔凡礼《苏轼年谱》卷八谓此事于熙宁二年（1069）。是岁，二人虽同在朝堂，然苏轼于二月中，始以殿中丞直史馆，授官告院，兼判尚书祠部。而其时变法孔急，正当朝政倥偬之际，不几时而曾巩出通判越州，应非从容讨论文章之时，疑孔凡礼《苏轼年谱》所系非是。至于自是以后曾巩转徙七州，苏轼旋亦派在外州任职。以至元丰三年（1080），曾巩虽得以转对而留京任职，苏轼则苦于乌台诗案，以迄曾巩逝世，两人之聚处益不可能矣。
[2] 〔宋〕曾巩：《陈书目录序》，《曾巩集》卷十一，第185页。

工作之前的要务。曾巩躬逢盛会，身处雕版印刷技术已经成熟的时代，要求审慎从事校雠，就是要为雕版印刷详作准备。他对前人所纂辑的《陈书》，就其编撰历程与其成效作鉴识与评估：

> 《陈书》六本纪、三十列传，凡三十六篇。唐散骑常侍姚思廉撰。
>
> 　始，思廉父察，梁陈之史官也，录二代之事，未就而陈亡。隋文帝见察，甚重之，每就察访梁陈故事，察因以所论载，每一篇成辄奏之，而文帝亦遣虞世基就察求其书，又未就而察死。察之将死，属思廉以继其业。唐兴，武德五年，高祖以自魏以来二百余岁，世统数更，史事放逸，乃诏论次，而思廉遂受诏为《陈书》，久之犹不就。贞观三年，遂诏论撰于秘书省，十年正月壬子始上之。①

《陈书》创制历经陈、隋、唐三朝，由姚察、姚思廉父子长达数十年的努力才完成。五代以前雕版印刷还未盛行，一切图书唯赖手抄，耗时费事，流传不易，遂"与宋、魏、齐、梁等书，世亦传之者少，故学者于其行事之迹，亦罕得而详也。而其书亦以罕传"②。史书记载的内容很多，讹误本就难免，手抄难度很大，流传更属不易，于是一般人就更不易掌握史实内容。这种情形环环相扣，导致史书失传的恶性循环。流传既少，图书中的错误就不易考求，"则自秘府所藏，往往脱误"。原始资料既不易取得，偏偏又"往往脱误"。于是乎单是校雠《陈书》一事，就成了颇为艰巨的工程。

曾巩在序文中，详细记述其参与校雠《陈书》的整个过程：

> 先皇帝为下其事，至七年冬稍稍始集。臣等以相校，至八

---

① 〔宋〕曾巩：《陈书目录序》，《曾巩集》卷十一，第185页。
② 〔宋〕曾巩：《陈书目录序》，《曾巩集》卷十一，第185页。

年七月,《陈书》三十六篇者始校定,可传之学者。其疑者亦不敢损益,特各疏于篇末。其书旧无目录,列传名氏多阙谬,因别为目录一篇,使览者得详焉。①

既有先皇帝的关切与督促,也有整理时缜密而审慎的法则,特别是曾巩在校订文字时,倘若发现疑窦,并不径行修正,而是逐一疏记于每篇之末,以保存原书的本来面貌。至于"别为目录一篇",更是为方便阅览的作为。这些做法,处处都可以体现曾巩处理史料时细腻与审慎的态度,而这种种处理前代史书的方式,正是后人整理古籍时所依循与谨守的法则。

第三节　曾巩与目录学

曾巩虽未曾在传世的正史中列明著作人,但在史料的纂述工作方面,依然留下值得重视的贡献。目录学方面的成果,即为其中之一。

"目"谓篇目,"录"谓载录,目录之事包括图书的篇目及其内容的叙述与讨论。"目录"的体裁不同于纪、传、表、书之类,而与一般史学著作稍有差异。目录之始作,由刘向、刘歆父子积年纂述图书所成,经班固辑入《汉书·艺文志》中,已经为史籍所涵摄。故目录虽非史书,但后来史家整理资料时,恒以史料看待之。

一、缘起

曾巩自嘉祐五年(1060)年底奉召编校史馆书籍,至熙宁二年

---

① 〔宋〕曾巩:《陈书目录序》,《曾巩集》卷十一,第185—186页。按:访书一事,李焘《续资治通鉴长编》卷一百九十四"嘉祐六年八月庚申"条:"诏三馆、秘阁校宋、齐、梁、陈、后魏、后周、北齐七史书,有不完者访求之。"

(1069) 奉派出任越州通判为止,在史馆的工作时间前后九年,在此期间国家及其个人并未有重大史籍问世。而文集中系列的"目录序"著作,可以看作他在此期间的史学成绩。以下谨依《元丰类稿》所辑目录序,依其书指涉时代的先后排列,包括:

1.《战国策目录序》

2.《列女传目录序》

3.《说苑目录序》

4.《新序目录序》

5.《徐干中论目录序》

6.《南齐书目录序》

7.《梁书目录序》

8.《陈书目录序》

9.《礼阁新仪目录序》

10.《唐令目录序》

11.《鲍溶诗集目录序》

12.《李白诗集后序》

曾巩所撰目录序,都收录在《曾巩集》卷十一、十二,其体例划一,应该都是同在史馆任职时所作。[①]应注意到,唯《陈书目录序》提到"八年七月",其余诸文皆未署具体的创作时间,而考定其确定时日,实则可据若干史料印证一二。

如《鲍溶诗集目录序》《李白诗集后序》都提到了宋敏求"知制诰"的官衔,而据李焘《续资治通鉴长编》卷一百九十五"嘉祐六年(1061)闰八月"条:"度支判官、刑部员外郎、集贤校理宋敏求为契丹生辰使",

---

① 按:《曾巩集》卷十一共收"目录序"十一篇,独《李白诗集后序》收在《曾巩集》卷十二,篇名以"后序"名之,与各篇不同,然其体制则一,不宜别出。

《续资治通鉴长编》卷二百零三"治平元年（1064）十二月"条："实录院检讨官、集贤校理宋敏求，诸王府记室参军、直集贤院韩维同修起居注"，可知在此之前，宋敏求未任知制诰。《续资治通鉴长编》卷二百零六"治平二年（1065）八月"条："知制诰宋敏求、韩维同修仁宗实录"，当上溯至此，从而考证此二文的创作时间。又如，《鲍溶诗集目录序》提到"参知政事欧阳修"，而李焘《续资治通鉴长编》卷一百九十五载欧阳修从嘉祐六年（1061）八月起担任参知政事。以上史料，都可以作为考证写作时间的依据。众所周知，在北宋，知制诰、舍人院属外制官，负责起草朝廷一般文书，旁及参与起居注、实录之修撰。故可推知《鲍溶诗集目录序》《李白诗集后序》二文之创作，应该不早于治平二年。

李震《曾巩年谱》引述王应麟《困学记闻》卷五"《礼阁新仪》则指新法"并附录王遵岩评语，以为《礼阁新仪目录序》成文时间，应在宋神宗推行新法之后。《礼阁新仪目录序》中明确指出："《礼阁新仪》三十篇，韦公肃撰，记开元以后至元和之变礼。"[①] 可知其书是记录唐朝玄宗、肃宗、代宗、德宗、顺宗，以至宪宗一百余年之间礼制损益的状况。在这一期间国家由大盛到动乱，大约韦公肃凛于旧有礼仪制度有散亡之虞，所以详述有关礼仪典章的变革，以供参考。则此书纯是唐朝史料，其撰作修订与王安石推行新法并无牵涉。

曾巩有关"目录序"的系列著作间隔时间虽长，传世成果不多，但在此之前类似著作则甚为罕见。

二、目录考原

1. 渊源

"目录"之名，最早见于班固《汉书·叙传》："刘向司籍，九流以

---

① 〔宋〕曾巩：《礼阁新仪目录序》，《曾巩集》卷十一，第181页。

别。爰著目录，略序洪烈。"西汉时刘向整理中秘图书，撰成《别录》，录而列目，是为"目录学"的始祖。唯其书仅就单一图书的辨伪、篇目的编订与其流传作成纪录而编缀成书。刘歆依据其书，作成《七略》，始有图书分类"九流以别"的实绩。由于《汉书·艺文志》采辑《七略》录入《汉书》，目录遂纳入史书体制之中，《汉书·艺文志》序谓："至成帝时，以书颇散亡，使谒者陈农求遗书于天下。诏光禄大夫刘向校经传诸子诗赋，步兵校尉任宏校兵书，太史令尹咸校数术，侍医李柱国校方技。……会向卒，哀帝复使向子侍中奉车都尉歆卒父业。歆于是总群书而奏其《七略》。"[①] 至此，目录正式成为史书的重要内容。《汉书·艺文志》云："每一书已，向辄条其篇目，撮其指意，录而奏之。"可知刘向在校订图书的过程中，载录每书的"篇目"和"指意"两部分，所以称为"录"。取各书之"录"汇集而另外成书，故称为"别录"。至于刘歆的《七略》，则是汇整各家校理的既有成果，依其性质的不同分别归类而成的目录著作。《七略》的重要成就，就是借由分类，针对学术流布的脉络作了清晰的区分。

唐宋以后修订《隋书》《旧唐书》，系踵继《汉书·艺文志》的作业方式，而改以《经籍志》订其篇名，并且把传统图书的分类，从六分法改为四分法，经史子集的部类从此确定。

欧阳修撰写《新唐书》，则恢复使用"艺文志"之名。在此之后《宋史》《明史》又沿用"艺文志"之名，而在各志之中，部类之下子目也愈分愈细。可知，各朝史书对于所收集的图书资料之分类，乃至其细目的区分，虽然会依其时代需要而有不同，名称不尽一致，可是就其所采用的架构而言，则均大致依照《汉书·艺文志》的模式，只是详略多寡难免会有差异。

---

① 〔汉〕班固：《汉书》卷三十《艺文志》，第1701页。

2. 目录之作用

自古以来史籍记述偏重人物事迹，司马迁《史记》创制"书"类体裁，借之详细就社会的各个制度与现象层面分别记录，班固相沿而改以"志"名篇。书、志的体例，扩大了史书书写的广度与深度。

《隋书·经籍志·旧事篇序》有谓："古者朝廷之政，发号施令，百司奉之，藏于官府，各修其职，守而弗忘。《春秋传》曰'吾视诸故府'，则其事也。"典礼、制度与各种社会现象，本是历史上非常重要的信息，但是自《史记》《汉书》以下，志、书部分只是从属于纪传，许多史书甚至略而不录。然而在天灾人祸的交相摧残之下，各种图书资料大量流失，一直就是随着朝代的递嬗不断上演的文化悲剧。《隋书·经籍志》在叙论"旧事"一类史料与史籍的源流时，就已经为相关信息的"随代遗失"而抱憾不已。[1] 作为文化传人的知识分子，倘若能够投入大量心力从事当代书籍的整理与登记，应该是在不能立德、立功的情况下，是平生志业中极伟大也极惬心的部分。

有关古籍的整理，《隋书·经籍志》特别具有指标性的地位，其序文中对目录事业探本索源，有这样的论述：

> 古者史官既司典籍，盖有目录以为纲纪，体制埋灭，不可复知。孔子删书，别为之序，各陈作者所由。韩、毛二《诗》，亦皆相类。汉时刘向《别录》、刘歆《七略》，剖析条流，各有其部，推寻事迹，疑则古之制也。自是之后，不能辨其流别，但记书名而已。博览之士，疾其浑漫，故王俭作《七志》，阮孝绪作《七录》，并皆别行。大体虽准向、歆，而远不逮矣。其先

---

[1] 《隋书·经籍志·旧事篇序》："晋武帝命车骑将军贾充，博引群儒，删采其要，增律十篇。其余不足经远者为法令，施行制度者为令，品式章程者为故事，各还其官府。搢绅之士，撰而录之，遂成篇卷，然亦随代遗失。今据其见存，谓之旧事篇。"（见〔唐〕魏征、〔唐〕令狐德棻撰：《隋书》卷三十三《经籍志·旧事篇序》，中华书局，1973年，第967页。以下所引《隋书》皆依此版本。）

代目录，亦多散亡。今总其见存，编为簿录篇。①

《隋书》的《簿录篇》将"目录"一类的著作，纳入其收录的范围。在其类序中，把"目录"的起源推溯到孔子，认为当时删《诗》《书》而作"序"系用以明其意志的事业。这样的说法，既切合其内涵，又使"目录"的纂录工作，更具有庄严的文化使命感。

曾巩进入史馆工作之后，其最有成效的部分，大约就是古籍的整理。以其深于经术，或许因为此种体认才有系列的"目录序"之作品，亦未可知，然而其成果之辉煌，已足以令后人低回景仰。

3. 目录与解题

图书的目录资料附录在史书中，受限于篇幅，一般都只列书名、卷数、作者姓名，能做到义类清楚、部居不溷，已经堪称佳作，至于要借以考镜源流、获取辨章学术的贡献，就很难苛求了。《四库全书总目提要》举例讨论《汉书》与《七略》的关联："案《汉书》录《七略》书名，不过一卷，而刘氏《七略别录》至二十卷，此非有解题而何？"② 以《汉书·艺文志》而言，系从《七略》一书录下，唯仅录其书名而已，其篇幅不过一卷。《七略》内容之份量绝对不止一卷，显然是因为要比照其他各志的篇幅，强行纳于一卷之中所致。然而，无论如何，《汉书》的确并未把《七略》原书二十卷的内容，全数照录。

古代典籍，《尚书》百篇、《诗》三百一十一篇、《逸周书》七十篇，往往有序。《诗经·关雎》之序，且有"大序"之称。诸序多系用以条述大旨与篇卷的先后次第。《史记·太史公自序》对于全书各篇，分别有简要的叙述文字，与《诗》《书》小序之形式雷同，扬雄《法言》小序亦然。东汉许慎《说文解字·叙》具录十四篇五百四十部首，其部首字不

---

① 〔唐〕魏征、〔唐〕令狐德棻：《隋书》卷三十三《经籍志·簿录篇》，第992页。
② 〔清〕纪昀总纂：《四库全书总目提要》卷八十五，第2213页。

逐一细说，都是"条其篇名"的方式。

《隋书·经籍志》对历代官修的目录类图书只记录卷数而没有解题深表不满，认为"不能辨其流别"。《隋书·经籍志》指王俭《七志》的缺点乃是："不述作者之意，但于书名之下，每立一传……文义浅近，未为典则。"对阮孝绪《七录》则说："分部题目，颇有次序，割析辞义，浅薄不经。"所以在《隋书·经籍志》看来，《七志》只就作者的身份留下记录，固然有其缺失；《七录》分类较为适宜，却仍然不够详审，也有其不足之处。

其实《隋书·经籍志》也只能在部类之下的每一子目，分别作相当精要的小序，算是对各类图书的源流有所交代。但受限于史书的体例和规模，也就未能如《别录》一般，详细述作每一书籍的"解题"。《旧唐书·经籍志》引述《古今书录·序》云："将使书千帙于掌眸，披万函于年祀，览录而知旨，观目而悉词，经坟之精术尽探，贤哲之睿思咸识。"[①]认为书录应以精简的篇幅，掌握重要内涵，使书籍的概况呈现出来。这可说是精要地诠释出了"目录"的作用与价值。《开元释教录·序》亦云："夫目录之兴也，盖所以别真伪，明是非，记人代之古今，标卷部之多少，摭拾遗漏，删夷骈赘……提纲举要，历然可观也。"[②]这里特别提到"别真伪，明是非"的效用，真是别具慧眼，充分阐述了"目录"的功能。

以上引述的文字充分说明，古人对目录解题的做法及要项都已有深刻认识。可惜《古今书录》已亡佚，无从看到全貌。

宋初王尧臣等奉敕于庆历元年（1041）修撰完成的《崇文总目》十二卷，大致是以当时朝廷所藏的图书，加以统合起来所作的图书目录。这当与宋初馆阁制度新变有关。众所周知，唐有三馆，即昭文馆、集贤院、史馆是也，掌理修史、藏书、校雠之事。宋初因之。太宗继位之

---

① 〔后晋〕刘昫等撰：《旧唐书》卷四十六《经籍志上》，第1965页。
② 〔唐〕智昇：《开元释教录》卷一，《四库全书》本。

后，葺三馆，又增建秘阁，遂合称四馆，因以大兴文教，同时也借重馆内人才从事修史的工作。故《四库全书简明目录》如是介绍："《崇文总目》，旧本佚其解题。今从《永乐大典》补辑。其书以四库分编，所录凡三万六百六十九卷。篇帙既多，抵牾难保，诸家时有纠正。"以当时朝廷四馆内三万余卷的图书，却仅仅作成十二卷的目录，显然其规模格局都嫌太小。即使能有"解题"，也难免有简略疏漏的毛病。

大致而言，在曾巩之前，只有刘向的《别录》、刘歆的《七略》对书籍的整理留下过丰富的记录。除此之外，历来一般目录作品，以其卷数推算其篇幅来看，都难以期待其内容能对所叙录的图书作详细的考订。

三、曾巩的"目录序"

曾巩撰写"目录序"，各篇详略不同，然其体例则都是采用先考述后评议的形式。考述的部分，是叙述各书的篇幅，接着考察各书籍之流传。评议的部分，则就其全书内容作简要的说明，并且加以评论。至于图书资料的处理方式，则显然是依据《崇文总目》，以当时朝廷四馆藏书之既有基础，更广集民间藏本，从而详加校雠考订，务期恢复该书原有形貌。

十二篇目录序中，有关评议的部分，系就各书之精髓而随书敷衍，其相关之探讨则依其内涵散在各章中。考述的部分，最能反映校理过程中的收获。今则节录于下，并随文讨论其贡献。

1.《战国策目录序》

> 刘向所定《战国策》三十三篇，《崇文总目》称第十一篇者阙，臣访之士大夫家，始尽得其书，正其误谬而疑其不可考者，然后《战国策》三十三篇复完。……此书有高诱注者二十一篇，或曰三十二篇，《崇文总目》存者八篇，今存者十篇云。[1]

---

[1] 〔宋〕曾巩:《战国策目录序》,《曾巩集》卷十一，第183、185页。

前人整理《崇文总目》时，国家图书馆中的《战国策》一书已经残缺。借校理之便，曾巩不只是"访之士大夫家"，"尽得其书"，使之恢复原貌，还"正其误谬而疑其不可考者"，其于古籍的保存，贡献实在不小。在该书的批注方面，经整理后复原其古注"高诱注者"，"《崇文总目》存者八篇，今存者十篇云"。虽然于原有的资料而言显然流失不少，但至少在整理之后也颇有增补。

2.《列女传目录序》

刘向所叙《列女传》，凡八篇，事具《汉书》向列传。而《隋书》及《崇文总目》皆称向《列女传》十五篇，曹大家注。以《颂义》考之，盖大家所注，离其七篇为十四，与《颂义》凡十五篇，而益以陈婴母及东汉以来凡十六事，非向书本然也。盖向旧书之亡久矣。嘉祐中，集贤校理苏颂始以《颂义》为篇次，复定其书为八篇，与十五篇者并藏于馆阁。而《隋书》以《颂义》为刘歆作，与向列传不合。今验《颂义》之文，盖向之自叙。又《艺文志》有向《列女传颂图》，明非歆作也。自唐之乱，古书之在者少矣，而《唐志》录《列女传》凡十六家，至大家注十五篇者，亦无录，然其书今在。则古书之或有录而亡，或无录而在者，亦众矣，非可惜哉！今校雠其八篇及其十五篇者已定，可缮写。①

本段叙述校理过程的文字，在各篇中最为详备，其所呈现的价值也格外丰硕。大体而言，曾巩获致的成果有：

（1）同一书籍，而篇数不同，或为八篇，或为十五篇，于是寻求其所以相异的原因。结论是："以《颂义》考之，盖（曹）大家所注，离其七篇为十四，与《颂义》凡十五篇。"

（2）恢复原书本来面目。指出其中"益以陈婴母及东汉以来凡十六

---

① 〔宋〕曾巩：《列女传目录序》，《曾巩集》卷十一，第179页。

事,非向书本然也"。

（3）对于同僚的成就,则不敢妄予掠美,一定如其实情。他在文章中具体地叙述出来:"嘉祐中,集贤校理苏颂始以《颂义》为篇次,复定其书为八篇。"

（4）以往目录著作考证有所错误,则作清楚指摘:"《隋书》以《颂义》为刘歆作,与向列传不合。今验《颂义》之文,盖向之自叙。又《艺文志》有向《列女传颂图》,明非歆作也。"

（5）对以往目录著作收录的错误,有所指正:"《唐志》录《列女传》凡十六家,至（曹）大家注十五篇者,亦无录,然其书今在。则古书之或有录而亡,或无录而在者,亦众矣,非可惜哉!"

从以上这些讨论中,可见曾巩撰作目录序,在"考镜源流"的部分,必原原本本详其始末,精其文字,务求找回原书的本来面貌,并彰显其著作的价值,以下各篇《目录序》,莫不皆然。

3.《说苑目录序》

刘向所序《说苑》二十篇,《崇文总目》云:"今存者五篇,余皆亡。"臣从士大夫间得之者十有三篇,与旧为十有八篇,正其脱谬,疑者阙之,而叙其篇目。①

曾巩勤于补缀残籍,就本书而言,其所获致之篇数,竟然能远远超过国家典藏,真可谓为《崇文总目》之畏友。

4.《新序目录序》

刘向所集次《新序》三十篇,目录一篇,隋唐之世尚为全书,今可见者十篇而已。②

---

① 〔宋〕曾巩:《说苑目录序》,《曾巩集》卷十一,第191页。
② 〔宋〕曾巩:《新序目录序》,《曾巩集》卷十一,第176页。

古籍随代散佚，固人力所难以挽回，但是"隋唐之世尚为全书"，仅仅经过五代（907—960）五十余年的变迁，居然流失掉三分之二。可见五代时期的社会动乱，对学术与文化各方面都造成了具有时代性的浩劫，曾巩对此也只有莫可奈何而已。

5.《徐干中论目录序》

> 臣始见馆阁及世所有徐干《中论》二十篇，以谓尽于此。及观《贞观政要》，怪太宗称尝见干《中论·复三年丧》篇，而今书此篇阙。因考之《魏志》，见文帝称干著《中论》二十余篇，于是知馆阁及世所有干《中论》二十篇者，非全书也。①

曾巩善于读书，绝不轻易放过任何古籍线索。他读徐干《中论》，遂旁及《贞观政要》与《魏志》，于是能够考知徐干所著《中论》全书乃二十余篇，其治学严谨如是。

6.《南齐书目录序》

> 《南齐书》八纪、十一志、四十列传，合五十九篇，梁萧子显撰。始，江淹已为《十志》，沈约又为《齐纪》，而子显自表武帝，别为此书。臣等因校正其讹谬，而叙其篇目。②

史籍的撰写工作，的确十分不易。梁朝时萧子显撰著《南齐书》，竟能完成五十九篇之巨幅史册，应该是先有江淹的《十志》、沈约的《齐纪》作为其前导，然后才能以一人之力写成此书。

曾巩久居史馆，后来又曾参与《英宗实录》《五朝国史》之修撰事，对于史书的撰写过程，感受必然十分深刻。历代史官用力甚多而史书上不具其名姓的，更不知凡几。曾巩或许正是借此聊聊数字，寄发其艰难

---

① 〔宋〕曾巩：《徐干中论目录序》，《曾巩集》卷十一，第190页。
② 〔宋〕曾巩：《南齐书目录序》，《曾巩集》卷十一，第187页。

治史的感慨焉。

7.《梁书目录序》

《梁书》六本纪、五十列传，合五十六篇，唐贞观三年诏右散骑常侍姚思廉撰。思廉者，梁史官察之子，推其父意，又颇采诸儒谢、吴等所纪，以成此书。臣等既校正其文字，又集次为目录一篇。①

私家史书之完成，往往费时甚久，还必须有良好环境，否则难以成功。虽然《梁书》成于姚思廉之手，但其中显然还有其父亲的功绩。姚思廉之父姚察，曾担任"梁史官"。然而"诸儒谢、吴等所纪"的既有成果，也不可以埋没。至于曾巩"集次为目录一篇"以便后人检索阅览，正是目录学极重要的功能。

8.《陈书目录序》

《陈书》六本纪、三十列传，凡三十六篇。唐散骑常侍姚思廉撰。

始，思廉父察，梁陈之史官也，录二代之事，未就而陈亡。隋文帝见察，甚重之，每就察访梁陈故事，察因以所论载，每一篇成辄奏之，而文帝亦遣虞世基就察求其书，又未就而察死。察之将死，属思廉以继其业。唐兴，武德五年，高祖以自魏以来二百余岁，世统数更，史事放逸，乃诏论次，而思廉遂受诏为《陈书》，久之犹不就。贞观三年，遂诏论撰于秘书省，十年正月壬子始上之。

观察等之为此书，历三世，传父子，更数十岁而后乃成，盖其难如此。然及其既成，与宋、魏、齐、梁等书，世亦传之

---

① 〔宋〕曾巩：《梁书目录序》，《曾巩集》卷十一，第177页。

者少,故学者于其行事之迹,亦罕得而详也。而其书亦以罕传,则自秘府所藏,往往脱误,嘉祐六年八月始诏校雠,使可镂版,行之天下。而臣等言梁、陈等书缺,独馆阁所藏,恐不足以定著,愿诏京师及州县藏书之家,使悉上之。先皇帝为下其事,至七年冬稍稍始集。臣等以相校,至八年七月,《陈书》三十六篇者始校定,可传之学者。其疑者亦不敢损益,特各疏于篇末。其书旧无目录,列传名氏多阙谬,因别为目录一篇,使览者得详焉。①

曾巩推崇姚察、姚思廉父子俩在史学上的成就,所以低回久久。他在梁、陈两朝史书的叙录上,特别撰写长文用以详述心得。其中说到有关隋文帝深切关怀史官的态度,云"甚重之,每就察访梁陈故事",是否意在希盼后世皇帝能见贤思齐乎?

又云:"察因以所论载,每一篇成辄奏之。"曾巩在撰写《五朝国史》时,显然就是在这样的启示下,做到"每一篇成辄奏之"。依照这样的模式积渐成帙,也可以避免与当权者的观点有太大的歧异。官修史书,处处遭遇掣肘,是必然会有的困境。

曾巩述《陈书》的编撰历程,则云:"察等之为此书,历三世,传父子,更数十岁而后乃成,盖其难如此。"大约也要借此彰显史书撰写者之艰辛。问题是,在史书写成之后,却不一定能够得到社会上相对等的重视。于是谓"及其既成,与宋、魏、齐、梁等书,世亦传之者少,故学者于其行事之迹,亦罕得而详也。而其书亦以罕传"。艰辛获致的成果,在社会上竟湮没而无闻,成书既已不易,流传更为困难,则修治史书的效用又该如何判断?

---

① 〔宋〕曾巩:《陈书目录序》,《曾巩集》卷十一,第185—186页。

以上种种关于撰写史书的艰辛，与成书之后得不到重视的无奈，曾巩应该是有意借此作详细而完整的宣泄。

9.《礼阁新仪目录序》

《礼阁新仪》三十篇，韦公肃撰，记开元以后至元和之变礼。史馆秘阁及臣书皆三十篇，集贤院书二十篇。以参相校雠，史馆秘阁及臣书多复重，其篇少者八，集贤院书独具。然臣书有目录一篇，以考其次序，盖此书本三十篇，则集贤院书虽具，然其篇次亦乱。既正其脱谬，因定著从目录，而《礼阁新仪》三十篇复完。①

《礼阁新仪》属于礼书。曾巩指出，自己所藏书"有目录一篇"，可以借此篇目录考校全书次第，"因定著从目录"，特别彰显了"目录"的效用。虽然"史馆秘阁及臣书皆三十篇，集贤院书二十篇"，他仍以严谨的态度做了"参相校雠"的工作，终于使"《礼阁新仪》三十篇复完"，可说是妥善地运用了目录校雠的方法，遂使目录学的效果发挥出来了。

10.《唐令目录序》

《唐令》三十篇，以常员定职官之任，以府卫设师徒之备，以口分永业为授田之法，以租庸调为敛财役民之制，虽未及三代之政，然亦庶几乎先王之意矣。②

曾巩于此书即使一无所考，亦著其篇数及其内容部目之大要，以资后人核对。

11.《鲍溶诗集目录序》

《鲍溶诗集》六卷，史馆书旧题云《鲍防集》五卷，《崇文

---

① 〔宋〕曾巩:《礼阁新仪目录序》,《曾巩集》卷十一，第181页。
② 〔宋〕曾巩:《唐令目录序》,《曾巩集》卷十一，第189页。

总目》叙别集亦然。知制诰宋敏求为臣言，此集诗见《文粹》《唐诗类选》者，皆称鲍溶作。又防之《杂感》诗最显，而此集无之，知此诗非防作也。臣以《文粹》《类选》及防《杂感》诗考之，敏求言皆是。又得参知政事欧阳修所藏《鲍溶集》，与此集同，然后知为溶集决也。史馆书五卷，总二百篇。欧阳氏书无卷第，才百余篇。然其三十三篇，史馆书所无，今别为一卷，附于后，而总题曰《鲍溶诗集》六卷。①

《鲍溶诗集目录序》虽成于曾巩之手，文中则备述宋敏求鉴识的能力，既能详述考校之收获，又不掠夺他人之成果。至于公私藏书互有可采，在此篇中也都有所着墨。

12.《李白诗集后序》

《李白诗集》二十卷，旧七百七十六篇，今千有一篇，杂著六十篇者，知制诰常山宋敏求字次道之所广也。次道既以类广白诗，自为序，而未考次其作之先后。余得其书，乃考其先后而次第之。②

宋敏求能广为收辑李白的诗作，已经有功于古人。曾巩则在此基础上，依照制作的先后，予以排列，更方便后人研读。

四、曾巩的目录学成就

从曾巩在各篇目录序的文字中，可知他在承担编校史馆文字的职务时，不只是依据《崇文总目》的既有资料，以及当时朝廷四馆所藏图书之既有基础，来从事考订工作而已。他忠于职守，多方访求，决不放过

---

① 〔宋〕曾巩：《鲍溶诗集目录序》，《曾巩集》卷十一，第192页。
② 〔宋〕曾巩：《李白诗集后序》，《曾巩集》卷十二，第193页。

任何可资比对的资料，这种认真执着的情怀令人感佩。诸如"臣访之士大夫家""臣从士大夫间得之""臣书有目录一篇，以考其次序""史馆书五卷，总二百篇。欧阳氏书无卷第，才百余篇。然其三十三篇，史馆书所无，今别为一卷，附于后""今千有一篇，杂著六十篇者，知制诰常山宋敏求字次道之所广也"等等。

目录学重视考镜源流与学术之彰明，曾巩十二篇"目录序"，同样对各书的流布与篇帙之大概，作详略不等的叙述，却各自呈现不同的面貌。然而曾巩并非只在文字之间强作变化，他总是就书籍本身探讨其保存与流传的情形。正因为曾巩经由仔细校雠，通过亲身的感受陈述出来，而表现在文章之间，自有其波澜变化的趣味。

至于随附在书籍源流之后的议论，曾巩更充分地就各书相关的学术源流，及其著作的得失成败作深度讨论，标记了各书的价值。这样深入的成果，在曾巩文集中仅仅保存了如此十二篇而已，不免令人因其数量偏少而感到遗憾。

因为曾巩的态度如此严谨，从此学者从事图书目录的解题，就有成例可以依循。时至南宋，晁公武的《郡斋读书志》、陈振孙的《直斋书录解题》都是追随曾巩此法，而获致极大成效。然而借由目录学做叙录，还必须等到《经义考》《史籍考》《小学考》《四库全书总目提要》等书出现，或以朝廷之力汇集全国之精英，或穷尽一人毕生之能力，才有进一步的开展。

总之，北宋时期，刘向《别录》失传已久，前贤的辉光无从再见。当时的《崇文总目》虽有"解题"，却仍未进而详细考订。至于宋朝以前的目录学著作，都还只是属于草创阶段，无法作为叙录书籍的典范，致使当时的公私机构，纵使能以藏书夸富者，也难以透过简明的目录，使其富藏的图书精髓，能够为广大的社会人群所共享。所以欧阳修虽以藏书万卷称绝于当时，因而有"六一居士"的雅号，千古以来传为美谈，可惜藏书没有详缜著录,仅在郑樵《通志·艺文略》中留下《欧阳参政书目》的书名而已。① 实有其书,却难以窥见其全部面貌之一斑,终究是无从弥补的遗憾。曾巩致力于目录序的撰作,对于所面对的历史文化财富,以缜密珍惜的心态,作好积极的整理,其所获致的成就,允称冠绝一时,非常值得后人推崇。

第四节　曾巩与《英宗实录》

治平四年(1067)曾巩的季弟曾肇中进士,这时曾巩的手足兄弟,除了早逝的长兄曾晔之外,都已经列名进士,真可谓极一时之盛。古人家门吉庆,很少超过这样的规模。作为兄弟间榜样的曾巩,隔年就被拔擢为替先皇帝撰写实录的历史性职务,更是喜上加喜。曾巩的文集中有焚告文三通,应该都要系年于此。

一、奉诏编修实录

宋神宗熙宁元年(1068),曾巩仍在京师担任集贤校理,兼判官告院,负责编校史馆书籍。正月丁酉日,朝廷下诏编修《英宗实录》。曾巩随即奉派参与此一任务。

王应麟《玉海》卷四十八云:"熙宁元年正月二十四日(一云二月丁酉),诏以宰相曾公亮提举,吕公著、韩维、王安石修撰,孙觉、曾巩检讨。"② 诏命在丁酉日下达,时间是正月二十四。修史一事是曾巩平生志

---

① 《四库全书总目提要》卷八十五:"郑樵作《通志》二十略,务欲凌跨前人,而《艺文》一略,非目睹其书则不能详究原委。"(见〔清〕纪昀总纂:《四库全书总目提要》卷八十五,第2214页。)遂以中秘图书难以借由目录窥见其全貌,而全部刊去有关"解题"的部分,仅存书名而已。自我设限,不智之极。
② 〔宋〕王应麟:《熙宁英宗实录》,《玉海》卷四十八,《四库全书》本。

业所在，欣幸之情，洋溢在字里行间。《英宗实录院谢赐御筵表》中云："伏蒙圣慈，以臣等编修英宗皇帝实录，今月十四日开局，赐臣等御筵者。"①曾巩奉诏修史之后，从筹设之初一直到设馆开局，有《谢实录院赐研纸笔墨表》《英宗实录院申请札子》等文，处处都显见其勤勤恳恳、勠力从公的事实。

这段史官经历很短，曾肇《子固先生行状》云："尝为英宗实录检讨官，不逾月罢。"②朱熹《年谱后叙》云："熙宁初诏开实录院，论次英宗皇帝时事，以公与检讨，一月免。"熙宁二年（1069），曾巩离京出任越州通判前，若仍在实录院任职，则其实录检讨官当然随之解职。离京时馆阁同舍照例饯别送行，苏轼还留有《送曾子固倅越得燕字》的名篇，诗云：

> 醉翁门下士，杂遝难为贤。曾子独超轶，孤芳陋群妍。昔从南方来，与翁两联翩。翁今自憔悴，子去亦宜然。贾谊穷适楚，乐生老思燕。那因江鲙美，遽厌天庖膻。但苦世论隘，聒耳如蜩蝉。安得万顷池，养此横海鳣。③

可知曾巩离京之前，仍旧在史馆任职，辞去《英宗实录》检讨官的原因与他个人的得失显然没有关系。唯从诗中"翁今自憔悴，子去亦宜然"观之，可知曾巩去职，与欧阳修出知亳州或许正是同样的职场调动，

---

① 或以为"今月十四日"，应系"正月二十四日"之误，俟考。
② 〔宋〕曾肇：《子固先生行状》，《曲阜集》卷三，《四库全书》本。按：李震《曾巩年谱》"熙宁元年"条："正月，诏修《英宗实录》，与孙觉充检讨官。……未几，罢检讨。"又，"熙宁二年"条："为英宗实录检讨官……不逾月，罢《英宗实录》检讨。"一书之中，同一事"罢检讨"而先后两年重复出现，抵牾殊甚。
③ 〔宋〕苏轼：《送曾子固倅越得燕字》，《苏轼诗集》，第245—246页。按：查慎行《苏诗补注》卷六，《送曾子固倅越得燕字》下附注："熙宁三年内，送到曾巩诗简。曾巩，字子固。是年准敕通判越州。临行，馆阁同舍依旧例饯送。众人分韵，轼探得'燕'字，作诗一首，中云：'但苦世论隘，聒耳如蜩蝉'，讥讽近日朝廷进用，多刻薄之人，议论褊隘，聒喧如蜩蝉之鸣，不足听也。"

则治平四年三月由钱藻接实录院检讨职而回任史馆编校，到熙宁元年一月倅越，都是可能的时间点。

二、参与编修官员

《英宗实录》由曾公亮领衔修撰，《宋史·艺文志》即言："《英宗实录》三十卷，曾公亮等修。"《英宗实录》由曾公亮主司其事，于熙宁二年（1069）七月廿五日完成并领衔献表进呈，《宋史·神宗纪》载："（熙宁二年七月）己丑……曾公亮上《英宗实录》。"同日，有答诏，《宋大诏令集》卷一百五十载《曾公亮表进〈英宗实录〉答诏》，署"熙宁二年七月乙丑"。①

但是，列名参与修撰者，却有不同的记载。

晁公武《郡斋读书志》卷六云："熙宁元年正月（一云：二月丁酉），诏公亮提举，吕公著、韩维修撰，孙觉、曾巩检讨。"王应麟《玉海》卷四十八："熙宁元年正月二十四日，诏以宰相曾公亮提举，吕公著、韩维、王安石修撰，孙觉、曾巩检讨。"②两条宋人记载都有曾巩参与实录的编修，所不同者，其一有王安石，其一则无而已。

王安石《乞免修实录札子》云："臣准合门报敕，差臣与吴充同修英宗皇帝实录。窃缘臣与吴充为正亲家，虑有共事之嫌。今来实录院止阙吕公著一人，臣于讨论缀缉，不如吴充精密。若止差吴充一人以代公著，自足办事。伏望圣恩详酌指挥。所有敕牒，臣未敢受。"③王安石因为与吴充有密切的亲属关系，而请辞实录院修撰官，但是王安石退出修撰实录一事并未成为事实。《文献通考·经籍考》卷一百九十四著录《英宗实录

---

① 刘埙《年谱后序》："盖熙宁初诏开实录院，论次英宗皇帝时事，以公与检讨，一月免。"（见〔元〕刘埙：《隐居通议》卷十四，《四库全书》本。）
② 《玉海》原注："一云：二月丁酉。然二月朔为甲辰，则是月无丁酉。此丁酉为正月二十四日。"
③ 〔宋〕王安石：《乞免修实录札子》，《临川先生文集》卷四十二，第450页。

三十卷》，除前述晁公武《郡斋读书志》的资料以外，又记熙宁元年"三月又以钱藻检讨，四月又以王安石、吴充为修撰"①。

《名臣碑传琬琰之集》下集卷十《吕正献公公著传》云："熙宁元年修《英宗实录》，转礼部侍郎知开封府。"则王安石、吴充出任实录院修撰官，应是递补吕公著的缺额。实录院系临时编制，并无固定员额，进退递补不必循常例，也就不必有明确的等员递补关系。曾巩若在三月离职，钱藻就是填补曾巩检讨职的空缺。

《宋史·神宗纪》载："(熙宁二年二月)庚子，以王安石参知政事。命翰林学士吕公著修《英宗实录》。"则王安石从熙宁元年四月至此时，参与修撰《英宗实录》为期大约十个月。

《名臣碑传琬琰之集》上集卷八载李清臣《王文恭公珪神道碑》云："(王珪)修仁宗、英宗实录及正史，多所刊定，意足而无长语。"王珪参与修撰《英宗实录》的任务，现存史料亦无法佐证。②

宋陈均《九朝编年备要》卷十八"熙宁元年八月"条记："孙觉罢。"

---

① 〔元〕马端临：《英宗实录三十卷》，《文献通考》卷一百九十四，《四库全书》本。
② 陈均《九朝编年备要》卷二十一："(元丰四年)九月，《续会要》成。初，仁宗时，自建隆修至庆历四年，凡百五十卷。熙宁初，王珪请续之，凡十二年乃成，止熙宁十年，通旧增益成三百卷。"(见〔宋〕陈均：《九朝编年备要》卷二十一，《四库全书》本。以下所引《九朝编年备要》皆依此版本。)又，《续资治通鉴长编》卷三百十五："元丰四年八月庚申·史馆修撰曾巩兼同判太常寺"条："王珪曰：'近修《唐书》，褒贬亦甚无法。'"则王珪与修《唐书》史馆修撰曾巩条云：宋庆历四年至熙宁十年修《续会要》均系事实，李清臣或误书。

这是《英宗实录》在成书之前，史书中所记离京外补的相关官员。① 孙觉之所以会出任越州通判，实与他奏论邵亢有关。② 后来，邵亢罢官，居然被安排出知越州，成为孙觉的长官。宋朝官制中有回避之法，孙觉为回避邵亢，反而取得回京的机会，继任通判者正是曾巩。由此可知，曾巩离京应在熙宁二年春天。

三、罢实录检讨官

实录之修撰，责任固在史官，而其内容系环绕在皇帝身边的大小事务，往往触及统治者的忌讳，有关材料的取舍，人物的臧否，更常常发生争论，甚至于衍为政争，导致实录会有一再重修的事实。宋朝太宗、哲宗、徽宗、孝宗、光宗五朝实录都有再修的记录，太祖、神宗两朝甚至四修、五修。所以自宋朝开国以至理宗，十四朝皇帝却有实录二十种以上，蔚为奇观。皇室内部对于如何在诸多禁内事务中选择而加载国史的态度，往往就是实录重修的主因。

---

① 陈均《九朝编年备要》卷十八"熙宁元年八月"条："时枢密副使邵亢，在位无补益。觉为谏官，论亢不才，并疏中丞滕甫贪污颇僻，不报。亢引疾辞位。上优容之。觉又荐陈升之代亢。诏：'觉不当引大臣降官。'觉言：'谏官虽微，亦预谋王断国，与人主、宰相别白贤不肖于造膝之间，所从来久矣。且去岁有罚金御史，今兹有贬秩谏官。'遂请补外。上初谕执政，降觉官，差遣仍旧。执政曰：'谏官有出外，无降官之理。'上曰：'但与降官，他自住不得。'"则孙觉罢职，与其实录院事无关。又，《续资治通鉴》卷六十六："四月癸亥，以孙觉为右正言、同知谏院""七月辛巳，孙觉责授太子中允，仍知谏院""八月壬寅，同知谏院孙觉既降官，累章求出，不许""乃出觉通判越州"。（见〔清〕毕沅撰，标点续资治通鉴小组点校：《续资治通鉴》卷六十六，中华书局，1957年，第1622、1625、1627页。以下所引《续资治通鉴》皆依此版本。）这里所列的孙觉事迹，都与编修实录无关。
② 《续资治通鉴》卷六十六"七月辛巳"条："先是陈升之登对，帝面许擢置中枢。而觉相继登对。帝因与言，升之宜居宥密，邵亢不才，向欲使守长安，而宰相以为无过。时升之已有成命，而觉不知。退即上言，宜使亢知永兴，升之为枢密使。帝以觉为希旨收恩，故责之。觉又言，滕甫贪污颇僻，斥其七罪。帝不信，以觉疏示甫。甫谢曰：'陛下无所疑，臣无所愧，足矣。'"又，"十二月辛酉"条："(邵)亢在枢密逾年，无大补益，帝颇厌之。至是，引疾求去。遂出知越州。"（见〔清〕毕沅撰：《续资治通鉴》卷六十六，第1625、1632页。）

景祐二年（1035）春，仁宗领养濮王赵允让之子，赐名曙，却一直到嘉祐七年（1062）才立为皇太子。嘉祐八年（1063）三月二十九日，仁宗去世。四月，赵曙即位，是为英宗。英宗有贤孝之名，然甫登基，忽然得病，言语失序。韩琦、欧阳修等人建议由太后垂帘听政。由于政权尚未稳定，左右交谮，英宗与太后之间产生嫌隙。治平元年（1064）五月，英宗病体稍瘥，曹太后撤帘还政。治平二年（1065）起，又有"濮议"之争。治平三年（1066）十一月，英宗病重，无法言语，次年一月八日崩。英宗在位期间，重用前朝老臣，由于宰相韩琦勇于担当，朝政还能运作如常。除此之外，可以说是纷纷扰扰，乏善可陈。尤其是在皇室内部，难免有许多不足为外人道的秘辛。

这时，曾巩却大张旗鼓，一切依照严正的史实规格，搜罗各种第一手史料，做撰写《英宗实录》的准备，此举与皇室的观点差异极大。所以皇室内部对史事的忌讳，很可能是曾巩罢职的最重要因素。

曾巩先后得到曾公亮、欧阳修等人的推荐，在史馆任职。等到神宗皇帝即位之后，治平四年（1067）三月，欧阳修就以观文殿学士、刑部尚书出知亳州。九月，韩琦罢相，以吕公弼为枢密使，张方平、赵抃同为参知政事。一连串的职务调动，也许是因为新皇帝有心创制，遂从改变朝廷重臣的结构做起。这时王安石已经奉召入京为翰林学士，四月乙巳越次入对，进呈《本朝百年无事札子》，成为后来变法行动的先声。

《曾巩集》卷三十二有《代曾侍中辞转官札子》《代曾侍中乞退札子》等，都不免透露朝政变动的气息。同时，他与曾公亮密切互动的事实，也都不言而喻。曾巩的任官态度，一直偏向保守稳健，很可能受到朝堂政治强烈激荡的波及，遂决意离开实录院。

《宋史·王安石传》："（神宗）甫即位，命知江宁府。数月，召为翰林学士兼侍讲。熙宁元年四月，始造朝。"①陈均《九朝编年备要》卷十七载："(治平四年)冬十月开经筵。侍讲王安石因讲《礼记·杂记》者之非是。上以为然，诏勿讲。"可知王安石在治平四年十月间应已抵达京师，未尝迁延。

曾、王二人早年过从甚密，愈到后来，彼此意见不同愈发明显。王安石为翰林学士，请求坐讲，曾巩不以为然，于是著《讲官议》阐述反对意见。曾巩《过介甫》诗云：

> 日暮驱马去，停镳叩君门。颇谙肺腑尽，不闻可否言。淡尔非外乐，恬然忘世喧。况值秋节应，清风荡歊烦。徘徊望星汉，更复坐前轩。②

对两人之间缺乏交集的无奈，已经淡淡呈现。而《过介甫归偶成》，就更清楚地把两人龃龉的实情写出，其诗云：

> 结交谓无嫌，忠告期有补。直道讵非难，尽言竟多迕。知者尚复然，悠悠谁可语？③

前诗有"秋节应"之语，作诗时间应是熙宁元年秋天。而此诗元刻本、章校本题下均有小字"熙宁初"，应该正是作于此时，亦即王安石初任朝政时节。

曾、王二人虽深交已久，这时总算有机会同朝为官，却因为政见相左，曾巩竟不能免于抱有"直道多迕"的遗憾。王安石赴京师荣膺翰林学士清望高职，与神宗皇帝似有相当默契，所以敢于直接向皇帝争取讲官的权利。曾巩的劝诫变成不识时务，从此也就埋下曾巩离开京城的种子。

---

① 〔元〕脱脱等撰：《宋史》卷三百二十七《王安石传》，第10543页。
② 〔宋〕曾巩：《过介甫》，《曾巩集》卷四，第63页。
③ 〔宋〕曾巩：《过介甫归偶成》，《曾巩集》卷四，第63页。

曾、王二人在实录院的一出一进，其间的互动关系与各种环境的变化，必然对曾巩造成冲击。熙宁二年（1069）初，曾巩远赴外州任职，虽然未必种因于此，只怕其间不无关系。王安石在京期间，曾巩未尝作还朝之计。直到熙宁九年（1076）六月王安石因其子王雱之死，绝意朝政，归江宁隐居之后，曾巩才多次上表请回。从此或可以了解，二人的交谊确有波折，而熙宁初年的争执应属关键。然而，两人之间情谊并未至于完全决裂。闻王雱逝世，曾巩作《祭王元泽文》深致哀悯。尤其是元丰六年（1083），曾巩持母丧过金陵时节，王安石登船吊唁。这时，曾巩已卧病，王安石常入其卧室探视，直至曾巩逝世。① 故知"君子交绝不出恶声，以道义相期而已"，待到云过天青，又回复原来光景，曾、王二人的交往，正应如此评价。

四、编修实录的经验

1. 编撰实录的意义

从嘉祐五年（1060）经欧阳修荐举以后，曾巩一直担任平淡悠闲的史馆职务。数年之间，困居史馆，乏善可陈，使他为政泽民的思想难以落实。《续资治通鉴》卷六十六载，宋神宗熙宁元年（1068）正月丁酉日，朝廷下诏编修《英宗实录》。这时曾巩得宰相曾公亮推荐，出任实录检讨官，参与编撰《英宗实录》的相关工作。

奉命承担编撰《英宗实录》的责任，曾巩实在是抱着诚惶诚恐的心情，亟盼能有优秀表现。高似孙《史略》卷三云："实录之作，史之基

---

① 叶梦得《石林燕语》卷十："曾子先持母丧过金陵（廷瑨案：曾子先似应作曾子宣），公（王安石）往吊之。登舟，顾所服红带。适一虞候挟笏在旁，公顾之，即解易其皂带入吊。既出，复易之而去。"时曾巩、曾布、曾肇同持母丧自京师而归，过金陵。曾纡《南游记旧》："南丰先生病中，介甫日造卧内，邸报蔡京召试，介甫云：'他如何做得知制诰？一屠沽耳。'又云：'除修注告词，是子固行当，待便当论缴。'时南丰已疾革，颔之而已。"曾纡，曾布之子。

也。史之所录，非藉此无所措其笔削矣！"①

编修实录，始见于萧梁时期。②唐宋时，在当朝皇帝崩殂以后，新皇帝即位时，诏修前一朝皇帝的实录，已经成为固定的模式。南宋人唐士耻就认为："实录显于有唐，每先纪传之作。"③宋朝修撰实录，参考前代的经验，以当朝日历为基础，对照宗正寺玉牒、两府时政记等资料，并调阅各级官署之文书档案及臣民私家所存记录、史料。是以编年系事的形式，记一朝重要事迹，并附有臣僚之传记，可以说是对一朝史料作总整理的工作。后人取各朝实录，再补齐表志等史料，就可以编成一代正史。

在曾巩的文集中收录有《英宗实录院谢赐御筵表》，文中自称是"方次旧闻，已叨优礼。省循非称，惭负失容"。因为他认为承担此一任务的意义是：

> 伏以先帝功德之殊，将传后世；儒者文章之用，正在此时……此盖伏遇皇帝陛下永怀先烈，务广孝思……所惧不能名乾坤之至德，摹日月之大明。上以副陛下显亲之心，下以尽愚臣归美之志。④

《英宗实录》固然是英宗皇帝平生史料的汇整，也是负责修撰者表现其文字剪裁能力的机会。他必须把辞采之美恰当地表现出来，也必须把相关的政治经济成就适当地与英宗皇帝连结。这些都是修撰者在撰述实录的过程中，必须长存于心的任务与观点。

---

① 〔宋〕高似孙：《五代实录》，〔宋〕高似孙著，王群栗点校：《史略》卷三，浙江古籍出版社，2015年，第308页。
② 《隋书·经籍志》卷三十三，周兴嗣《梁皇帝实录》三卷，记梁武帝事；谢昊（《新唐书·艺文志》作谢昊）《梁皇帝实录》五卷，记梁元帝事。
③ 〔宋〕唐士耻：《代提举实录院进修孝宗皇帝实录表》，《灵岩集》卷二，《四库全书》本。
④ 〔宋〕曾巩：《英宗实录院谢赐御筵表》，《曾巩集》卷二十八，第426页。

2. 编撰实录的环境

《英宗实录院申请札子》这篇文章，非常完整地保存了曾巩从事修撰工作的全盘计划。他在序文中就提道：

> 伏以先帝功德之美，覆被天下，宜载方策，传之无穷。而未有日历，至于时政记、起居注，亦皆未备。今此论次，实忧疏略。其于搜访事迹以备撰述，尤在广博，使无阙遗。今取到修撰仁宗皇帝实录院行遣案卷看详，彼处累次陈情，乞搜探取借，应于合要照证文字前后条件。本院亦合如此施行，参详类次，作一并申请。①

宋朝官方史料的相关建置工作十分完备。宋太祖时已有时政记、日历的纂录，宋太宗开始编修起居注、实录、国史、玉牒等书，真宗、仁宗两朝又增加修撰宝训、圣政、会要等书的工作。曾巩在史馆任职时，各种官修史书的规模，几乎已经齐备。然而日久玩生，等到要汇整作为编撰实录的基本资料时，又往往残缺不全。英宗皇帝仅仅在位四年尚且如此，其余更可以想见。

曾巩以严谨的态度承接这项任务，面对相关史料的纷杂与缺损，自然是惶恐以对。他期望经由皇上的诏命，下达各机构为其提供史料，予以对照补正，以还原史实的全貌。

3. 编撰的准备工作

史书编纂完全凭借史料的汇整，所以曾巩期望通过皇帝的诏令，以最高的行政命令，要求各级官府依照其职务管辖的范围，就其权责的内容，提供各种相关的书面资料，作全面性的配合。曾巩在《英宗实录院申请札子》中，列举十六项工作要领，巨细靡遗，虽非后无来者，至少

---

① 〔宋〕曾巩：《英宗实录院申请札子》，《曾巩集》卷三十二，第474页。

空前完备。其内容是:

一,文臣少卿监以上,武臣正刺史以上,或虽官品未至,而事业勋绩可书,及丘园之士,曾经朝廷奖遇,凡在先朝薨卒者,例合于实录内立传。欲乞朝廷特降指挥,下铃辖诸道进奏院,遍行指挥,仍札付御史台、开封府,及审官院、三班院、流内铨、入内、内侍省、阁门出榜晓示,应系英宗朝亡殁臣僚,合立传者,并令供给行状、神道碑、墓志等,仰本家亲属限日近修写,疾速附递缴纳,赴实录院。

一,应先朝曾历两府两制杂学士、待制、台谏官,及正任刺史、阁门使,已上臣僚,或因赐对,亲闻圣语,或有司奏事,特出宸断,可书简册者,并乞付中书遍札送。已上臣僚,委令逐人速具实封供报,务要详悉,仍乞指挥进奏院,遍行指挥。应曾在先朝任上件官位,已经亡殁臣僚之家,亦许亲族编录,经所在官司缴进,不得虚饰事节,候到日并降付本院,以凭看详编修。所贵书成之日,免致疏略。

一,乞下中书枢密院,自嘉祐八年四月至治平四年正月已前,应有臣僚进献文字,曾送史馆,或留在中书,划刷名件,及下史馆,尽底检寻,降付本院。并宰臣与文武百僚,凡有奏请称贺上表,所降批答,亦乞检寻降下。

一,乞下两省及司封、兵部、吏部、甲库、学士、舍人院,据实录院所阙宣敕及诏书除目告词,如移牒暂借,使画时检寻报应,不得稽缓。

一,乞下礼宾院,具自嘉祐八年四月至治平四年正月八日已前,凡外蕃朝贡,所记本国风俗人物、道里土产,详实供报。

一,先朝臣僚,有得罪谴谪者,乞下御史台、审刑院、刑部、大理寺,据实录院所要案牍,画时供借。

一，乞下司天监，自嘉祐八年四月至治平四年，逐年具历日一本，供报当院。

一，乞下三司，令自嘉祐八年四月至治平四年正月八日已前，应虫蝗水旱灾伤，及德音赦书蠲放税赋及蠲免欠负，并具实数，供报当院。

一，乞下三司，自嘉祐八年四月至治平四年正月八日已前，应有制置钱谷税赋茶盐及榷酒等，凡干臣僚章疏论议废置事件，具录供报当院。

一，都水监河渠水利，凡有论议改更，礼部但系郡国所申祥瑞，贡院但干改更贡举条制，太常寺礼院但干礼乐制作事，三司户部每遇户口升降，已上官司，自嘉祐八年四月至治平四年正月八日已前，令子细检寻，供报本院，不得漏略。

一，天圣元年，管勾修真宗皇帝实录所奉修撰官李维等公文，其间有事迹不圆处，合系中书枢密院三司检寻应副。又缘事件不少，窃虑差去手分，不得到里面检寻，是致逐时不检，到照证事件，乞传宣中书枢密院，据李维等合要照证修撰事迹名件，令合行手分等，尽底检寻应副，免致有妨修撰。奉御宝批，依奏。治平元年，修仁宗皇帝实录院，亦奏合于中书枢密院检寻，合要照证事件，乞依天圣初体例施行，并乞差中书应奉国史文字堂后官魏孝先、枢密院修时政记主事刘孝先，候见当院书库官等，将到合要检寻事件，立便收接检寻应副。又曾乞差中书枢密院编文字官，及乞于三司、审刑院、大理寺属官内选差一员，各令应副检寻文字，今来本院合要中书枢密院检寻文字照证编修，欲乞依天圣、治平初体例施行。

一，乞下管勾往来国信所，契勘嘉祐八年四月至治平四年正月末以来，所差入国接伴馆伴官等，正官借官簿等册并语录，权借赴当院,照证修纂,仍不妨彼所使用。

一,乞下玉牒所,取英宗皇帝玉牒一本照会。

一,乞下中书编机房,合要嘉祐八年四月至治平四年正月八日已前,除改麻制文字照会。

一,本院但干修实录,于诸处检借文字,并须当职官员封记往还,疾速应付。

一,乞下尚书司封,疾速检借嘉祐八年四月至治平四年正月八日已前,中书除改百官官位姓名敕黄,照证修纂。①

文中把所有英宗皇帝在位期间,可能会牵涉到的一切公私文牍,作全面性的提示,务求作巨细靡遗的搜集。从此一端,就可以看到曾巩处理史料所秉持的审慎态度,以及任事时务求周详的性格。

五、《英宗实录》的成就

王明清认为,《英宗实录》实出于王安石之手。在他的《挥麈录·第三录》卷一之中云:"《英宗实录》,熙宁元年曾宣靖(公亮)提举。王荆公时已入翰林,请自为之,兼实录修撰,不置官属,成书三十卷,出于一手。"《挥麈录》类居小说,不足以单独作为凭据。"不置官属"就显然与事实不合。王安石得到神宗皇帝重用虽是事实,亦无法确证他独力完成《英宗实录》的编撰。

曾肇的《行状》"不逾月罢"之语,似乎过于夸饰在职时间之短,甚至文字极有可能存在出入。何况与曾巩同时在朝为官的林希、韩维二人所写的《墓志》与《神道碑》,对于曾巩任职史馆编撰《英宗实录》之时程及后续事宜,都未另作说明,可知曾巩赴越州之前,应该一直承担实

---

① 〔宋〕曾巩:《英宗实录院申请札子》,《曾巩集》卷三十二,第474—477页。

录的编撰工作才是。除非王安石以翰林学士参加修撰《英宗实录》，与曾巩同时在职共事时，两人各有坚持，导致曾巩请求离开编修实录的工作，就极有可能。

然而，在《英宗实录》修撰之初，曾巩投入甚多精力，《英宗实录院申请札子》这篇文章，就非常完整地保存了曾巩从事修撰工作的全盘计划。他借由事前的妥善规划，建立较为扎实的文献基础，这种史料的处理情形，符合良史的史学素养。史实俱在，不容怀疑。

挥别实录院后十二年之间，曾巩远去朝廷，游走中国，由越、齐，而襄、洪，而福、明，而徙亳，辗转七州，却仍以史学见称于士林，回朝之后不旋踵之间，终能"专典《五朝国史》"，则原先这段参与《英宗实录》的史馆经历，绝不会是毫无成绩可言。

《挥麈录·第三录》卷一云："东坡先生尝语刘壮舆羲仲云：'此书（《英宗实录》）词简而事备，文古而意明，为国朝诸史之冠。'"英宗皇帝在位四年之间，其实政局纷扰不断，而政治成就乏善可陈，幸而赖有名相辅佐。英宗崩殂之后，后人述《英宗实录》，则又有曾公亮的主导，有曾巩、王安石为之擘画、撰著，又有吕公著、孙觉、吴充、钱藻等人的参与。诸人虽然未必都是一时的顶尖人物，至少都可以算是当时豪杰；诸人在朝政稳定、气象正新的时代中，能够撰写出优异的著作，终究还是值得庆幸的事。

虽然《英宗实录》已经亡佚，但能有《挥麈录·第三录》中所述，拥有当代文豪苏轼的品题，评价甚高确系事实。其成就应非王安石一人而已，至少，曾巩曾参与修撰，还是与有荣焉的。元丰四年（1081），曾巩深获推崇，"以史学见称士类"而奉派修撰《五朝国史》。追溯曾巩留予宋神宗有关史学的良好印象，如果舍去《英宗实录》的经验，实在很难以其他理由作解释。

第五节 修撰《五朝国史》

宋朝政策以右文为主轴,不只是对文化人的重视和拔擢,从图书的搜罗到编纂,都有具体的事实和成就,超迈前朝。"宋朝四大书"(即《四库全书总目提要》所称述的《太平御览》《太平广记》《文苑英华》《册府元龟》)的编成就是著名事例。四部大书中,《太平御览》加载诸子百家,《太平广记》加载笔记小说,《文苑英华》加载历代文章,《册府元龟》则载入前朝史实。这四部大书中,除《册府元龟》是真宗朝所修之外,其余三部都是在太宗朝编修完成,对过去的文献资料都作了有效的搜罗。

宋朝历任皇帝也偏爱整理史料,编撰前朝实录、累朝国史,成果十分丰硕。最早是太宗雍熙四年(987)胡旦等奉诏修国史,咸平元年(998)又命宋白等修《太祖国史》,[①]然均未成书。真宗景德三年(1006)开始编次有关太祖、太宗《两朝国史》的资料。历经十年,在大中祥符九年(1016)《两朝国史》修撰完成。[②]仁宗天圣五年(1027),诏修《真宗国史》,天圣八年(1030)书成。于是又合并太祖、太宗两朝而为《三朝国史》。[③]自此宋代各朝皇帝从事本朝正史之修撰工作,已

[①] 两事见于《玉海》卷四十六、《东都事略·胡旦传》、程俱《麟台故事》残本卷三、陆游《老学庵笔记》卷三。
[②] 《玉海》卷四十六载其内容云:"凡百二十卷,目录一卷。帝纪六(太祖、太宗各三),志五十五(天文三、地理七、律历三、礼四、五行二、艺文七、乐三、职官九、河渠二、选举三、舆服三、食货六、兵三、刑法二),列传五十九(后妃一、宗室一、臣僚四十八、四夷九)。"
[③] 《续资治通鉴长编》卷一百九记载:"至是,修真宗史成,增纪为十,志为六十,传为八十,总百五十卷。"《文献通考》卷一百九十二著录有《三朝国史一百五十卷》,云:"计七百余传,比之三朝实录,增者大半。事核文瞻,褒贬得宜,百世之所考信云。"

经逐渐成为惯例,宋神宗在位期间,史籍编纂的成果,可以查知的部分,共计有:

即位之初(1067),司马光进呈《通志》八卷;

熙宁元年(1068),下诏编修《英宗实录》,次年修成;

熙宁十年(1077)五月,诏修仁宗、英宗《两朝正史》,①元丰五年(1082)六月修成;

元丰四年(1081)八月,司马光上《百官公卿年表》;②

元丰四年九月,王珪《续会要》成;③

元丰六年(1083)五月,《两朝宝训》成;④

元丰七年(1084)十二月,《资治通鉴》成。

可惜的是,神宗一朝尽管修治史书颇多,却只有司马光的《资治通鉴》传世,其余都已亡佚。其中神宗诏修《五朝国史》而终究未克成书,总成五朝要事,应是他在史部事业中最大的遗憾。

一、奉诏修史

宋神宗元丰元年(1078)七月,诏曾肇以集贤校理转殿中丞,兼修

---

① 《续资治通鉴长编》卷二百八十二载:"(熙宁十年五月)戊午,诏修仁宗、英宗两朝正史,命宰臣吴充提举;以龙图阁直学士、右谏议大夫宋敏求为修史。"苏颂同修史,王存、黄履、林希并为编修官。七月辛未,吴充、宋敏求等即进《纪草》二册。其后,刘攽、李清臣、刘奉世、曾肇、赵彦若、蒲宗孟、蔡卞等相继参与编修工作。元丰三年(1080)吴充罢相之后,王珪继任提举。元丰五年(1082)六月甲寅书成,凡百二十卷。《玉海》卷四十六载,《两朝正史》的内容包括"纪五卷,志四十五卷、传七十卷",完全依循《三朝国史》的体制。
② 《宋史》卷十六:"(元丰四年八月)辛巳,司马光、赵彦若上所修《百官公卿年表》十卷,《宗室世表》三卷。"
③ 陈均《九朝编年备要》卷二十一:"(元丰四年)九月,《续会要》成。初,仁宗时,自建隆修至庆历四年,凡百五十卷。熙宁初,王珪请续之,凡十二年乃成,止熙宁十年,通旧增益成三百卷。"
④ 陈均《九朝编年备要》卷二十一:"(元丰六年)五月,《两朝宝训》成。先是,王珪言:'天圣中,真宗正史成,别录《三朝宝训》,今当修《两朝宝训》。'乃诏林希修,至是进。"

国史院编修官。曾肇上书请求收回所授成命，他自认为"史学不如臣兄巩"①，但是没有被朝廷接受。元丰三年（1080）九月，曾巩在奉命从亳州移知沧州的途中，请求神宗召见。经过一番面谈，总算获准改在三班院任职。十月二十六日，还有赐对延和殿的机会，当即对皇帝提出许多军事、经费、选举、吏治方面的建议。②《曾巩集》中诸如《请令长贰自举属官札子》《请令州县特举士札子》《请西北择将东南益兵札子》《议经费札子》《请减五路城堡札子》《再议经费札子》等都是这时提出的报告。元丰四年（1081）曾巩奉诏担任史馆修撰，编纂《五朝国史》。③关于此事，林希《墓志》④有云：

> 四年，手诏中书门下曰："曾巩史学见称士类，宜典五朝史事。"遂以为史馆修撰、管勾编修院、判太常寺、兼礼仪事。近世修国史，必众选文学之士，以大臣监总，未有以五朝大典独付一人如公者。⑤公入谢曰："此大事，非臣所敢当。"上曰：

---

① 《续资治通鉴长编》卷二百九十，"元丰元年秋七月"条："知礼院、大理寺丞、集贤校理曾肇兼修国史院编修官。肇奏：'臣史学不如臣兄巩，乞回所授。'不听。"
② 曾肇《行状》云："遂留公京师。公亦感激奋励，欲有所自效。数对便殿，所言皆大体，务开广上意，上未尝不从容领纳，期以大任。"
③ 邵博《邵氏闻见后录》卷二十一："苏东坡既贬黄州，神宗殊念之，尝语宰相王珪、蔡确曰：'国史至重，可命苏轼成之。'珪有难色。又曰：'轼不可，姑用曾巩。'"（见〔宋〕邵博撰，李剑雄、刘德权点校：《邵氏闻见后录》卷二十一，中华书局，1983年，第167页。以下所引《邵氏闻见后录》皆依此版本。）
④ 见〔宋〕林希：《墓志》，《曾巩集》附录，第800页。
⑤ 《宋史》卷十六："（元丰四年七月）己酉，诏曾巩充史馆修撰，专典史事。"《续资治通鉴》卷七十六，"元丰四年七月己酉"条："诏曾巩充史馆修撰，专典史事。"《续资治通鉴长编》卷三百十四："田画作《王安礼行状》云：曾巩以文学称天下，在熙宁、元丰间，龃龉不用。王安礼荐于上，曰：'巩之词采足传于后，今老矣，愿俾修文当代，成一家言。'上曰：'公著尝谓巩行义不及政事，政事不逮文学。果然，无足为者。'安礼曰：'诚如其言，请取其最上者。'上乃用巩为史官。按：安礼此时以内翰知开封，未执政。"

"此用卿之渐尔！"①

《续资治通鉴长编》卷三百十四，元丰四年七月己酉，则记载：

> 手诏："朝散郎、直龙图阁曾巩素以史学见称士类，方朝廷叙次《两朝大典》，宜使与论其间，以信其学于后。其见修《两朝国史》将毕，当与《三朝国史》通修成书。宜与巩充史馆修撰，专典史事，取《三朝国史》先加考详，候《两朝国史》成，一处修定。"②

《续资治通鉴长编》较《行状》《墓志》《神道碑》为后出，却比其他公私史书先行于世，其删裁较少，所保存原始材料较多；衡量其用语语气及编辑体例，大约径行取自诏令，内容特别详备典雅。其中指出，此番朝廷所交付的任务，其主要内容是："修《两朝国史》将毕，当与《三朝国史》通修成书。"也就是说，在仁宗、英宗《两朝国史》尚未成书之日，宋神宗就已经有意取之并入《三朝国史》，使之通修成为一书，这就是最初修撰《五朝国史》的初步构想。

修撰《五朝国史》如果成功，未尝不是文化事业上的伟大成就。诏命中指示的撰著方法包括："叙次《两朝大典》"，就是目前正在修撰的《两朝国史》；"使与论其间"，就是参加其编辑工作，以期了解其过程与体例之细节；"以信其学于后"，是期望使前人的编撰经验为后来者所取法。显然神宗皇帝认为以现有的《三朝国史》和即将完成的《两朝国史》

---

① 曾肇《行状》："一日，手诏中书门下曰：'曾巩以史学见称士类，宜典五朝史事。'遂以公为修撰。既而复谕公曰：'此特用卿之渐尔！'近世修国史，必众选文学之士，以大臣监总，未有以五朝大典独付一人如公者也。故世不以用公为难，而以天子知人、明于属任之为难也。"韩维《神道碑》："四年，手诏中书门下曰：'曾巩史学见称士类，宜典五朝史事。'遂以为史馆修撰，管勾编修院，判太常寺，兼礼仪事。公入谢曰：'此大事，非臣所敢独当。'上谕：'以此特用卿之渐尔，毋重辞！'"
② 〔宋〕李焘：《续资治通鉴长编》卷三百十四，第7609页。

再作进一步统合，就可以修成《五朝国史》，成为一部旷世巨著。

二、编撰过程

元丰四年（1081）八月，曾巩回到他曾经任职的史馆。① 诏命在七月二十四日发布，正式就职则已经在八月以后，② 展开他所醉心的名山事业。奉诏初期，曾巩有《回人贺授史馆修撰状》云：

> 右巩启：误被上恩，进专史事，顾惭孤陋，曷称选抡。伏念巩齿发蚤衰，材资素薄。差池一纪，久流落于风波；推徙七州，浸沉迷于簿领。讵期皓首，获奉清光。拔于多士之中，宠以非常之遇。惟累朝之盛典，垂列圣之鸿名，宜得异能，使之实录。岂伊鄙钝，可尽形容。惧莫副于简求，方内怀于兢愧。敢意眷私之厚，特迁庆问之勤。矧奖饰之逾涯，俾夤缘而借重。其为感幸，难既敷陈。③

这篇文章表达他又惊又喜的感觉，以及对责任的认识，发愤要认真地面对这份责任的挑战。当时所有相关的公私资料，都特别注明，诏书中有"专典史事"的文字，④ 却都没有特别讨论其意涵。这时史馆忙着《两朝国史》的收尾工作，⑤ 神宗皇帝还下诏要求曾巩为《五朝国史》的编纂善作

---

① 《续资治通鉴长编》卷三百十五记载："（元丰四年八月）庚申，史馆修撰曾巩兼同判太常寺。"
② 曾巩《拟辞免修五朝国史状》云："臣去年（元丰四年）八月伏奉敕命，充史馆修撰，又奉圣旨专典史事……"（见〔宋〕曾巩：《曾巩集》卷三十五，第502页。）曾巩前后奉诏两通，盖诏命以七月二十四日下，曾巩奉命就职时间已在八月中。
③ 〔宋〕曾巩：《回人贺授史馆修撰状》，《曾巩集》卷三十七，第524页。
④ 《宋史·神宗纪》，《续资治通鉴长编》卷三百一十四，《续资治通鉴》卷七十六"元丰四年七月"条，又《拟辞免修五朝国史状》，各条所载皆相同。
⑤ 《续资治通鉴长编》卷三百二十七，"元丰五年六月甲寅"条："修《两朝正史》成一百二十卷。"所以这时"同史今已成书，写录进册将毕"。

规划。①显然宋神宗非常重视《五朝国史》，希望曾巩心无旁骛地完成全部任务。宋代各朝皇帝虽然都致力修史，依例都是以他职兼领，不设专职史官。曾巩以"史馆修撰"的身份"专典史事"的确是极优渥的荣宠。李心传谓"（本朝）自真庙以来，史馆无专官"②，却又指出，曾巩以史馆修撰"专典史事"是北宋唯一的特例，足以见曾巩所受的倚重之深。

八月中旬，曾巩接受职务以后，就有《申中书乞不看详会要状》要求排除杂务，专心撰写国史。十月二十八日，曾巩有《史馆申请三道札子》，则分别是议定国史的体式，请求收采名臣、高士事迹遗文，和有关宫禁中资料的整理等事务。他先行详细阅读《三朝国史》，十月十一日有《进太祖皇帝总序》③。当时《两朝国史》还没完成，④所以《五朝国史》还只是开始着手试写，不能算是正式纂修。

曾巩到职之后，神宗允许他自行选择工作的伙伴。于是在接受任命七天之后，曾巩荐举秀州崇德县令邢恕担任史馆检讨，以协助修撰《五朝国史》，这件事很快获得朝廷批准。⑤可是他荐举陈师道就不顺利。魏衍《后山集记跋》云："（陈无己）年十六，谒南丰先生曾公巩。曾大器之，遂受业于门。元丰四年，神宗皇帝命曾典史事，且谓修史最难，申敕切至。

---

① 《宋史·曾巩传》："帝以三朝、两朝国史各自为书，将合而为一，加巩史馆修撰，专典之，不以大臣监总，既而不克成。"王应麟《玉海》："四年七月二十四日己酉诏直龙图阁曾巩，素以史学见称士类，见修《两朝国史》将毕，当与三朝史通修成书。宜以巩充史馆修撰，专典史事。"
② 〔宋〕李心传：《史馆专官》，〔宋〕李心传撰，徐规整理：《建炎以来朝野杂记》甲集卷十，大象出版社，2019年，第167页。
③ 曾巩《进太祖皇帝总序》云："臣误被圣恩，付以史事。今月三日，延和殿伏蒙面谕，所以任属臣者，臣愚不肖，不知所处，是以蚤夜一心极虑。"（见〔宋〕曾巩：《曾巩集》卷十，第170—171页。）
④ 《续资治通鉴长编》卷三百二十七，"元丰五年六月甲寅"条："修《两朝正史》成一百二十卷。"
⑤ 《续资治通鉴长编》卷三百十五，"元丰四年八月丁卯"条："馆阁校勘邢恕为史馆检讨，从曾巩请也。"林希《墓志》："以五朝大典独付一人……因谕公，使自择其属。公荐邢恕，以为史馆检讨。"

曾荐（先生）为其属，朝廷以白衣难之。方复请，而（巩）以忧去，遂寝。"① 朝廷因陈师道尚未取得任官职的资格，所以并未予以同意。

孙觌云："秦会之②尝跋《后山居士集》云，'曾南丰辟陈无己、邢和叔为《英宗皇帝实录》检讨'……（南丰）还朝为中书舍人，才数月，丁母忧，忧未除而卒，是元丰四年也。按谢克家叙《后山居士集》：'元祐，苏东坡卒（按：此条有误。苏东坡卒于建中靖国元年），诸侍从荐无己，由布衣特起为徐州教授。'则无己之任，在南丰之殁七八年矣。南丰为检讨官不逾月，安能辟二公？自熙宁至元祐二十余年，陈无己始入仕，南丰墓木拱矣。会之乃抵牾如此！"③

曾巩荐举陈师道的事，南宋朱熹认为："广因举秦丞相教其子孙作《文说》，中说后山处。曰：'他都记错了。南丰入史馆时，止为检讨官。是时后山尚未有官。后来入史馆，尝荐邢和叔。虽亦有意荐后山，以其未有官而止。'"④《年谱后序》又有考："其说又以谓公为史官，荐邢恕、陈无己为《英录》检讨，而二子者受学焉，综其实不然。盖熙宁初诏开实录院，论次英宗皇帝时事，以公与检讨，一月免。岂公于是时而能有以荐士哉？其不然一也。恕治平四年始登进士第。元丰中用公荐，为史馆检讨，与修《五朝国史》，其事见于《实录》矣。为实录院检讨而与修《英录》于熙宁之初，则未有考焉，其不然二也。师道见公于江淮之间而受教焉，然竟公时为布衣，元祐中乃用荐起家，为郡文学。是公于史馆犹不得以荐之，况熙宁时，岂有检讨事哉！其不然三也。一事而不然者三，则公所以教恕者，其在元丰史馆之时乎？"⑤

---

① 〔宋〕魏衍：《后山集记跋》，曾枣庄、刘琳主编：《全宋文》第一百三十三册，卷二八七四，上海辞书出版社、安徽教育出版社，2006年，第217页。
② 秦会之，即南宋高宗时丞相秦桧。
③ 〔宋〕孙觌：《题秦会之跋后山居士集》，《鸿庆居士集》卷三十二，《常州先哲遗书》本。孙觌，字仲益，宋徽宗大观年间进士，历任翰林学士、户部尚书等官职。
④ 〔宋〕朱熹：《论文上》，《朱子语类》卷一百三十九，第3309—3310页。
⑤ 〔元〕刘埙：《年谱后序》，《隐居通议》卷十四，《四库全书》本。

陆游《老学庵笔记》卷七："秦会之跋《后山集》，谓曾南丰修《英宗实录》，辟陈无己为属。孙仲益书数百字诋之，以为无此事。南丰虽尝预修《英宗实录》，未久即去，且南丰自为吏属，乌有辟官之理，又无己元祐中方自布衣命官，故仲益之辨，人多是之。然以予考其实，则二公俱失也。南丰元丰中还朝，被命独修《五朝史实》，许辟其属，遂请秀州崇德县令邢恕为之。用选人已非故事，特从其请，而南丰又援经义局辟布衣徐禧例，乞无己检讨，庙堂尤难之。"①

刘克庄《后村诗话》卷三："秦会之常记，曾南丰辟陈后山为史属，且涂改后山史稿。世谓元无此事，乃秦谬误，殆以人废言也。按：魏衍为《后山集记》，明言元丰四年神宗命曾典史局，曾荐后山为属，朝廷以白衣难之。衍乃后山高弟，《集记》作于政和五年（1115），秦说有按据，非误。"②

以上说法，孙觌错误最多，曾巩"曾荐后山为属"系修《五朝国史》时。而元祐年间，苏轼方为中书舍人、翰林学士、知制诰等官。元祐二年（1087），苏轼始荐陈师道为徐州教授。曾巩卒于元丰六年（1083），则"无己之任"，亦非"在南丰之殁七八年"。

陈师道是曾巩弟子，写过《光禄曾公神道碑》，一向对曾巩推崇不已。曾巩荐举陈师道，是尽师长提携的善意。至于受到政治环境与年岁差距的限制，未能有更深的缘分，也是无可奈何的事。后山长存这份感念，只有化作挽词二首，表达他的心意："早弃人间事，真从地下游。丘原无起日，江汉有东流。身世从违里，功名取次休。不应须礼乐，始作后程仇。""精爽回长夜，衣冠出广庭。勋庸留琬琰，形像付丹青。道丧

---

① 〔宋〕陆游撰，李剑雄、刘德权点校：《老学庵笔记》卷七，中华书局，1979年，第88页。以下所引《老学庵笔记》皆依此版本。
② 〔宋〕刘克庄：《后村诗话》卷三，《四库全书》本。

余篇翰，人亡更典刑。侯芭才一足，白首《太玄经》。"①又有《妾薄命二首》自注"为曾南丰作"，其词曰："主家十二楼，一身当三千。古来妾薄命，事主不尽年。起舞为主寿，相送南阳阡。忍著主衣裳，为人作春妍。有声当彻天，有泪当彻泉。死者恐无知，妾身长自怜。""叶落风不起，山空花自红。捐世不待老，惠妾无其终。一死尚可忍，百岁何当穷。天地岂不宽，妾身自不容。死者如有知，杀身以相从。向来歌舞地，夜雨鸣寒蛩。"②

八月中旬，曾巩撰有《申中书乞不看详会要状》，曾巩认为可以不参与修订《两朝国史》，有关《会要》的琐事也请豁免：

> 今来所修《会要》，计三百卷。修纂以来，经涉十有余年，编修等官，已更六人。限至秋季末成书，即今已是八月中旬……不独于巩以旬月而求就十有余年之功；又复于巩已于国史，是以一人而冒众材之任，惧不克堪。③

朝廷告知曾巩可以不必与修《两朝国史》，却没同时豁免《会要》的相关事务。这其实可以理解。历来官府编纂各种图书，不问参与时间的长短，不问奉献精力的多寡，书成之日所有在职人员一律可以留名其中。《会要》"限至秋季末成书"，立刻可以坐收其名，而且《会要》果然在这一年九月宣告完成。但曾巩却持不同看法：

> 某若依限修进，不惟须合考求首尾，参详得失，仍更并须

---

① 〔宋〕陈师道：《南丰先生挽词二首》，〔宋〕陈师道撰，任渊注，冒广生补笺，冒怀辛整理：《后山诗注补笺》卷一，中华书局，1995年，第27—28页。以下所引《后山诗注补笺》皆依此版本。
② 〔宋〕陈师道：《妾薄命二首》，《后山诗注补笺》卷一，第4—6页。按：蔡正孙《诗林广记·后集》卷五："谢叠山云：'元丰间，曾巩修史，荐后山有道德、有史才，乞自布衣召入史馆。命未下而曾去，后山感其知己，不愿出他人门下，故作《妾薄命二首》。巩，南丰人，欧阳公之客。后山尊之，号曰南丰先生。'"
③ 〔宋〕曾巩：《申中书乞不看详会要状》，《曾巩集》卷三十四，第494页。

检寻文字，照据其间，恐合更有更改损益……纵使容巩添展期限，缘累朝典章，本末闳大，不同小小文字，自顾材力实不能兼。①

曾巩所要的不是挂在史书上的虚名，他一旦参与就要切切实实地"参详得失"，要把任务承担起来。经过大致估算，"缘累朝典章，本末闳大"，他认为时间与精力都不足以做到自己所预期的。与其空挂虚名，不如选择退出。

宋神宗时修撰《两朝国史》即将完成，统合已有的《三朝国史》，就有二百七十卷的现成资料，交付予当时有能文之名的曾巩，再扩充为三百卷以上的大书自是轻而易举。然而宋神宗对修史，其实也有许多意见。在《续资治通鉴长编》卷三百十五"元丰四年八月庚申"条，曾巩接受史馆修撰诏命，附录有以下文字：

> 上曰："修史最为难事，如《鲁史》亦止备录《国史》，待孔子然后笔削。司马迁材足以开物，犹止记君臣善恶之迹，为实录而已。"王珪曰："近修《唐书》，褒贬亦甚无法。"上曰："唐太宗治僭乱以一天下，如房、魏之徒，宋祁、欧阳修辈尚不能窥其浅深，及所以成就功业之实。为史官者，材不足以过其一代之人，不若实录事迹，以待贤人去取褒贬尔。"②

曾巩自幼就有著述的宏愿，投身史馆写作史书就是他的原始企盼。而撰述史书，以发挥褒善惩恶的功效，更是他长期身为良史的心愿。只

---

① 〔宋〕曾巩：《申中书乞不看详会要状》，《曾巩集》卷三十四，第494页。
② 〔宋〕李焘：《续资治通鉴长编》卷三百十五，第7619页。按：李焘长于史料，然此段文字置之于此，疑非是。曾巩受诏命，神宗皇帝即先以此告诫，不必辗转由王珪告知，于理不合。王珪时为宰执，元丰五年六月甲寅王珪上《两朝正史》。君臣论史，间或提及《五朝国史》废修，当置于其时。

是君臣二人对史事的实录与褒贬都有各自的意见，难免会有差异。

三、元丰改官制

曾巩编纂《五朝国史》期间，对其造成干扰的特殊因素是"元丰改官制"之事。曾巩奉旨修撰《五朝国史》的官位是"以为史馆修撰、管勾编修院、判太常寺、兼礼仪事"。"管勾"就是担任主管。"编修院"是在宋朝初年建置，专门掌理国史、实录及修撰日历等职事，是实际进行史籍与史料编纂工作的机构。曾巩担任这项主管工作，真是得其所哉。没多久，却遇到"元丰改官制"①。

《续资治通鉴长编》卷三百二十"元丰四年十一月"条载："是月，废编修院入史馆。"②"编修院"被裁并，就不能再"管勾"。不再担任官署主管，职位的重要性大打折扣，曾巩却依然勤力执行职务。《续资治通鉴长编》卷三百二十三"元丰五年二月十五日丁卯"条载，曾巩上言："欲乞诏谕典客之臣，问：'……其后何以能复其国？……尝传几君？……王建之所以兴者何繇？……'如其言可论次，足以补旧史之阙。"③《续资治通鉴长编》所叙述文字，与《请访问高丽世次札子》大致相同，可见曾巩仍然担任史馆修撰，仍在采集用以撰写《高丽传》的史料。

元丰五年（1082）四月丙子，曾巩与陆佃同时被拔擢为中书舍人。在陆佃《陶山集》卷七收有《谢中书舍人表》，并附自注："元丰五年四月，时官制初行，告报奉圣旨并不许辞。佃与巩皆就职。"可知在元丰改官制期间，因为官员的调动改派频繁，有待补充撰写诏命制辞的人力，

---

① 《宋史》卷十六："（元丰三年）六月戊戌，诏省宗室教授，存十三员。丙午，诏中书详定官制。罢兵部勾当公事官……壬子，诏罢中书门下省主判官，归其事于中书。……九月乙亥，正官名。以开府仪同三司易中书令、侍中……详在《职官志》。……五年四月癸酉，官制成。"元丰三年始改官制，元丰五年方告完成，前后跨越三年。
② 此条未记日期，有附注云："此据元祐五年十月十三日尚书省言。"
③ 曾巩另有《请访问高丽世次札子》《高丽世次》（均见《曾巩集》卷三十一）。

于是紧急抽调曾巩和陆佃。诏命中特别强调"告报奉圣旨并不许辞",还"赐章服",给予优渥荣宠。

《续资治通鉴长编》卷三百二十五载:"(元丰五年四月)丙子……曾巩……并试中书舍人。……戊寅罢修《五朝史》。"① 林希所撰的《墓志》记载:"五年四月正官名,擢拜中书舍人,赐紫章服,始受命,促使就职。"②《曾巩集》卷三十四《辞中书舍人状》题目下也自注:"阁门告报有旨,更不得辞免。不曾上。"而文中有"属之史事,已惧瘝官"的文字,可知在此之前,他仍在史官的职位上。

曾巩制辞文字十分典雅,辞约义尽,神宗极为赞赏,③ 也算是弥补了他不能在史籍方面多作贡献的遗憾。大约在此之前,曾巩有《拟辞免修五朝国史状》。这篇既为"拟辞",可知并没有呈献给朝廷。

曾巩后又改任为延安郡王笺奏,脱离史馆事务的纠葛,《行状》云:"在职百余日,不幸属疾。"④ 在这一时期的文章中,他经常提到自己衰颓老病的状况,于是因病请假休养。九月,后母朱氏逝世,曾巩丁忧服丧返乡。元丰六年(1083)四月丙辰,曾巩在返乡途中与世长辞。

四、罢修原因

曾巩罢修《五朝国史》的原因众说纷纭,有传闻认为是因《进太祖皇帝总序》内容不妥与徐禧的阻挠,然而依事件时程则未必尽然。

---

① 又《续资治通鉴长编》卷三百十七,"元丰四年十月甲子"条下附注:"五年四月二十八日罢修《五朝史》。"
② 曾肇《行状》:"会正官名,擢中书舍人,不俟入谢,使谕就职。"韩维《神道碑》:"五年,大正官名,擢拜中书舍人,赐三品服。"
③ 曾肇《行状》:"时自三省至百执事,选授一新,除吏日至数十人,人人举其职事以戒,辞约义尽,论者谓有三代之风,上亦数称其典雅。"韩维《神道碑》:"时除授日数十百人,公各举其职以训,丁宁深厚,学者以为复见三代遗风。今天子为延安郡王,其笺奏,故事命翰林学士典之。先帝特以属公。"林希《墓志》:"时自三省至百执事,选授一新,除吏日至数十,人人举其职事以戒,上数称其典雅,天下翕然传之。"
④〔宋〕曾肇:《行状》,《曾巩集》附录,第795页。

1.《进太祖皇帝总序》的影响

曾巩着手编纂《五朝国史》，从撰写太祖皇帝的事迹开始。《续资治通鉴长编》载曾巩《进太祖皇帝总序》于卷三百十七元丰四年十月十一甲子日，这是《元丰类稿》中，唯一属于《五朝国史》的成果。当时及后人对这篇文章屡有褒贬的争议，甚至有人认为这篇文章就是《五朝国史》编纂工作半途而废的主因。邵博的《邵氏闻见后录》[①]和陆游的《老学庵笔记》[②]都把《进太祖皇帝总序》和曾巩罢去史官职务相关联，认为《进太祖皇帝总序》写成之后，对《五朝国史》的后续工作，影响甚大。其中邵博《邵氏闻见后录》所录"巩为检讨官"应有误，因为呈《进太祖皇帝总序》时，曾巩实为史馆修撰。

《玉海》卷四十六"元丰修《五朝史》"条云："十一月[③]，巩上《太祖总论》，不称上意。五年四月遂罢修《五朝史》。"从进呈《进太祖皇帝总序》到罢官，其间达半年之久，宁有是理？

《续资治通鉴长编》卷三百二十五，"元丰五年四月戊寅"条载："罢修《五朝史》。"附论云："先是，曾巩上《太祖本纪篇末论》，所论事甚多，而每事皆以太祖所建立胜汉高祖为言。上于经筵谕蔡卞[④]曰：'巩所著乃是太祖、汉高孰优论尔。人言巩有史材，今大不然。'于是罢巩修《五朝史》。"《续资治通鉴长编》并有注云："此据巩上《神宗宝训》[⑤]，宇文粹中所编者，当考。《太祖篇末论》乃四年十月十一日。"

《续资治通鉴长编》处理史料较《玉海》更为精审，相关时间的掌握

---

① 邵博《邵氏闻见后录》卷二十一云："巩为检讨官，先进《太祖总论》，已不当神宗之意，未几罢去。"
② 陆游《老学庵笔记》卷七云："南丰元丰中还朝，被命独修《五朝史实》……会南丰上《太祖经叙论》，不合上意。修《五朝史》之意浸缓。未几，南丰以忧去，遂已。"
③ 据《续资治通鉴长编》当作"十月十一甲子日"。
④ 《续资治通鉴长编》卷三百十七："元丰四年，冬十月乙卯，通直郎、集贤校理、同知谏院蔡卞为崇政殿说书。"蔡卞为蔡京之弟，传记亦附在其后。
⑤ 《宋史·艺文志》未收《神宗宝训》，有《元丰圣训》二十卷，宋林虑撰，今佚。

也很明确。元丰四年十月二十八日，曾巩还有《史馆申请三道札子》，请求收采名臣高士事迹遗文，皇帝也依旧下诏批准这个建议。[①]可知，在曾巩呈《进太祖皇帝总序》以后，《五朝国史》的修撰工作仍在进行。则"经筵谕蔡卞"一节的真实情况，诚如《续资治通鉴长编》的观察，其实颇有疑义。若神宗以为《进太祖皇帝总序》议论太祖事迹确系不宜，大可径行调整曾巩职务，或是直接中止《五朝国史》的修撰事务，不必等到半年之后，借着改官制的机会，才作相关的异动。

《续资治通鉴长编》卷三百十七又载："诏：'曾巩今所拟修史格，若止如司马迁以下编年体式，宜止仿前代诸史修定；或欲别立义例，即先具奏。'"可知神宗皇帝在阅过《进太祖皇帝总序》后，只是恳切地对于国史的体裁和义例谆谆告诫而已，并不影响《五朝国史》的继续编纂。

宋朝知识分子极好议论，"经筵谕蔡卞"一节，恐怕只是蔡卞的看法，收录时则被辗转引用为神宗的意见，才会有时间落差。

2. 徐禧的阻挠

王铚《默记》卷中载："曾子固作中书舍人还朝，自恃前辈，轻蔑士大夫。徐德占为中丞，越次揖子固，甚恭谨。子固问：'贤是谁？'德占曰：'禧姓徐。'子固答曰：'贤便是徐禧？'禧大怒而忿然曰：'朝廷用某为御史中丞，公岂有不知之理？'其后，子固除翰林学士，德占密疏罢之，又攻罢修《五朝史》。"[②]

《宋史·曾巩传》云："寻掌延安郡王笺奏。故事命翰林学士，至是特属之。"[③]可知曾巩未尝官"翰林学士"，何劳徐禧密疏罢之。而《续资

---

① 《宋史·神宗纪》卷十六，"元丰四年十月辛巳"条，"史馆修撰曾巩乞收采名臣高士事迹遗文，诏从之"，当系指此。
② 陆游《老学庵笔记》卷六云："王性之（铚）记问该洽，尤长于国朝故事，莫不能记，对客指画诵说，动数百千言。退而质之，无一语谬。予自少至老，惟见一人。"
③ 关于除翰林学士事，曾肇《行状》云："皇子延安郡王笺奏，故事命翰林学士典之，至是，上特以属公。"林希《墓志》云："皇子延安郡王笺奏，故事命翰林学士典之，上特以属公。"韩维《神道碑》云："今天子为延安郡王，其笺奏，故事命翰林学士典之。先帝特以属公。"

治通鉴长编》卷三百二十五载:"(元丰五年四月)丙子,曾巩……并试中书舍人。……戊寅,罢修《五朝史》。"两日间竟至罢修,殊难取信。

朱弁《曲洧旧闻》卷十,也有类似记载:"曾子固性矜汰多于傲忽。元丰中,为中书舍人……徐德占虽与子固俱为江西人,然生晚,不及相接。子固中间流落外郡十余年,迨复还朝,而德占骤进至御史中丞。中丞在法不许出谒,而子固亦不过之。德占以其先进,欲一识其人,因朝路相值,迎接甚恭。子固却立,曰:'君是何人?'德占因自叙。子固曰:'君便是徐禧耶?'颔之而去。"所记不甚礼敬徐禧则一。曾肇《行状》中描述曾巩的为人,是:

> 其为人惇大直方,取舍必度于礼义,不为矫伪姑息以阿世媚俗。弗在于义,虽势官大人不为之屈;非其好,虽举世从之,不辄与之比。以其故,世俗多忌嫉之,然不为之变也。[①]
>
> 公性严谨,而待物坦然,不为疑阻。于朋友喜尽言,虽取怨怼不悔也。于人有所长,奖励成就之如弗及。与人接,必尽礼。有怀不善之意来者,俟之益恭,致使其人心悦而去。[②]

《曲洧旧闻》描述曾巩的个性是"矜汰多于傲忽",矜谨自持的内敛形象与曾肇谓"惇大直方""性严谨"的叙述较为接近。至于《默记》中"自恃前辈,轻蔑士大夫"的说法恐怕稍嫌过之。

徐禧没有取得进士的功名,王安石行新法时,以布衣献策进用。《宋史·徐禧传》载:"(母忧)服除,召试知制诰兼御史中丞。官制行,罢知制诰,专为中丞。"[③]历来没有取得进士功名者,身死之后谥号不加"文"字,不得在文学之列,而徐禧却在文学名士如林的朝廷中,跻身

---

① 〔宋〕曾肇:《行状》,《曾巩集》附录,第791—792页。
② 〔宋〕曾肇:《行状》,《曾巩集》附录,第795页。
③ 〔元〕脱脱等撰:《宋史》卷三百三十四《徐禧传》,第10722页。

直龙图阁、知制诰兼御史中丞,当时恐怕难以服众。曾巩自元丰三年(1080)九月回朝,五年四月丙子擢升中书舍人,已经一年有半。而徐禧以年轻后辈,骤进御史中丞,曾巩不识或有可能。即故作不识,亦不应指为"轻蔑士大夫"。

熙宁六年(1073)九月,曾巩奉命知襄州离开齐州时,吕升卿为京东路察访,在齐州地方多端寻求曾巩的过失,而一无所得。熙宁八年(1075)冬,曾巩改权知洪州,充江南西路兵马都钤辖。到任后,有《奏乞回避吕升卿状》①。从此看来,曾巩兄弟与吕惠卿兄弟之间,确有不合。

曾巩与王安石之间大约系因朋友责善,不合而相离异,然而彼此仍然维持君子之交。吕惠卿有巧慧才,曾得到欧阳修推荐。熙宁以后,与曾布共同辅助王安石推行新法,却多方排挤曾布。

徐禧是吕惠卿一党的,以曾巩耿直端方的个性,自然不愿以正眼相看。不向当时执政权贵妥协,恐怕也是曾巩被罢退的原因之一。

元丰五年(1082)九月,徐禧与夏人战,败死于永乐城,为国牺牲。或系因此,笔记没有为徐禧为人的短长多作着墨。《宋史·徐禧传》又云:"安石与惠卿交恶……禧阴右惠卿……禧疏旷有胆略,好谈兵,每云西北可唾手取,恨将帅怯尔。吕惠卿力引之,故不次用。"②

《默记》所记,与史事或未必尽符,徐禧小人仅不予敬重的小忿亦不能忍受,而有种种排挤压抑则极有可能。然罢修《五朝国史》,与徐禧之得势,时间固然相当一致,传闻却未必值得尽信。

由于各种批评逐渐产生,朝廷与曾巩的互信基础也不够稳固,各种不利的因素不断累积。由于改官制,史馆组织随之改变,而曾巩健康条

---

① 见于《曾巩集》卷三十三,文云:"臣伏奉敕命,就差权知洪州军州事,充江南西路兵马都钤辖,已发来赴任次。今睹吕升卿授江西转运副使,伏缘臣先任齐州,得替后,吕升卿为京东路察访,于齐州多端非理,求臣过失,赖臣无可掯拾。兼臣弟布与吕惠卿又有嫌隙,二事皆中外知闻。今升卿任江西监司,洪州在其统属,须至陈乞回避。"
② 〔元〕脱脱等撰:《宋史》卷三百三十四《徐禧传》,第 10722—10724 页。

件的冲击应该才是主因。元丰五年四月,《五朝国史》也就随着曾巩的转官、卧病、丁忧、逝世,而在历史上消失。

五、草创《隆平集》

《隆平集》,《四库全书总目提要》将其列在"史部六·别史类"。就现存《隆平集》的规模与内容看来,显然就是《五朝国史》的草稿蓝图。

《隆平集》记载太祖建隆至英宗治平年间之事,所以取"隆平"为名,搜罗宋初五朝事务。明万历丁酉年(1597)南丰查溪曾敏才等校刊本《元丰类稿》宁瑞鲤所撰序文中,有谓:

> 它时文昭公裔思孔氏为余言:厥先祖世藏先生《隆平集》数十卷,别无副本,未敢轻示人,丰人士即不知先生复有是书。雅欲手写全编,传之好事。①

《四库全书总目提要》卷五十云:

> 《隆平集》二十卷,旧本题宋曾巩撰。……是书纪太祖至英宗五朝之事,凡分目二十有六,体似会要。又立传二百八十四,各以其官为类。前有绍兴十二年《赵伯卫序》。其记载简略琐碎,颇不合史法。②

《四库全书总目提要》对《隆平集》的存疑与批判,如下所述:

> 晁公武《读书志》摘其记《太平御览》与《总类》为两书之误,疑其非巩所作。今考巩本传,不载此集。曾肇作《巩行状》,及韩维撰《巩神道碑》,胪述所著书甚备,亦无此集。据《玉海》,元丰四年七月,巩充史馆修撰。十一月,巩上《太祖

---

① 〔明〕宁瑞鲤:《重刻曾南丰先生文集序》,《曾巩集》附录,第 820 页。
② 〔清〕纪昀总纂:《四库全书总目提要》卷五十,第 1364—1365 页。

总论》，不称上意，遂罢修五朝史。巩在史馆，首尾仅五月，不容遽撰此本以进。其出于依托，殆无疑义。①

余嘉锡《四库提要辨证》卷五摘《提要》而论辩之云：

1.此集卷一至卷三凡分圣绪、符应、都城、官名、官司、馆阁（文籍附）、郡县、学舍、寺观、宫掖、行幸、取士、招隐逸、却贡献、慎名器、革弊、节俭、宰执、祠祭（封爵附）、刑罚、燕乐、爱民（方药附）、典故、河渠、户口、杂录二十六门，每门但分若干条，不具首尾，颇似随笔札记之体，殊不合史裁。疑是取当时官撰之书，如宝训、圣政、会要及国史、实录、日历之类，择要录出，以备修五朝纪志之用，而未及编纂成书者。简略琐碎，诚所不免。

2.卷四以下列传二百八十有四篇，考之残本《宋太宗实录》（存二十卷）。有传者十有三人，曰沈伦、李昉、宋琪、李穆、贾黄中、张洎、石熙载、李崇矩、杨守一、张美、钱俶、侯延广、田重进（恐犹有遗漏，俟再考）。《名臣碑传琬琰集》所选之实录有传者三人，曰张齐贤、潘美、王全斌。此十六人者，《东都事略》及《宋史》亦大都有传。（惟侯延广一人《事略》无传，《宋史》附《侯益传》后）

3.试取彼三书与此集比而观之，辄觉彼繁而此简。……《提要》之言，殆专为卷端二十六篇发耳。究之，有宋一代正史别史，笔力之高，莫过于此。即其剪裁洗伐之功，已非王称、脱脱辈所能几及，此岂后人所能伪作者哉？

4.《宋史·艺文志》《通志·艺文略》《直斋书录解题》，于

---

① 〔清〕纪昀总纂：《四库全书总目提要》卷五十，第1365页。

此集皆不著录，仅见于《郡斋读书志》卷六。盖其书绍兴时始付刻，而未大行于世，故见之者少耳。

5.《读书志》曰："《隆平集》二十卷，记五朝君臣事迹，其间记事多误，如以《太平御览》与《总类》为两书之类（案见本书卷一馆阁门），或疑非巩书。"（此所引衢本也，袁本卷二上无"其间"以下二十五字）

6.《遂初堂书目》有《五朝隆平集》，不著撰人。

7. 李焘《续资治通鉴长编》引《隆平集》者二（一见《长编》卷四十八，一见卷九十六），引曾氏《隆平集》者一（见卷九十五），书名之上，冠以曾氏，则亦信为巩作也。

8. 李心传《旧闻证误》卷一引《王文正遗事》，记张师德两诣王旦门不得见，旦谓师德奔竞，心传辨之曰，曾子固《隆平集》云："尚贤（师德字）守道不回，执政不悦，在西掖者九年（语见本书卷十四《张师德传》），则似非奔竞者。"此则直指为曾子固矣。吴曾号为博洽，有宋一代史学之精，自司马光外，无如二李者，而其于此集均信为曾巩所作，未尝稍疑其伪。焘于考证最密，如王禹偁《建隆遗事》，虽屡引之，而屡言其伪托。（见卷十七开宝九年十月及卷二十二太平兴国六年九月焘自注）使此集稍有可疑，焘岂得独无异辞？心传著书，专证人之误，纤悉必举，又岂肯援用伪书，贻人口实邪？[①]

余嘉锡《四库提要辨证》考证极为精详，令人佩服。以上谨引述其中大端，以备参酌。

大致而言，《隆平集》已经具备史书规模，作为《五朝国史》的草

[①] 余嘉锡：《四库提要辨证》卷五，中华书局，2007年，第258—261页。

图应接近事实。唯其中尚多资料仍未齐备，曾氏家族先是藏而未出，颇符合常情。《隆平集》与当时史书之间，可作史料的比对与相关内容的考察。而曾巩《本朝政要策》及个人遭遇事实、亲炙人物之间的互相参证，也还有许多可以探索的空间。

第六节　曾巩的史学见解

曾巩晚年时负责编纂《五朝国史》，奉命"专典史事"。他很努力地作为，期望有过人的贡献，树立巨大而永恒的史家形象。这一期间体现其史学思想的重要文章，还有元丰四年（1081）八月间的《回人贺授史馆修撰状》《申中书乞不看详会要状》、十月十一日的《进太祖皇帝总序》、十月二十八日的《史馆申请三道札子》、元丰五年（1082）四月的《拟辞免修五朝国史状》等篇。《史馆申请三道札子》分别就议定国史的体式、请求收采名臣高士事迹遗文、有关宫禁中资料的整理等不同的事项，提出了他的看法。《进太祖皇帝总序》则是曾巩尝试史事写作的样品。以下透过对此等文字细部的了解，从几个层面探讨其对史学的种种见解。

一、史官素养

讨论史学家应具备的能力，《新唐书·刘子玄传》首倡：

> 史有三长：才、学、识，世罕兼之，故史者少。夫有学无才，犹愚贾操金，不能殖货；有才无学，犹巧匠无楩楠斧斤，弗能成室。善恶必书，使骄君贼臣知惧，此为无可加者。[①]

[①] 〔宋〕欧阳修、〔宋〕宋祁撰：《新唐书》卷一百三十二《刘子玄传》，第4522页。

刘知几认为优秀的史官必须兼具史才、史学与史识。"史才"是撰述能力,是运用文字充分表达历史事实的能力。"史学"是书写史实材料及其组织能力,材料要能搜罗完备,还要能使全书建立在严密的体例下,用以完整呈现历史事实之全貌。至于"善恶必书,使骄君贼臣知惧",能有精准的价值判断,足以建立恒常而稳当的鉴识标准,可以突显人类社会的理想,大约就是"史识"的作用了。

曾巩在《南齐书目录序》中,提出古之"良史"的条件:

> 其明必足以周万事之理,其道必足以适天下之用,其智必足以通难知之意,其文必足以发难显之情。①

"明足以周万事之理"是必须具备周详的素养,以掌握史事发展的脉动,属于"史学"。"道足以适天下之用"是采择的价值标准要符合天下人的理想,属于"史德"。"智足以通难知之意"是鉴别历史的能力,要能通过历史事实的表象,去阐述人类生命深层的尊严与价值,属于"史识"的范围。"文足以发难显之情"则是运用文字的技巧,属于"史才"的本领。

虽然刘、曾两家论述的内容与范围,彼此之间未必尽相符合,曾巩的意见,已经对刘知几史家"三长"的说法予以统括,而且还有进一步的补充。章学诚《和州志·志隅·自序》认为:"郑樵有史识而未有史学,曾巩具史学而不具史法,刘知几得史法而不得史意。"受到时代的限制,曾巩虽然有幸身处于史籍昌盛的环境,也承接在刘知几与欧阳修之后,而拥有丰厚的史学资源,更由于本身的学养和传统学术思想的丰沛,即使身后七百余年的章学诚,也为他在史学方面所蕴蓄的丰富素养而叹赏。然而曾巩毕生所珍视的部分,还是专注在儒学的充实与为政的实务

---

① 〔宋〕曾巩:《南齐书目录序》,《曾巩集》卷十一,第187页。

之上，仅能以其有限的史官岁月，从事史书与史料的撰述与纂辑，未能建构起庞大的史家殿堂，不足以呈现更多的理想与贡献。曾巩在史职期间，又有诸多人事的纷扰，终究未能竟其伟业，以致不足以列身于史书的名作家之林。然而能够得到章学诚的鉴赏，取之与郑樵、刘知几而并举，甚至可以说，曾巩有关"良史"的意见，正是清朝章学诚"史德"之说的先导。①

曾巩身处在帝王极度权威的时代，已经充分描述出那个时代史官所适合秉持的态度，至少包括以下三者。

1. 面对史职的态度必须恭谨

曾巩的《回人贺授史馆修撰状》只是应酬文字，不足以具体呈现他对史学的体会，但仍然显示了他对史官职务的态度。文中说：

> 误被上恩，进专史事，顾惭孤陋，曷称选抡。伏念巩齿发蚤衰，材资素薄……讵期皓首，获奉清光。拔于多士之中，宠以非常之遇。惟累朝之盛典，垂列圣之鸿名，宜得异能，使之实录。岂伊鄙钝，可尽形容。惧莫副于简求，方内怀于兢愧。②

承担史官的职务，尤其要"专典五朝史事"，是何等光荣的事。这正是曾巩所梦寐以求的，也是他所殷切期待的。这篇文章一开始，他就透露出欣喜与侥幸的情绪。接着指出，自己年纪已大，身体已衰，所以诚

---

① 刘知几既以"三长"作为史家的条件，清朝章学诚继之，撰为《文史通义》而有所推衍："夫刘氏以谓有学无识，如愚估操金，不解贸化。……古人史取成家，退处士而进奸雄，排死节而饰主阙，亦曰一家之道然也。此犹文士之识，非史识也。能具史识者，必知史德。德者何？谓著书者之心术也。夫秽史者所以自秽，谤书者所以自谤，素行为人所羞，文辞何足取重。"（见〔清〕章学诚：《史德》，〔清〕章学诚著，叶瑛校注：《文史通义校注》卷三，中华书局，1985年，第219页。以下所引《文史通义校注》皆依此版本。）又曰："盖欲为良史者，当慎辨于天人之际，尽其天而不益以人也。尽其天而不益以人，虽未能至，苟允知之，亦足以称著述者之心术矣。而文史之儒，竞言才、学、识，而不知辨心术以议史德，乌乎可哉？"（见〔清〕章学诚：《史德》，《文史通义校注》卷三，第220页。）
② 〔宋〕曾巩：《回人贺授史馆修撰状》，《曾巩集》卷三十七，第524页。

惶诚恐要尽己所能地努力以赴。《申中书乞不看详会要状》中说：

> 伏以自来修撰国史，皆妙选众材，共当寄任。今通修五朝大典，属巩专领，已是一人而冒众材之任。顾巩衰拙，惧不克堪。①

《进太祖皇帝总序》是曾巩史事写作的尝试，其前段的"状文"部分，是曾巩自己身为史官的现身说法，充分表现了他面对职务的态度：

> 臣误被圣恩，付以史事。……臣愚不肖，不知所处，是以夙夜一心极虑。惟祖宗积累功德非可形容，矧臣之鄙，岂能拟议仿佛？将无以使列圣巍巍之魏迹焜耀昭彻，布在方策，此臣之所惴惴也。②

即使到了面对困境准备求去时，他在《拟辞免修五朝国史状》中还说：

> 天下皆知臣居此职，出自主知，以为荣遇。况臣以至孤至远之迹，出深忌积毁之余，独蒙明主知而用之。且自古以来，天下之士不遇者多矣，如臣遭遇者无几。则臣捐草茅之躯，以报天地之德，固其分也。至于效其区区之愚，岂足为陛下道哉？③

这种恭谨的语言，固然是古代为臣者的基本模式，然而近似的心情，毫无例外地表现在不同的文章之中，透露着曾巩在行事方面所一直紧紧把握的尺度。因此，他在皇帝指示不必预修两朝史事之后，立刻写下这篇文章，要求包括编纂《会要》的杂务也能够全部予以豁免，以便专心写作《五朝国史》。

---

① 〔宋〕曾巩：《申中书乞不看详会要状》，《曾巩集》卷三十四，第494页。
② 〔宋〕曾巩：《进太祖皇帝总序》，《曾巩集》卷十，第170—171页。
③ 〔宋〕曾巩：《拟辞免修五朝国史状》，《曾巩集》卷三十五，第502页。

2. 修订史书需要从容的时间

曾巩言行恭谨，在面对史书、处理史料时，从未呈现迫促的节奏。他在《申中书乞不看详会要状》中，还说：

> 其今来所修《会要》，计三百卷。修纂以来，经涉十有余年，编修等官，已更六人。限至秋季末成书，即今已是八月中旬。某若依限修进，不惟须合考求首尾，参详得失，仍更并须检寻文字，照据其间，恐合更有更改损益。不独于巩以旬月而求就十有余年之功；又复于巩已于国史，是以一人而冒众材之任，惧不克堪。①

因为"考求首尾"，所以要对全书作彻头彻尾的了解，以求认识其体例与架构。因为"参详得失"，所以要对全书所采取的撰述观点，作深刻的讨论与评估。因为"检寻文字"，所以要对全书所使用的语言文字作全面的检查，唯恐匆促之间有所疏失，以致减损了史书的精要和准确。凡此数事，都需要耗费许多时间，因此"惧不克堪"。面对时间迫促与要求质量的两难，他选择退出一途。然而，令人惊羡的是，曾巩也在不经意之间，使用简练的文字，对史书的各个重要环节，都作了精准的指陈，至于他那优雅的骈俪节奏与韵致则已属余事。这也正是从事编纂史书的工作，必须有充裕时间的原因。

3. 撰写史书应有优美的文采

曾巩以文学名家，虽然他平生努力于文字之间，却未尝表示要以文章事业，作为他生命中最重要的成果。然而，本身的文采有能力充分表现，积年所陆续写作的作品多有可观，造就了他傲人的文学地位。单单从曾巩的碑志之文，就可以发现，他在用字遣辞之间，丝毫不肯苟且，

---

① 〔宋〕曾巩：《申中书乞不看详会要状》，《曾巩集》卷三十四，第494页。

也从另一个侧面体现了他的文学追求与美学理想。于是乎，对于行之于国家正史，将要传之久远的文字，当然更有他一定的坚持：

> 况以文字薄技，得因圣宋之大典，托名万世，学士大夫莫不愿备其任，而独臣之愚，幸预采择。此臣所以穷日夜，愈精思，不敢忘须臾，志在于斯文，惟恐不称其任，以负陛下任属之意也。①

曾巩的文章，在当时有相当崇高的评价，他也自许颇深。神宗元丰元年（1078）七月，曾肇奉诏兼修国史院编修官时，自认为"史学不如臣兄巩"。《续资治通鉴长编》卷三百十四中说：

> 巩所为文，章句非一律，虽开阖驰骋，应用不穷，然言近指远，要其归必止于仁义。至其行，不能逮其文也。吕公著常评巩，以为为人不及论议，论议不及文章。②

语言中夹杂着当时人的褒贬议论，但是《续资治通鉴长编》所引述之史料，纵使贬抑曾巩之为人行事，却仍然褒其文辞。当时人们对曾巩文章所持有的共同评价，也可以从此概见。

曾巩在字里行间对自己的文章的确也是满怀信心的。至于当时"为人不及论议，论议不及文章"的评论，大概是来自曾巩对文章有其深刻的自信，因而在不经意间，文章中就难免呈现出傲岸孤高的情愫，以至于他的态度会有不为人所乐于接近的情形。

前引《续资治通鉴长编》卷三百十四下附注：

> 田画作《王安礼行状》，云："曾巩以文学称天下，在熙

---

① 〔宋〕曾巩：《拟辞免修五朝国史状》，《曾巩集》卷三十五，第502页。
② 〔宋〕李焘：《续资治通鉴长编》卷三百十四，第7609页。又，《宋史·曾巩传》云："吕公著尝告神宗，以巩为人行义不如政事，政事不如文章。"

宁、元丰间，龃龉不用。王安礼荐于上，曰：'巩之词采足传于后，今老矣，愿俾修文当代，成一家言。'上曰：'公著尝谓巩行义不及政事，政事不逮文学。果然，无足为者。'安礼曰：'诚如其言，请取其最上者。'上乃用巩为史官。"①

曾巩的自负，来自学术思想的自信，盱衡当时，举世滔滔，文不在兹乎。中夜徘徊，欧阳修作古已经十年，而与王安石则是天各一方。或许唯有编辑史料尚友古人时节，他才能与古人有灵犀可以相通。

二、史著编撰

曾巩担任中书舍人时，所撰写的制诰固然是代替皇帝发言，同时也在一定程度上表达了他的理想与理念。他所写的《李清臣、王存、赵彦若、曾肇转官制》云：

> 史记册书，国家之典，上以纪先帝言动之迹，下以及群臣善恶之实。传之万世，宜有论次。②

元丰五年（1082）王珪上《两朝国史》后，诏命赐予相关史官升官时，曾巩在所撰的制辞中对史籍编纂的意义提出了精要的论述。

"史记册书，国家之典"，是对史书在当代的崇高定位，先予厘清。"上以纪先帝言动之迹，下以及群臣善恶之实"，是"史记册书"的主要内容。"传之万世"，是史籍能超越时空的伟大价值。"宜有论次"，则是纂述史事时，应有固定的规范，包括编次的统贯与严肃的褒贬。所以曾巩对于史书的撰著有他一定的看法。

---

① 〔宋〕李焘：《续资治通鉴长编》卷三百十四，第7609—7610页。后按："安礼此时以内翰知开封，未执政。"
② 〔宋〕曾巩：《李清臣、王存、赵彦若、曾肇转官制》，《曾巩集》卷二十一，第342页。

1. 资料搜集，务求详备

曾巩在《英宗实录院申请札子》中，曾经详细列举十六项工作要领，期望透过皇帝的诏令，全面搜集各种原始史料。因为史书的撰著要完备充实，唯有凭借史料汇整的成果。所以，曾巩在接受职务后，首先都要求对各种相关资料作比对与整理，编纂《英宗实录》是如此，纂述《五朝国史》亦复如此。

《续资治通鉴长编》卷三百十八"元丰四年十月辛巳"条记：

> 史馆修撰曾巩言："臣修定《五朝国史》，要见宋兴以来名臣良士，或尝有名位，或素在邱园，嘉言善行，历官行事，军国勋劳，或贡献封章，著撰文字。本家碑志、行状记述，或他人为作传记之类，今所修国史须当收采载述。"①

此一小节略述国史传记采录之对象及相关素材，他接着说：

> "恐旧书访寻之初，有所未尽，乞京畿委开封知府及畿县知县，外委逐路监司、州县长吏，博加求访，有子孙者延至询问。所有事迹或文字，尽因郡府纳于史局，以备论次。或文字稍多，其家无力缮写，即官为佣写校正。其尝任两府、两制、台谏官之家，家至询访，各限一月发送史局。并中书编集累朝文字及枢密院机要文字，并累朝御扎、手诏副本，送本局以备讨论。"从之。②

此一小节论述国史传记采录之方式及行政部门应有的配合。以上《续资治通鉴长编》文字，即取自曾巩《史馆申请三道札子》第二道，只是文字稍有删减而已。其实，《史馆申请三道札子》第三道，同样也是论

---

① 〔宋〕李焘：《续资治通鉴长编》卷三百十八，第7696页。
② 〔宋〕李焘：《续资治通鉴长编》卷三百十八，第7696页。

述搜集文字资料的有关事务：

> 臣修定五朝国史，据旧书，及更加采摭，以备纪录外，窃虑五圣临御之日，德音行事，外廷有所未闻，及自来更有纪述，发明文字，藏在宫禁者，欲乞特赐颁示，以凭论次。所贵祖宗功德，传布方册，得以周尽。①

在此曾巩指出：禁苑深邃，忌讳尤其众多，然宫廷中人动止影响甚为巨大。而且随着时间与环境的改变，从《三朝国史》，到《两朝国史》，到《五朝国史》，相关资料或许又有新的发现，而其保密要求也或许已经有所不同，其采择则完全有赖于宫廷的配合。

曾巩在撰著《五朝国史》时，动员收集史料所牵涉到的范围，远不及在实录院时的规模，不是锐气大减，更不是惩前之失而收敛其格局，而是因为状况不同。

实录的写作，要统合一朝皇帝在位期间所有史料，作初次纂辑的功夫，所以各种资料唯求详尽。只是资料收集工作不易完备，正如清扫落叶，随扫随又发现，所以疏漏之处在所难免。

至于纂修国史，则系在实录既有的基础上，再作更进一步的整理，是"据旧书，及更加采摭，以备纪录"。力求完备的心意仍然相同，做法却是"恐旧书访寻之初，有所未尽"而已，所以重点是在作必要的补充，不必再作全面性的搜罗。

2. 推本溯源，崇德报功

在《进太祖皇帝总序》中，曾巩提到史书撰作起始的端点：

> 窃惟前世原大推功，必始于受命之君，以明王迹之所自。故《商颂》所纪，繇汤上至于契。周诗《生民》《清庙》，本于后稷、

---

① 〔宋〕曾巩：《史馆申请三道札子》，《曾巩集》卷三十一，第462页。

文王。宋兴，太祖开建鸿业，更立三才为帝者首。陛下所以命臣显扬褒大之意，固以谓太祖雄才大略，千载以来特起之主，国家所繇兴，无前之烈，宜明白暴见，以觉悟万世，传之无穷。①

叙述历史从"受命之君"开始，就是"原大"；祭祀崇拜上溯源头，才是"推功"。曾巩深于经术，举商、周往例之见于经书者，俾有所取法于古圣贤之道，而他的史学观点也由"原大推功"开展。

3. 编辑体制，依据旧史

曾巩撰著《五朝国史》，其实挥洒的空间十分有限，不必大张旗鼓作相关史料的收集，仍可以努力以赴的就是内容力求详备，所以就要寻求取材面向的深化。至于在体裁方面，就只能在既有的格局中，亦步亦趋而已。故开宗明义，要以司马迁的"体式"为准据，《曾巩集》卷三十一《史馆申请三道札子》第一道云："臣修定国史，止依司马迁以下编年体式，至于书事随便。"虽然没有明确表示要如何改变，却依然为自己留下一点调整的空间，文中有言：

> 其余文义曲折，难预为定例者，须候著撰之际，徐更随宜，候书成日，为逐篇述传，系于末卷，以见论次之意。盖若预为定例，恐于文义须至拘牵，就例或有所妨。其书事随便，今略具条目如左。②

所谓"随便"乃是"随既有法则所宜，不必另行规定"的意思。

三、史书体裁

《五朝国史》终究未能成书，曾巩史籍撰著的完整概念，无法借此

---

① 〔宋〕曾巩：《进太祖皇帝总序》，《曾巩集》卷十，第171页。
② 〔宋〕曾巩：《史馆申请三道札子》，《曾巩集》卷三十一，第461页。

作具体的论述。然而在《史馆申请三道札子》第一道的文字中，他提出"其书事随便"的看法，所谓"略具条目"的意涵还是值得注意的。

1. 群臣拜罢，见于百官表

宋朝早期所修《三朝国史》有纪、志、传，而未有表。《两朝国史》则完全依《三朝国史》的体制。可是，"表"作为史书的一部分，其方便察考比对的功能，的确无法以其他体裁取代。尤其是群臣到职去职，人数众多，职务琐细，书不胜书，列表整理则一目了然。

《续资治通鉴长编》卷三百十五"元丰四年八月辛巳"条记载："修国史院编修官赵彦若言，与司马光同修《百官公卿年表》，成十卷，并臣修成《宗室世表》三卷。"后来这两者并入《两朝国史》作为附表。除此之外，其余如对邻国的战和实况、文化活动的发展等等，也都有必要予以表列。

2. 刑法、食货、五行、天文、灾祥之类，各见于逐志

《三朝国史》十纪，《两朝国史》五纪，其本纪部分都过于庞大。如果各种人文史料能分类另行以表、志体裁记录，清楚记述其发展与变革，不必杂糅本纪之内，作纷繁的载述，则对适度呈现国家重大事务的状况极有帮助。尤其是就刑法、食货、五行、天文、灾祥之类而言，又各自有其专业的领域与内涵，除非与国家大政有重要关联，否则不纳入本纪载述，是极好也极必要的区隔。

3. 名位虽崇，而事迹无可纪者，更不必传

自古以来职位甚高者，往往倚赖主上的偏爱与提拔，或者平顺守职、循序进阶，号称循吏，列在史册则了无精彩。史书不同于应酬文书，不可来者不拒。"不必传"正是一个优秀史家必须坚持的"去取有法"的态度。至于其人生平有善恶可见者，则附见于他人传记。

4. 善恶可劝戒，是非后世当考者，书之

"善恶可劝戒"，是史书最重要的价值之一。所以传主的行为，具有

善恶价值的，据事直书，却不必论定，为后人保留讨论的空间。至于其生平中的细故常行，就更不必详备书写。

《史记》作传且不必远推黄帝时期，自《伯夷列传》以至于《自序》，上下亦可得千年之间，而列传仅有七十篇。《汉书》以朝代断限，起于汉高祖元年（前206），止于王莽地皇四年（23），共记二百三十年间史事，仍然系以十二本纪、七十列传。武帝以前以《史记》为蓝本，文字略有精简，实则所叙述的事实，已经倍增于前代著作。《后汉书》自光武帝至献帝一百九十五年史事，亦仅得本纪十卷、列传八十卷。

至于《三朝国史》八十传，《两朝国史》七十传，上下一百年之间，合计可得一百五十传。相较之下，宋代国史传记确属繁多。

《隆平集》卷一至卷三，涵盖圣绪、符应、都城、官名、官司、馆阁（文籍附）、郡县、学舍、寺观、宫掖、行幸、取士、招隐逸、却贡献、慎名器、革弊、节俭、宰执、祠祭（封爵附）、刑罚、燕乐、爱民（方药附）、典故、河渠、户口、杂录等二十六门，每门但分若干条，不具首尾，颇似随笔札记之体，相当简要。自卷四以下共十七卷，得列传二百八十四篇，采录人数偏多，其叙述精简高古，大异于现存史料。余嘉锡以《隆平集》为"有宋一代正史别史，笔力之高，莫过于此"。由《隆平集》文字的特色言之，应该即是曾巩尝试精简史书内容的试验。

四、史笔裁量

相传孔子因鲁史修二百四十余年间之史事而作《春秋》，笔则笔，削则削，存大义于其中。儒家传统中有着强烈的明善恶褒贬的观念，而在帝王专制的时代，忌讳与限制极多，挥洒起来并不容易。

1. 得失兴坏，传为法戒

在《南齐书目录序》中，曾巩这样阐述史书的撰写态度：

> 将以是非得失兴坏理乱之故而为法戒，则必得其所托，而

后能传于久，此史之所以作也。然而所托不得其人，则或失其意，或乱其实，或析理之不通，或设辞之不善，故虽有殊功韪德非常之迹，将暗而不章，郁而不发，而梼杌崇琐奸回凶慝之形，可幸而掩也。①

在《寄欧阳舍人书》中，曾巩又说"盖史之于善恶无所不书"，他认为这是读圣贤书取法于古人，是理所当然的做法。孔子以一字著褒贬，可使后来者不敢轻易为恶。《左传》有"君子曰"，《史记》有"太史公曰"，《汉书》以下或赞或论、相互沿袭，几乎已经成为固定模式。所以曾巩也认为在每篇篇末应该系以论赞，将历史事件所反映的得失兴坏立为法戒，以符合古人成法。《进太祖皇帝总序》即是这种观点下的第一篇成品。

国史至为重大，叙述历史人物已经号称困难，叙述帝王更为不易。而《五朝国史》所要叙述的是当今皇上的列祖列宗时事，直接要碰触到的忌讳，也就更加众多，也更加困难。至于附以论赞，当然动辄得咎。曾巩却极有自信，敢于从事。他先谨慎地寻找神宗皇帝对史论文字的着力点，于是在《进太祖皇帝总序》中战战兢兢地写下：

> 伏惟陛下聪明睿智不世之姿，非群臣所能望，如赐裁定，使臣获受成法，更去纰缪，存其可采，系于《太祖本纪》篇末，以为国史书首，以称明诏万分之一。②

2. 备录国史，笔削待后

《续资治通鉴长编》卷三百十五"元丰四年八月庚申"条在叙述曾巩接受史馆修撰诏命时，有以下文字：

---

① 〔宋〕曾巩：《南齐书目录序》，《曾巩集》卷十一，第187页。
② 〔宋〕曾巩：《进太祖皇帝总序》，《曾巩集》卷十，第171页。

上曰:"修史最为难事,如《鲁史》亦止备录《国史》,待孔子然后笔削。司马迁材足以开物,犹止记君臣善恶之迹,为实录而已。"王珪曰:"近修《唐书》,褒贬亦甚无法。"上曰:"唐太宗治僭乱以一天下,如房、魏之徒,宋祁、欧阳修辈尚不能窥其浅深,及所以成就功业之实。为史官者,材不足以过其一代之人,不若实录事迹,以待贤人去取褒贬尔。"①

这段文字显示:宋神宗所期待的,只是把史料作详尽的罗列,认为"如房、魏之徒,宋祁、欧阳修辈尚不能窥其浅深"。唐朝的房玄龄、魏征,宋朝的宋祁、欧阳修,都是人臣,尽管号称人杰,谈论到他们的成就时,神宗身为皇帝的骄矜,就毫不保留地表现出来,不愿对这些当时的豪杰多作称赞。

"修史最为难事"当然是事实。宋神宗说"为史官者,材不足以过其一代之人,不若实录事迹"亦至为中肯,但是他认为的"司马迁材足以开物,犹止记君臣善恶之迹,为实录而已"则未必尽然。

《史记》一书之中,以"太史公曰"发表议论的体例,所在多有。司马迁的议论不同于孔子以一字为褒贬,征实考文以正视听,则褒贬已在其中矣。前述文字中,其实很清楚地表达了宋神宗的态度,他不可能毫无保留地容许史官评论史实。那么,曾巩要发挥史笔的褒贬,必然要遭到神宗皇帝的反对。

王珪所说"近修《唐书》,褒贬亦甚无法",就是指欧阳修等新修的《唐书》。王珪身为宰执,元丰四年九月己亥上《元丰增修五朝会要》,元丰五年六月甲寅上《两朝国史》,因而得与宋神宗讨论"史书褒贬"的看法,自然顺理成章。宋朝知识分子多好议论,执政者苦之。王珪身受

---

① 〔宋〕李焘:《续资治通鉴长编》卷三百十五,第7619页。

其难，从而附和皇上的言论，必是有感而发。然而曾巩的看法并不相同，他撰写历史，乃至研读历史，往往充满后见之明。曾巩以史笔自许，以史家自期。《五朝国史》罢修必有许多因素，其中曾巩与宋神宗君臣之间对史书褒贬的差异，很可能为其原因。

曾巩以其儒者的素养，追随孔子、左氏、司马迁、欧阳修之后，盼望能够借撰写史书的机会，让生命的理想呈现出来。他有能力，也有机会。然而笼罩在当时政治气候下的时空环境，在帝制威权与朝臣倾轧的双重庞大阴影下，儒者的春秋大业，终于一再被销蚀。曾巩的史学事业应该是有许多遗憾的。

曾肇称誉其兄曾巩"深于史学"，从曾巩一生的经历看来，并非过分虚美。只是曾巩出身儒门，早岁不能取得功名以养家，直到壮年才得其所愿，已经为时稍晚。虽然能在史馆任官职，但却不能得行其道。晚年又有撰述史籍之机会，却又困于政权体系，身为史官处处遭到掣肘，终究无法遂行其志。《年谱后序》云：

> 丹阳朱熹曰：世有著书称公文章者，予谓庶几知公。求而读之，湫然卑鄙，知公者不为是言也。然则世之自以知公者何如哉？岂非徒以其名欤？予之说于是信矣。[①]

曾巩文章有世俗的称赞，朱熹庶几近而知道曾巩的自信，应该是深入体察到曾巩在用心钻研经学之外，还有史学事业的理想，而这些心念很值得后来的儒者追寻。

---

① 〔元〕刘埙：《年谱后序》，《隐居通议》卷十四，《四库全书》本。

第四章

曾巩的文学思想

曾巩以文学名家，他一生的言行文章，始终以儒家思想为本质，由此而全面性地推演开来，遍布在他生命的每一时空交叉点上。所以探索他的文学思想，必然会与他的经学思想与史学思想有相当的重叠。然而曾巩既然以古文的写作而著名，在历史上名列大家，他的文学思想理应会有引人入胜的风采。虽然在他的文集中看不到专文讨论，然而零金碎玉，所在多有。兹谨就其文字间所呈现的种种观点，分别就文学思想之内涵，与其对作家、作品之见解，约略而言之。

第一节　文道关系论

《宋史·曾巩传》指出，他的文章"本原《六经》"是极中肯的说法。他的文论，主要表现在尊经明道和注重文学家道德修养等方面，而这些观点完全是从儒家的思想体系中演绎出来。所以要探索曾巩文学思想的内容，就不能不从他自述成长过程中对文章的体会，观察他与儒家思想的联系。

少年时代，他就表示要继承自西周以来的文统和道统，要以古时的圣贤作为取法的对象。在《上欧阳学士第一书》中，他就说：

> 家世为儒，故不业他。自幼逮长，努力文字间，其心之所得庶不凡近，尝自谓于圣人之道，有丝发之见焉。①

在《上杜相公书》中，也说：

> 若巩者，诚鄙且贱，然常从事于书，而得闻古圣贤之道。②

面对他所敬爱的师长前辈，在谦恭的文字间，他既有庄严的自负，也有坚定的自信。而曾巩的如许情怀，都来自他对儒家经学的深刻体会，于是乎儒家经学的素养成为他在文学方面最坚实的基础。

一、源自经术

曾巩秉承"明道彰圣"的看法，以拳拳服膺的态度，亦步亦趋地谨守儒者的规范，言谈与撰述，都以源自经术为原则。在初次求见欧阳修时所写的《上欧阳学士第一书》中，他对于欧阳修的文章，就表示出这样的推崇：

> 观其根极理要，拨正邪僻，掎挈当世，张皇大中，其深纯温厚，与孟子、韩吏部之书为相唱和，无半言片辞踳驳于其间，真六经之羽翼，道义之师祖也。③

曾巩身为鲁国曾参的后人，始终都把圣人和儒家经典，奉为生命理想中最要紧的依据。他重视文章的内涵，务期六经、道义都能以其纯粹

---

① 〔宋〕曾巩：《上欧阳学士第一书》，《曾巩集》卷十五，第232页。
② 〔宋〕曾巩：《上杜相公书》，《曾巩集》卷十五，第242页。
③ 〔宋〕曾巩：《上欧阳学士第一书》，《曾巩集》卷十五，第232页。

的精髓,融贯在文章之中。所以曾巩要承接这种自韩愈、欧阳修以来的文学观点,期望从尧、舜、禹、汤、文、武、周公、孔子、孟子以来的儒家道统中,通过伦理道德的教化,淬炼出精美的文章,也要如同孔孟一般,务期以毕生的努力,重新呈现先王之道。他在《战国策目录序》中作如是解说:

> 夫孔孟之时,去周之初已数百岁,其旧法已亡,旧俗已熄久矣。二子乃独明先王之道,以谓不可改者,岂将强天下之主以后世之所不可为哉?亦将因其所遇之时、所遭之变而为当世之法,使不失乎先王之意而已。二帝三王之治,其变固殊,其法固异,而其为国家天下之意,本末先后,未尝不同也。二子之道,如是而已。盖法者所以适变也,不必尽同;道者所以立本也,不可不一,此理之不易者也。①

"道者所以立本也,不可不一",这是何其严肃的呼声。治法固然如此,文章亦复如此。他对儒家经典极其推崇,撰著行文之间,常常是以阐发经义作为其最重要的义涵。在《筠州学记》中,他指出:

> 周衰,先王之迹熄。至汉,六艺出于秦火之余,士学于百家之后。言道德者,矜高远而遗世用;语政理者,务卑近而非师古。刑名兵家之术,则狃于暴诈。惟知经者为善矣。②

曾巩认为对一个知识分子来说,"知经"是最重要的条件。相对于时下一般读书人,"知经者"在修身方面会强调致用,在为政方面会强调理想,就不会急功近利,也不至于疏阔玄远,才能真正成为栋梁之材。他大量引述与发明经典之义理,认为作这样的努力,其最重要的意义,就

---

① 〔宋〕曾巩:《战国策目录序》,《曾巩集》卷十一,第184页。
② 〔宋〕曾巩:《筠州学记》,《曾巩集》卷十八,第300页。

是在修身与治国的讨论中，可取得稳妥的理论基础，同时又可以与其整体的思想架构相互印证。由于理念与作为完全一致，遂成就了曾巩古文与儒学思想相结合的文学特色。

在《答李沿书》中，他说：

> 足下自称有悯时病俗之心，信如是，是足下之有志乎道而予之所爱且畏者也。……夫道之大归非他，欲其得诸心，充诸身，扩而被之国家天下而已，非汲汲乎辞也。①

曾巩指出，撰写文章的目的就是要对国家和社会有所贡献。所谓"经世济时"正是他在为文时，心念所最在意的重点。所以他对儒者传统的"文以明道"的观点十分认同，认为无论是写作的出发点，还是考察其终极的效果，都应该以彰明圣贤之道为要务，至于文辞的营构与斟酌，反而不是最要紧的事。

对于当时的文学所表现出的成绩，曾巩在《筠州学记》中指出：

> 自此（汉）至于魏晋以来，其风俗之弊，人材之乏久矣。以迄于今，士乃有特起于千载之外，明先王之道，以寤后之学者。世虽不能皆知其意，而往往好之。故习其说者，论道德之旨，而知应务之非近；议从政之体，而知法古之非迂。不乱于百家，不蔽于传疏。其所知者若此，此汉之士所不能及。然能尊而守之者，则未必众也。故乐易惇朴之俗微，而诡欺薄恶之习胜。其于贫富贵贱之地，则养廉远耻之意少，而偷合苟得之行多。此俗化之美，所以未及于汉也。②

可见曾巩对当时的文学风气，既有称许，也有不满。他认为，遵从

---

① 〔宋〕曾巩：《答李沿书》，《曾巩集》卷十六，第258页。
② 〔宋〕曾巩：《筠州学记》，《曾巩集》卷十八，第301页。

先王之道，再造儒家文化的氛围，文学必须适当地发挥其对社会人心的影响力。类似的看法，他在《上欧阳学士第一书》中也指出：

> 夫道之难全也，周公之政不可见，而仲尼生于干戈之间，无时无位，存帝王之法于天下，俾学者有所依归。仲尼既没，析辨诡词，骈驾塞路，观圣人之道者，宜莫如于孟、荀、扬、韩四君子之书也，舍是醨矣。退之既没，骤登其域，广开其辞，使圣人之道复明于世，亦难矣哉。①

王一夔在《元丰类稿序》中对曾巩的文章作如是的赞赏："若南丰曾先生之文，其庶几于道者欤！"作为一个宣扬曾巩文章的人，这样的见解固然中肯，却也是必然要有的认知。

刘埙在《隐居通议·南丰先生学问》中则说：

> 濂洛诸儒未出之先，杨、刘昆体固不足道。欧、苏一变，文始趋古。其论君道、国政、民情、兵略，无不造妙。然以理学，或未之及也。当是时，独南丰先生曾文定公，议论文章，根据性理，论治道则必本于正心诚意，论礼乐则必本于性情，论学必主于务内，论制度必本之先王之法。②

刘埙认为，曾巩文章的立论根据，完全是出自儒家学术，显然就是理学的先驱。他能从曾巩立论的角度，掌握其文章的内容，确有其独到的眼光。然而曾巩文章，特别能够尽情于性理的本质。仔细探索其根源时，可以发现致力于"明道彰圣"应该是其文章所以委曲详备之所在。

---

① 〔宋〕曾巩：《上欧阳学士第一书》，《曾巩集》卷十五，第231页。
② 〔元〕刘埙：《南丰先生学问》，《隐居通议》卷十四，《四库全书》本。

二、道德明备

曾巩毕生"志乎道",也致力于文字之间,未尝懈怠。因此他在《答李沿书》中,试图从文章的内涵质素,回应李沿"发愤而为词章,则自谓浅俗而不明,不若其始思之锐"的迷惑。其实关于这种表达方面的疑惑,自古就有。

刘勰在《文心雕龙·神思》中讨论"方其搦翰,气倍辞前;暨乎篇成,半折心始"的现象时,认为"意翻空而易奇,言征实而难巧",是把这个难解的习题,直接归到语言本身。语言在运用的时候,必然存在某些限制。刘勰以为,从思到意,从意到言,一路展延过来,要在不同的材质与载体之间一再转换,还要求其能够密切结合,本来就很不容易。所以要穷其原始,只有从作者本身做起。一个好的作者,平日就要"积学以储宝,酌理以富才,研阅以穷照,驯致以绎辞",只有在学识、理念与经验各方面都努力,才能顺利地抽绎思绪,才有能力做好组织文辞的工作。

对同样的问题,曾巩的看法就很直接,他指出"道"与"辞"本来就是不同的两个层面。在《答李沿书》中,他认为李沿会产生这种疑惑,是因为:

> 夫足下之书,始所云者欲至乎道也,而所质者则辞也,无乃务其浅,忘其深,当急者反徐之欤!
>
> 夫道之大归非他,欲其得诸心,充诸身,扩而被之国家天下而已,非汲汲乎辞也。其所以不已乎辞者,非得已也。[1]

曾巩认为:李沿原先是以"至乎道"为自我期许,然而来相问难的

---

[1] 〔宋〕曾巩:《答李沿书》,《曾巩集》卷十六,第258页。

重点，却显然落在文辞表达的修饰层面。于是早先所标举的理想，与今日所关心的表现层面，方向显然已经有所不同，这就是矛盾相冲突的焦点。所以曾巩要求李沿自我反省："其自谓已得诸心、充诸身欤？扩而被之国家天下而有不得已欤？"[①] 换句话说，李沿如果能够回头去追求自我道德的完善，能够致力于服务国家天下的理想，对于文辞的困惑自然会迎刃而解。

从这里可以见得，曾巩认为从事文章写作的人，还是要从思想方面入手。曾巩的看法与《文心雕龙》大致相似，都观察到思想对于文学表现的深层影响。然而，刘勰是作深入而全面的探讨，不放过每一环节，最后才落实在文字的雕琢功夫，要"使玄解之宰，寻声律而定墨；独照之匠，窥意象而运斤"。

曾巩也取法于扬雄。扬雄认为，其实辞赋只是小道，一旦能够浸淫在思想的丰腴厚实之中，眼界既宽，就会有壮夫不为的感慨。关于词采的点染装扮，曾巩并不认为是急切而重要的工作。只要在尽心于学术思想探索之余，掌握好文学的素材，在运用之际，能够自在地随机创作，其实无须刻意去做文辞的设计与规划，就会有精彩的表现。

所以曾巩用以衡量作家水平的角度，显然与社会大众所推崇的有所不同。他对文章家的道德修养非常重视，认为必须有好的道德素养，才有能力写出好的作品。曾巩是孔子"有德者必有言"这一观点的忠实追随者。

在《寄欧阳舍人书》中，他认为铭志一类的文章，义近于史，承担这种文章的写作，简直就是非常庄严而神圣的任务，所以他认为写作者"非畜道德而能文章者无以为也"。因为他认为，"有道德者之于恶人，则不受而铭之"，可以很清楚地以大是大非作区隔，绝无灰色的模糊地带可

---

① 〔宋〕曾巩：《答李沿书》，《曾巩集》卷十六，第258页。

言。至于对一般人来说,"人之行,有情善而迹非,有意奸而外淑,有善恶相悬而不可以实指,有实大于名,有名侈于实",种种现象,当难以区隔界定时,就完全要听凭作家的道德自觉。有道德者虽未必能处理得当,对于"非畜道德者"则就不敢有任何期待了。

作为一个文学家,他认为要想"能辨之不惑,议之不徇",则"道德明备"就是必要的条件。唯有"道德明备",才能够洞察事物的本质,明辨人性的真伪善恶,才不至于被外在的形质所拘限、所蒙蔽,甚至是徇溺于自己主观的偏差概念,形成不正确的认识。曾巩这样的观点,当然是沿袭儒家的思辨理路发展而来。儒家思想,在传统的社会中,一直有着积极的廓清作用和实际的指导效果。曾巩对于儒家思想的信念,又显然较一般知识分子有更加强烈的坚持。

宋仁宗皇祐元年(1049),曾巩三十一岁,总算有机会面见仰慕已久的范仲淹。他在《上范资政书》中说:

> 夫学者之于道,非处其大要之难也。至其晦明消长、弛张用舍之际,而事之有委曲几微,欲其取之于心而无疑,发之于行而无择,推而通之,则万变而不穷。合而言之,则一致而已。[①]

[①] 〔宋〕曾巩:《上范资政书》,《曾巩集》卷十五,第243页。按:曾巩久居临川,常苦肺疾。他曾在庆历元年(1041)、六年(1046)两度晋京,以时程计算,当时范仲淹都不在朝廷为官,两次都无法遇到范仲淹。"资政"是资政殿学士,是必须担任过参知政事以上的官职才能取得的荣衔。《续资治通鉴长编》卷一百五十四:"(庆历五年春正月)乙酉,右谏议大夫、参知政事范仲淹为资政殿学士,知邠州(今陕西郴州市),兼陕西四路缘边安抚使。"所以庆历元年,范仲淹还未具备此一头衔。《续资治通鉴长编》卷一百五十七:"(庆历五年)知邠州范仲淹罢陕西四路安抚使……改知邓州(今河南邓州市)。"范仲淹在邓州凡四年。皇祐元年(1049)春,由邓州徙知杭州。皇祐二年(1050)十一月,由杭州移知青州。皇祐三年(1051)冬,求知颍州。皇祐四年(1052)春,以高迈之年奉诏徙颍州,肩舆至徐州,不起而薨。范仲淹以资政殿学士衔,于羁旅中见曾巩事,应在皇祐元年春由邓州徙知杭州途中。邓州在汉水上游,顺汉水而下出长江,道经江西辗转赴杭州,最为便捷。范氏名重天下,节旄所到,士子奔走求见,自是一时之盛事。范仲淹道经江西时,曾巩躬逢其会,较合常理。

范仲淹"先天下之忧而忧,后天下之乐而乐",是当时知识分子的领袖,是儒者的代表性人物,是曾巩奉为楷模的学习对象。曾巩很清楚,作为一个知识分子,在那个时代本来就拥有比较强大的影响力。利用领袖群伦的身份,站在道德的高处,作大声疾呼的动作并不困难。难的是在付诸实施的时候,如何去面对现实世界中大环境的光明与黑暗的对比;对于小环境中的细微与曲折,又该作何种适度而清晰的彰显。唯其能够把持灵明的心志,作应有的坚持,方才不致失其为学于圣贤之道者的本分而已。

他认为作为一个文学家,施用"文字"这样的社会公器,在正式发表成文章之后,将会回过头来影响社会。所以析辨的能力在"晦明消长、弛张用舍之际"尤其重要。因此盼望在"事之有委曲几微"时,"欲其取之于心而无疑,发之于行而无择"。曾巩之所以作如是说,大约是对自己已经具有十足的信心,对这样的环境特性也已经充分掌握,只待有施展的机会,他就要依此做去。

当时,作为一个在科举场上尚未得志的青年,面对着在学术界、政治界都是德高望重的范仲淹,曾巩提出这样严肃而诚恳的看法,一方面是借以称述范仲淹,凸显范仲淹在他心中所具有的形象,另一方面也是向范仲淹陈述自己的人生态度。他的人生态度如此,于是他对政治事务的观察,乃至于他对文章的态度,当然也都以这种严谨的立场来看待。在《上范资政书》中,他坦然地自我剖白:

> 若巩之鄙,有志于学,常惧乎其明之不远,其力之不强,而事之有不得者。既自求之,又欲交天下之贤以辅而进,繇其磨砻灌溉以持其志、养其气者有矣。其临事而忘、其自反而馁者,岂得已哉?则又惧乎陷溺其心,以至于老而无所庶几也。[①]

---

① 〔宋〕曾巩:《上范资政书》,《曾巩集》卷十五,第243页。

曾巩并不掩饰他对前景的焦虑,这时他已经过了而立之年,仍然一无所成,只能自谦是"有志于学",仍然在"持其志、养其气",期待"交天下之贤以辅而进",而"临事而忘""自反而馁""惧乎陷溺其心,以至于老而无所庶几"等种种困惑,其实都来自他强烈的用世之心,唯恐及身而没,却不能展现些许的济世之才而已。

曾巩强烈的用世之心,对欧阳修如此,对范仲淹如此,对杜衍、对蔡襄、对梅尧臣、对王逵、对宋敏求以及对任何一个有功于当时的儒者,也都如此。不亢不卑,恰如其分地表达他属于儒者的心灵。

梅尧臣的《逢曾子固》诗云:"昔始知子文,今始识子面。吐辞亦何严,白昼忽飞霰。……冷坐对寒流,萧然未知倦。"[1]这是梅尧臣与曾巩初次见面后的作品。可以想见,面对文坛前辈,曾巩以一贯严肃的谈吐,畅谈他在儒家思想之下的种种理想,其丰富的学养和坚定的信念,自然会给梅尧臣留下极为深刻的印象,其人其文是深相一致的。

三、文道相关

欧阳修尝谓:"言以载事,而文以饰言,事信言文,乃能表见于后世。"[2]唯有优秀的作品,才有流传的价值,也才有流传于后世的可能。"事信言文"是欧阳修的写作原则。

"事信",是在传达的过程中,必须忠实地保持诚恳的心意,对事实作精准的表达。"言文",则是在表达的技巧方面,能够文采动人。想要追求文字的精准与精彩,在创作文章的过程中,努力锤炼是不可缺少的条件。曾巩在《南齐书目录序》中指出,良史的标准是:

> 其明必足以周万事之理,其道必足以适天下之用,其智必

---

[1]〔宋〕梅尧臣:《逢曾子固》,《宛陵集》卷四十五,《四库全书》本。
[2]〔宋〕欧阳修:《代人上王枢密求先集序书》,《欧阳修全集》卷六十八,第984页。

足以通难知之意,其文必足以发难显之情。①

古之史家是专业的写作者,所书写的史书《左传》《战国策》《史记》《汉书》等都成为后世文章的典范。以良史的标准,作为文学家的标准,大致是若合符节的。

此处所谓"明必足以周万事之理",追求的是明晰的思辨能力,要能够透析事物的道理;"道必足以适天下之用",追求的是圆融的演绎能力,要能够适应时空的流转;"智必足以通难知之意",追求的是敏锐的通晓能力,要能够掌握多样的讯息;"文必足以发难显之情",追求的是精确的表达能力,要能够豁显生命的奥妙。

这四句话还要区分为三个层次:"道必足以适天下之用"自然是属于"道"的层次;"文必足以发难显之情"当然是属于"文"的应用层次,是指运用文字的本领,是求其"言文"的附加、修饰层面;至于"明必足以周万事之理""智必足以通难知之意",都是作者为达到"事信"所应具备的深厚素养,是由"道"到"文"之间的本领的表现。

这段文字所透露的讯息非常清楚,相较于欧阳修"事信言文"的观点,曾巩更提出了"道"的要求。可以说,曾巩对于文学家,更在乎他是否拥有"道"的素养,已经超越了刘知几"史家三长"的要求,这是何等高的期许。

就史传文学的书写任务而言,应该是极其朴素的。在使用的文字方面,它不必像文艺作品一般,唯恐不够新颖、优雅,所以似乎无须在乎运用韵律、修辞、结构、布局等种种表现的方式,不必力求以精彩的面貌呈现出来。也或许正因为如此,曾巩要在"事信言文"的指导下,更揭橥"道"的期许,其中应该有着面对史传文学,乃至对撰述文章的积

---

① 〔宋〕曾巩:《南齐书目录序》,《曾巩集》卷十一,第187页。

极要求。

曾巩在《寄欧阳舍人书》中提出"公与是"的意见,同样也都属于对欧阳修"事信言文"观点作回应的一环。文中指出:

> 及世之衰,为人之子孙者,一欲褒扬其亲而不本乎理。故虽恶人,皆务勒铭以夸后世。立言者既莫之拒而不为,又以其子孙之所请也,书其恶焉,则人情之所不得,于是乎铭始不实。后之作铭者,常观其人。苟托之非人,则书之非公与是,则不足以行世而传后。故千百年来,公卿大夫至于里巷之士,莫不有铭,而传者盖少。其故非他,托之非人,书之非公与是故也。①

曾巩把创作文章的事业,特别要指定给极少数的专家,以免"托之非人"。他认为专家的标准是"畜道德而能文章者"。唯其"畜道德",所以"事信";唯其"能文章",所以"言文";有道德又有文章,两者不可缺其一。然而,若论能够"事信言文"的人,在那个时代自然是以欧阳修为第一人。曾巩在《寄欧阳舍人书》中就说:

> 然畜道德而能文章者,虽或并世而有,亦或数十年或一二百年而有之。其传之难如此,其遇之难又如此。若先生之道德文章,固所谓数百年而有者也。②

所以在取得欧阳修所撰著的《尚书户部郎中赠右谏议大夫曾公神道碑铭》之余,他充满感谢地说:"先祖之言行卓卓,幸遇而得铭其公与是,其传世行后无疑也。"③

---

① 〔宋〕曾巩:《寄欧阳舍人书》,《曾巩集》卷十六,第253页。
② 〔宋〕曾巩:《寄欧阳舍人书》,《曾巩集》卷十六,第254页。
③ 〔宋〕曾巩:《寄欧阳舍人书》,《曾巩集》卷十六,第254页。

曾巩还进而推述好文章所给读者的感动：

> 而世之学者，每观传记所书古人之事，至其所可感，则往往蠹然不知涕之流落也，况其子孙也哉？况巩也哉？其追睎祖德而思所以传之之繇，则知先生推一赐于巩而及其三世。其感与报，宜若何而图之？①

所以一篇好作品问世，其影响力极为巨大，曾巩就以此文为例，有所说明：

> 若巩之浅薄滞拙，而先生进之；先祖之屯蹶否塞以死，而先生显之。则世之魁闳豪杰不世出之士，其谁不愿进于门？潜遁幽抑之士，其谁不有望于世？善谁不为？而恶谁不愧以惧？为人之父祖者，孰不欲教其子孙？为人之子孙者，孰不欲宠荣其父祖？②

曾巩在此文指出，文章的影响力绝不局限于文章所直接相关联的人，间接有关的人也要随之踊跃感激；即使不相干的人有幸阅读，也会受到感动，这些人再用这份感动去影响其他人。这对于整个社会的正面效果，真是难以估计的。曾巩对文学作家所抱持的期许，是以感染力的不断推演的心态来对待的。

四、先道后文

曾巩议论文学的尺度是依循他"明道彰圣"的态度而来，因此对于文学中有关人生理想的部分，着墨较多。他很重视文学的社会功能，认为文章应先建立在"明道"的思想基础之上，从而与人生理想相对应。

---

① 〔宋〕曾巩：《寄欧阳舍人书》，《曾巩集》卷十六，第 254 页。
② 〔宋〕曾巩：《寄欧阳舍人书》，《曾巩集》卷十六，第 254 页。

然而作为一个擅长写作的文学家，自然也会要求文章必须兼具精彩的表达形式。因此他也承袭前人"言之无文，行而不远"的看法，仍然是主张文采与内涵并重的。兼顾形式与内容，还是他评论文章的原则。在《王子直文集序》中，他就如是说：

> 由汉以来，益远于治。故学者虽有魁奇拔出之材，而其文能驰骋上下，伟丽可喜者甚众，然是非取舍，不当于圣人之意者亦已多矣。①

富有文采，曾巩以"材"称之，偶尔使用"才"字，两者之间没有特别差异。然而在辞采之外，是否合于"圣人之意"还是最重要的。

在前文引述的《上欧阳学士第一书》中，曾巩认为"世之所谓大贤者"，"以其明圣人之心于百世之上，明圣人之心于百世之下。其口讲之，身行之，以其余者，又书存之，三者必相表里"。②这就很清楚地揭示出他对写作者素养的判定标准。历来作家众多，可是能够秉持儒者圣哲的撰述心意者，却寥寥无几。因为曾巩重视文章的道德性内涵及社会功能，即使是在介绍友人的文章时，也秉持着先留心其道德，然后考察其言行，然后观察其文章的态度。所以"先道后文"仍然是他面对有关的文学议题时，所采取的基本态度。

在《王平甫文集序》中，他说：

> 平甫自少已杰然以材高见于世。为文思若决河，语出惊人，一时争传诵之。其学问尤敏，而资之以不倦，至晚愈笃，博览强记，于书无所不通，其明于是非得失之理为尤详。其文闳富典重，其诗博而深矣。③

---

① 〔宋〕曾巩：《王子直文集序》，《曾巩集》卷十二，第197页。
② 见〔宋〕曾巩：《上欧阳学士第一书》，《曾巩集》卷十五，第231页。
③ 〔宋〕曾巩：《王平甫文集序》，《曾巩集》卷十二，第201页。

王安国①的文章虽然已经为当时人所推崇,然而曾巩特别在他文章内含蕴蓄厚实的方面加以强调,而不特别强调其表现形式与能力。对其他平辈或晚辈,也常常采取如是的态度。

> 东明刘希声来临川,见之。其貌勉于礼,其言勉于义,其行亦然,其久亦坚。其读书为辞章日盛。②

> 文叔年未三十,喜从余问道理,学为文章,因与之游。……余读其书,知文叔虽久穷,而讲道益明,属文益工,其辞精深雅赡,有过人者。③

刘希声还有成长的空间,所以曾巩接连用"勉"字陈述,大约是期望他能达到"不勉而中"的境地。张文叔从问道理入手,由于"讲道益明,属文益工",所以其辞"精深雅赡"。曾巩认为"明于是非得失之理""讲道益明",都先指出了他们"明于道"的成绩,所以才有"属文益工"的结果。

曾巩在面对他所敬爱的长辈与亲友时,这种态度表现得尤其清楚。在整理祖父曾致尧的文集时,他撰写了《先大夫集后序》,其中云:

> 方五代之际,儒学既摈焉,后生小子,治术业于闾巷,文多浅近。是时公虽少,所学已皆知治乱得失兴坏之理,其为文闳深隽美,而长于讽谕。④

曾巩先提出对五代时期"儒学既摈"故"文多浅近"的观察,于是

---

① 王安国(1028—1074),字平甫,系王安石之弟,为曾巩第三妹婿。
② 〔宋〕曾巩:《送刘希声序》,《曾巩集》卷十四,第222页。
③ 〔宋〕曾巩:《张文叔文集序》,《曾巩集》卷十三,第213页。
④ 〔宋〕曾巩:《先大夫集后序》,《曾巩集》卷十二,第194页。

认为在学术方面只有学得"知治乱得失兴坏之理",文章才能有"闳深隽美"的造诣。

在曾巩所亲闻亲见的当代人物中,他对早逝的王回,有着特别深沉的惋惜:"呜呼!深父其志方强,其德方进,而不幸死矣。"①在《王深父文集序》中,他指出:

> 当先王之迹熄,六艺残缺,道术衰微,天下学者无所折衷,深父于是时奋然独起,因先王之遗文以求其意,得之于心,行之于己,其动止语默必考于法度,而穷达得丧不易其志也。②

曾巩对王回的推崇,不以一般人的立场来看待。他指出,相较于"世之别集"最重要的差异是,王回能"因先王之遗文以求其意,得之于心,行之于己",有本有源,既能以千古以来颠扑不破的先王遗文为其根据,又能真有心得,而且身体力行,则其人其文都已经在"道"的层次里不断精进,这就是《王深父文集》的特别成功处。

> 其辞反复辨达,有所开阐,其卒盖将归于简也。其破去百家传注推散缺不全之经,以明圣人之道于千载之后,所以振斯文于将坠,回学者于既溺,可谓道德之要言,非世之别集而已也。③

王回对于已经领略的思想,在反复推演之下,能够充分析辨义理,能够完整传达,而且还能有所开阐,这是何等娴熟的文字运用能力。尤其是在驾驭众理时,又能以简驭繁,把这些理念统合起来,以归于简,于是能"推散缺不全之经,以明圣人之道于千载之后,所以振斯文于将

---

① 〔宋〕曾巩:《王深父文集序》,《曾巩集》卷十二,第196页。
② 〔宋〕曾巩:《王深父文集序》,《曾巩集》卷十二,第196页。
③ 〔宋〕曾巩:《王深父文集序》,《曾巩集》卷十二,第196页。

坠，回学者于既溺"。能够运用文字，一肩挑起儒者的任务，正是曾巩对王回之激赏处。他在《寄王介卿》中也有类似的称述：

> 周孔日已远，遗经窜墙壁。倡佯百怪起，冠裾稔回慝。君材信魁崛，议论恣排辟。如川流浑浑，东海为委积。如跻极高望，万物著春色。寥寥孟韩后，斯文大难得。①

诗中赞赏了王安石能够从经书里走出来，清楚地辨明善恶，能以鸿文谠论作庄严的议论，又能以优雅的文辞展现漫美的情境。王安石能够表现这些才华，正是曾巩所最期待的文学家。

在古代的文学家中，徐干可以说是曾巩的千古知己。在众多的子部著作中，即使是对一般人所熟悉的甚至相当推崇的刘向，在探讨到他所作的《新序》和《说苑》时，曾巩尚且都颇有微词，却推崇一般人所容易忽略的徐干。他所作的《徐干中论目录序》，对于徐干的时代背景与其思想内涵、行事态度，都作了相当用心的叙述：

> 干独能考六艺，推仲尼、孟轲之旨，述而论之。求其辞，时若有小失者；要其归，不合于道者少矣。其所得于内者，又能信而充之，逡巡浊世，有去就显晦之大节。臣始读其书，察其意而贤之。因其书以求其为人，又知其行之可贤也。惜其有补于世，而识之者少。盖迹其言行之所至，而以世俗好恶观之，彼恶足以知其意哉！②

世俗的好恶，已经失去合宜的准据，自然不足以明白作者的深意，这是徐干的悲哀，又何尝不是曾巩的悲哀？而曾巩特别提示的"合于道""有补于世"正是曾巩在议论时所注重的方向。

---

① 〔宋〕曾巩：《寄王介卿》，《曾巩集》卷二，第18页。
② 〔宋〕曾巩：《徐干中论目录序》，《曾巩集》卷十一，第190页。

值得注意的是，曾巩对文章内涵的关注，显然远远超过形式与辞采。对于熟悉的亲友，或许会因个人的情感因素而有所迁就，然而包括《徐干中论目录序》《王深父文集序》，曾巩都毫无例外地以其独到的眼光，特别留意其文章风格与其人思想内涵、行事态度的相互呼应，对于这些能够在文字之间"合于道"的作品，他都给予了极高的评价。

曾巩与不熟悉的人讨论文章，还是难免会有客套，然而试观其所使用的文字，也多半强调其思想的层面。在《答孙都官书》中，他盛赞孙都官著作之丰富，题材之宽度，语言之精丽，他说：

> 盛制六编，凡三千首，盛矣哉！文之多，工之深，且专以久也。其于君臣、父子、兄弟、夫妇、朋友、天地、三辰、鬼神、山川、地理、四夷、中国、风俗、万物、治乱、善恶、通塞、离合、忧欢、怨怼，无不毕载，而其语则博而精，丽而不浮，其归要不离于道。视昔以文名于天下者，夫岂易至于是邪？①

在一番赞美之余，他拈出文章之中"其归要不离于道"的特点，而且还认为孙都官能有此自觉，是自古以来的文章名家所疏忽的。

在《回傅权书》②中，曾巩称述傅权所创作之古律诗、杂文"指意所出，义甚高，文辞甚美"，从中也可以看到曾巩强调"文道并重"的态度。然而在一番"足下之材，可谓特出"的赞美之后，所提出的意见是："自强不已，则道德之归，其孰可御？"这又显然挑明：唯有符合传统道德内涵的文章，才是值得追求的重点。

---

① 〔宋〕曾巩：《答孙都官书》，《曾巩集》卷十六，第260页。按：孙都官，即孙甫（998—1057），字之翰，曾巩有《故朝散大夫尚书刑部郎中充天章阁待制兼侍读上轻车都尉赐紫金鱼袋孙公行状》记其事迹。
② 见〔宋〕曾巩：《回傅权书》，《曾巩集》卷十六，第267页。

在《太子宾客致仕陈公神道碑铭》中，曾巩借由记述当事人生平的讨论，以呈显墓志、神道碑铭之类的文章的社教功能：

> 太子宾客致仕陈公既葬，其孤聃与其宗亲属人谋曰：公殁，所以原大追功，既有太史之状，幽宅之铭，维墓道有碑，可以明著公之休德遗泽，章视万世，以假宠陈氏之子孙于无穷。而其辞未立，于谊谓何？①

曾巩指出，由于主人翁既有"休德遗泽"在先，然后再注意到"其辞未立"，诚属可惜。从此也足以见得，曾巩依旧是以"先道后文"的顺序和态度，评断这类文体的创作是否有其价值。

王君俞是曾巩青年时期的好友，在《王君俞哀辞》中曾巩描述：

> 君俞在京北门外，不交人事，读书慕知圣人微言大法之归趣，孜孜忘昼夜寒暑之变，其为辞章可道，耻出较重轻，漠然自如，由此名与位未充也。②

"读书慕知圣人微言大法之归趣"，而且"孜孜忘昼夜寒暑之变"，正是王君俞的生命中最值得彰显的特质。相较于"耻出较重轻，漠然自如"的优美风采，"为辞章可道"只不过是他生命中的微波而已。所以于曾巩而言，"道"的位阶，显然高出于"文"。

> 有子亦起进士，为永州推官以卒，卒时年二十有八者，讳适，亦以文学见称……君于学问，好其治乱得失之说，不狃近卑。于为文，以古为归，不夸以浮。③

---

① 〔宋〕曾巩：《太子宾客致仕陈公神道碑铭》，《曾巩集》卷四十七，第639页。
② 〔宋〕曾巩：《王君俞哀辞》，《曾巩集》卷四十一，第563页。
③ 〔宋〕曾巩：《永州军事推官孙君墓志铭》，《曾巩集》卷四十四，第598页。

孙适也"以文学见称"于世，曾巩认为他所写的文章，在内容方面"其治乱得失之说，不狃近卑"，在观点方面"以古为归，不夸以浮"，两者同样都偏重于实质的"道"的层面。至于其文采，曾巩都只是略作叙述而已。

> 君字孺兴，为人有大志，读书好其治乱得失之大旨，为文长于辨说，其奔放驰骋、上下反复之际，有足壮也。①

徐洪"为文长于辨说"的能力，其实来自"为人有大志，读书好其治乱得失之大旨"；至于其文辞的表现，则是"奔放驰骋、上下反复之际，有足壮也"。曾巩虽然对"文"的层面有较多的诠释，然而强调"读书好其治乱得失之大旨"则是其前提，可见他依然是从儒者"道"的角度着眼。

曾巩一生遭遇的挫折极多，除了久困于科举，无法及早投身于生命理想的实现之外，亲人的纷纷亡故更是他生命中的梦魇。早岁丧母，继而丧父，然后拖着被肺病折磨的躯体，面对纷至沓来的噩耗：丧兄、丧舅、丧妹、丧妻、丧弟，乃至丧女、丧侄。孑然独立，真有无限的凄凉。这大概也是他之所以对继母极尽孝道，对诸弟极力提携，珍惜彼此相聚时光与情分的原因。

对这些亲人的亡故，曾巩多半都有哀祭铭志之文记述。这些理应深沉哀悼的文章，在表彰他们生前所曾有过的言行辞采时，曾巩依然先强调其思想的基础，再附带提及文辞成就：

> 欢愉忧悲、疾病行役、寝食之间，书未尝去目。故自上古以来，至今圣贤百氏、骚人材士之作，训教警戒，辨议识述，下至浮夸诡异之文章，莫不皆熟，而于治乱兴亡、是非得失之

---

① 〔宋〕曾巩：《抚州金溪县主簿徐洪墓志铭》，《曾巩集》卷四十四，第602页。

际，莫不能议焉。其文章尤宏赡瑰丽可喜。①

子翊少力学，六艺百子、史氏记、钟律地理、传注笺疏、史篇文字，目览口诵手抄，日常数千言，手抄书连楄累筒不能容。于其是非治乱之意既已通，至于法制度数、造物立器，解名释象、声音训诂，纤悉委曲，贯穿旁罗，无不极其说。且老，未尝一日易意。其为文驰骋反复，能传其学。②

觉自少则励志，力学问，知道理，善于属文。及长，慨然慕有为于世，不肯碌碌，为人恭谨，循循寡言。③

"其文章尤宏赡瑰丽可喜""其为文驰骋反复，能传其学""善于属文"，曾巩对于亲人的文采，似乎都吝于多作铺陈，还要以"能传其学"再回到"道"的范围，充分表述了其"先道后文"的观点。

曾巩以儒家之道作为其思想的基干精神，始终一贯，于是"先道后文"的现象洋溢在其文集之中。"文质彬彬"固然是儒者的表征，然而"行有余力，则以学文"，曾巩作为一个儒者，大约是不愿意也不期望对文事的讲求投注过多心力。

五、以文会友

汉唐以降，历经五代之乱，儒学已经逐渐沦入式微的时代，曾巩在家族背景的熏陶之下，仍然孜孜不倦于圣人之道，而且自认有所收获。这是自许，也是事实。然而在茫茫人海中，却少有志同道合的伴侣。在《与王介甫第三书》中，他提到王回的逝世，从而对彼此之间的相知相惜，作了如下陈述：

---

① 〔宋〕曾巩：《亡兄墓志铭》，《曾巩集》卷四十六，第624页。
② 〔宋〕曾巩：《亡弟湘潭县主簿子翊墓志铭》，《曾巩集》卷四十六，第634页。
③ 〔宋〕曾巩：《亡侄韶州军事判官墓志铭》，《曾巩集》卷四十六，第628页。

深父殂背，痛毒同之……是道也，过千岁以来，至于吾徒，其智始能及之，欲相与守之。然今天下同志者，不过三数人尔，则于深父之殁，尤为可痛。①

曾巩在《王深父文集序》中极力称赞王回：能"破去百家传注推散缺不全之经，以明圣人之道于千载之后，所以振斯文于将坠，回学者于既溺"②。对于当世的文人，作这样的推崇，足见像王回这样的朋友，实在是曾巩所最珍惜的。

王安石也是曾巩极重要的伙伴，尤其是在曾巩落进士第之后的几年之间，两人以文字交，往来十分密切。③王安石也服膺儒家思想，重视内在的道德修养，而求经世致用于国计民生，彼此在文章与学术方面的态度也大致相同。"巩文学论议，在某交游中，不见可敌。其心勇于适道，殆不可以刑祸利禄动也。"④两人之间声气相通，对儒家事业有共同体认，同样都是"致君尧舜"的实践家。

曾巩的生命一直与儒家事业有密切的结合。曾巩身后，在其弟曾肇所撰的《行状》中，清楚地指出他深于学术的特点：

公生于末俗之中，绝学之后，其于剖析微言，阐明疑义，卓然自得，足以发六艺之蕴，正百家之缪，破数千载之惑。⑤

---

① 〔宋〕曾巩：《与王介甫第三书》，《曾巩集》卷十六，第257页。
② 〔宋〕曾巩：《王深父文集序》，《曾巩集》卷十二，第196页。
③ 庆历三年（1043）曾巩有《怀友一首寄介卿》《寄王介卿》《酬介甫还自舅家书所感》；王安石有《同学一首别子固》《赠曾子固》《答段缝书》论曾巩。庆历五年（1045）曾巩有《秋怀》《之南丰道上寄介甫》，王安石有《答子固南丰道中所寄》。庆历七年（1047）曾巩有《一昼千万思》《江上怀介甫》《发松门寄介甫》《与王介甫第一书》，王安石有《祭曾博士易占文》，又有《寄曾子固二首》。两人文字交往之密切可见一斑。
④ 〔宋〕王安石：《答段缝书》，《临川先生文集》卷七十五，第796页。
⑤ 〔宋〕曾肇：《行状》，《曾巩集》附录，第791页。

就曾巩而言，文学生命与经学思想深相连贯，的确是曾巩文章的最大特质。曾肇的推崇，还包括对学术环境的检讨："盖自扬雄以后，士罕知经，至施于政事，亦皆卑近苟简，故道术浸微，先王之迹不复见于世。"① 在传统学术思想逐渐衰微的时代，曾巩的坚持，就成为他人格与学术的特质：

> 其言古今治乱得失是非成败，人贤不肖，以至弥纶当世之务，斟酌损益，必本于经，不少贬以就俗，非与前世列于儒林及以功名自见者比也。②

庆历元年（1041）曾巩初抵京华，在《上欧阳学士第一书》中，他作为一名小有名声的青年学子，在求见当代文学名家时，就昂然地提出把文章视为明道的工具和手段的看法：

> 夫世之所谓大贤者，何哉？以其明圣人之心于百世之上，明圣人之心于百世之下。其口讲之，身行之，以其余者，又书存之，三者必相表里。其仁与义，磊磊然横天地，冠古今，不穷也。其闻与实，卓卓然轩士林，犹雷霆震而风飘驰，不浮也。则其谓之大贤，与穹壤等高大，与《诗》《书》所称无间宜矣。③

曾巩把"大贤"定位在必须能做到"明圣人之心于百世之上，明圣人之心于百世之下"，而且要"口讲之，身行之"，还要"以其余者，又书存之"。所以这种"卓卓然轩士林"的大贤，不只是道德实践家、人生理想的宣传家，还必须是能以书存的优秀文学家。从而也就可以逆推，曾巩确有文学必须与道德密切结合的看法。

---

① 〔宋〕曾肇：《行状》，《曾巩集》附录，第791页。
② 〔宋〕曾肇：《行状》，《曾巩集》附录，第791页。
③ 〔宋〕曾巩：《上欧阳学士第一书》，《曾巩集》卷十五，第231页。

欧阳修是曾巩所向慕师法的大贤，从学术思想方面看来，是因为欧阳修能尊经明道，能宣扬儒术，并且能身体力行。所以曾巩用上面这段文字来表达对欧阳修的推崇，从而也突显了自己的文学观点：一个优秀的文学家，应该透过文字的阐扬，使人们明了百世之上的圣人之心，还要使百世之下后起的群众也都能够了解圣人的深意。这种文学观点，成为他毕生努力以赴的目标，而这些期许也都与欧阳修当时在社会上的形象互相呼应。

历来文学批评家，对曾巩与欧阳修间拥有一脉相承的文学观点，大致都没有疑义。欧阳修主张"文以明道"，他好古敏求，抱持宗经尊圣的态度。在《答李诩第二书》中他认为：

> 尧、舜、三代之治乱也，《礼》《乐》之书虽不完，而杂出于诸儒之记，然其大要，治国修身之法也。六经之所载，皆人事之切于世者。[1]

在欧阳修看来，应该要从"诸儒之记"学于圣人，因为其中有治国修身之法。"圣人之文虽不可及，然大抵道胜者文不难而自至也"[2]。圣人之文章既然是在道的层面取胜，那就要向圣人学习为文的方法，六经之所载，皆人事之切于世者。所以在文章中融入坚实的"道"才会有好的成绩。就此而言，欧阳修的确在身体力行。

在《与张秀才棐第二书》中，欧阳修批评张秀才"述三皇太古之道，舍近取远，务高言而鲜事实"[3]的做法，认为这种类同于道家的态度并不妥当。因为这种做法的缺点是"诞者言之，乃以混蒙虚无为道，洪荒广

---

[1] 〔宋〕欧阳修：《答李诩第二书》，《欧阳修全集》卷四十七，第669页。
[2] 〔宋〕欧阳修：《答吴充秀才书》，《欧阳修全集》卷四十七，第664页。
[3] 〔宋〕欧阳修：《与张秀才棐第二书》，《欧阳修全集》卷六十七，第978页。

略为古,其道难法,其言难行"①,是无益于世的。所以为文者的做法,应该是以"君子"为自我期许,也就是应该取法孔子对于"道"的认知,用心体会儒者"道不远人""率性之谓道""可离,非道也"等想法,使得"道"能够熔铸在文章之中。

前文中欧阳修还认为文章的写作,应该取法六经。试就《尚书》之所论述的内容而言,则"唐、虞之道为百王首"已经是古书所认定的事实。仲尼也叹服推崇尧治天下的功绩,是"荡荡乎,民无能名焉"。这样伟大的政治绩效,见于《尚书》的记载仅仅是"其事不过于亲九族,平百姓,忧水患"而已,可见古人的传世文章何等亲切明白。

至于"孔子之后,惟孟轲最知道,然其言不过于教人树桑麻、畜鸡豚,以谓养生送死为王道之本"②,欧阳修认为孟子的政论,一样是要言不烦,不离亲身体会的经验。欧阳修这种对经书的推崇,也正是曾巩"文本经术"的做法所承袭的。

欧阳修在《与张秀才棐第二书》中又指出:"夫二《典》之文,岂不为文?孟轲之言道,岂不为道?而其事乃世人之甚易知而近者,盖切于事实而已。"③所以欧阳修主张:要把儒家之道和现实社会、日常生活连结起来。儒者在学习经典时,要能留心"切于事实"的一面。只有不尚空谈,文章才会有益于时,有益于世,才能发挥切实有用的效果。

欧阳修强调文与道的结合,非常反对"缀风月,弄花草"④这种耽溺于文的现象。所以,只要是"弃百事不关于心"⑤,甚至"职于文",纯粹把文章当作谋生工作的态度,都要予以批评和强烈反对。

---

① 〔宋〕欧阳修:《与张秀才棐第二书》,《欧阳修全集》卷六十七,第 978 页。
② 〔宋〕欧阳修:《与张秀才棐第二书》,《欧阳修全集》卷六十七,第 979 页。
③ 〔宋〕欧阳修:《与张秀才棐第二书》,《欧阳修全集》卷六十七,第 979 页。
④ 〔宋〕石介:《怪说中》,《徂徕集》卷五,《四库全书》本。
⑤ 〔宋〕欧阳修:《答吴充秀才书》,《欧阳修全集》卷四十七,第 664 页。

通过曾巩的文章及其毕生的行谊,可见曾巩一直是以俨然的儒者身份面对时代,也是以此自我期许的。所以在他的一生中,只有直道而行,选择朋友也是泾渭分明,虽然是以文会友,却仍然以志同道合为先决条件。以儒家思想为本源,欧、曾师徒是若合符契的。

第二节　文学创作论

曾巩对文学作家的评鉴,因有"先道后文"的基本态度,所以论及关于文学家处理素材所应具备的素养,也抱持同样的立场。他很清楚地以儒者的角度,对待天下古今的文学素材。只是曾巩还注意到文学之所以是文学,其表现手法必须具备传达美感经验的素质,不应只求思想层面的呈现而已。

曾巩是极坚定的儒者,他的生活态度极保守,价值观极传统,然而面对当时的政治局势与社会的发展,却能保持积极与开创的态度。所以保持传统并非他唯一的标准,他绝非顽固的保守主义者。至于他处理事务的准则就是"理"字,处理文章自然也没有例外。于是,关于创作的态度,他所坚持的"理当无二"的立场依然显得十分严格。

一、创作法则

1. 以理为则

曾巩绝非顽固的保守主义者。宋仁宗庆历年间,他正值青年时期,受教于当时许多前辈贤哲,包括杜衍、范仲淹、欧阳修、余靖、尹洙、蔡襄等人,而且留下了许多往来的文章。这些前辈都曾奋不顾身地投入到"庆历新政"的改革之中。当时对于新政的方向与内容,曾巩还热血沸腾地提供了许多建议。①

熙宁年间，曾巩正当壮年，面对的是挚友王安石所主导的"熙宁变法"。尽管在变法施行之前，他就因为彼此有所龃龉而离开京城，远赴外州任地方官，②然而对于新法的规定，他大致都是采取配合的举措，甚至还有善于为政的名声。他因为坚持传统的儒家观点，所以会有其保守的一面，然而落实在实际人生中，他则更有通达的一面，从而永远不失为一个确确实实的儒者。

随着时代的改变，曾巩也接纳各种新的观念，无论是在政治还是文艺方面都是如此。在《礼阁新仪目录序》中，他就指出：

> 古今之变不同，而俗之便习亦异，则亦屡变其法以宜之，何必一二以追先王之迹哉？③

曾巩虽认为今之习俗不必处处以古代为模式，但他对上古社会，却一直有着高度的憧憬。在《新序目录序》中，他认为上古时期的文明具有这样的风貌：

> 古之治天下者，一道德，同风俗。盖九州之广，万民之众，千岁之远，其教已明，其习已成之后，所守者一道，所传者一说而已。故《诗》《书》之文，历世数十，作者非一，而其言未尝不相为终始。④

显然，曾巩过度美化了古代社会，他大声赞美："化之如此其至也。"

---

① 收录在《曾巩集》卷十五的《上欧阳舍人书》《上蔡学士书》《上杜相公书》是曾巩这一时期提供建言的代表性作品。
② 从宋神宗熙宁二年（1069）到元丰二年（1079）九月之间，曾巩远赴外州任地方官，包括越州（今浙江绍兴）、齐州（今山东济南）、襄州（今湖北襄阳）、洪州（今江西南昌）、福州（今福建福州）、明州（今浙江宁波）、亳州（今安徽亳州）等地。
③〔宋〕曾巩：《礼阁新仪目录序》，《曾巩集》卷十一，第182页。
④〔宋〕曾巩：《新序目录序》，《曾巩集》卷十一，第176页。

一切美好的时空与事物，在他看来都曾经在千百年前出现过，而且这些仍然可以完整地重现。基于这样的期待，曾巩在《王子直文集序》中，提出"理当无二"的见解：

> 至治之极，教化既成，道德同而风俗一，言理者虽异人殊世，未尝不同其指。何则？理当故无二也。①

曾巩认为，只要是至治之世，由于教化能充分发挥功效，所以"道德同而风俗一"，当时文明的成果必定粲然可观。考察这些至治之世所留下来的文字资料，其中的价值观——"理"在不同的时空中，却相互一致，这正是因为其所赖以维系、赖以判断的"理"合于人群的需要，值得后人观摩取法。

> 《诗》《书》之文，自唐虞以来，至秦鲁之际，其相去千余岁，其作者非一人，至于其间尝更衰乱，然学者尚蒙余泽，虽其文数万，而其所发明，更相表里，如一人之说，不知时世之远，作者之众也。②

时间相去千年，而且作者非一人，社会历经各种动乱，而先后出现的作品，"其所发明"的价值判断，"更相表里"，居然会出现相一致的现象。这种恒常而稳定的价值，确实有值得后人深思的所在。

于是，寻绎存在于其中、可以经久而颠扑不破的"理"就成为曾巩探寻文学思想脉络的重要议题。在《阆州张侯庙记》中，曾巩就是以此议题发端：

> 事常蔽于其智之不周，而辨常过于所惑。智足以周于事，

---

① 〔宋〕曾巩:《王子直文集序》,《曾巩集》卷十二，第197页。
② 〔宋〕曾巩:《王子直文集序》,《曾巩集》卷十二，第197页。

而辨至于不惑，则理之微妙皆足以尽之。①

他认为人的智识，会因为生命机缘而有种种的限制。思辨能力，更难免会有来自每个当事人眼界宽狭不等的限制。唯有通过"理"的衡酌，才能使智识与思辨获致良好的定位，从而充分发挥其具有的价值。所以这种稳定的价值观和"理"的概念，曾巩常常用来作为论述的依据。在《思政堂记》中，他说：

> 夫接于人无穷，而使人善惑者，事也；推移无常，而不可以拘者，时也；其应无方而不可以易者，理也。知时之变而因之，见必然之理而循之，则事者虽无穷而易应也，虽善惑而易治也。故所与由之，必人之所安也；所与违之，必人之所厌也。②

人们所面对的时间与空间，以及其中各种变动不居的人、事与物之间，有许多无从掌握的变量。曾巩认为最重要的法则就是"见必然之理而循之"，而无须去理会各种迷乱的现象。他坚持朴素而自然的法则，"循理"就是最好的办法。

曾巩就是以这样的原则，平实而朴素地顺应自然，所由所违都要不致使人觉得突兀。为文能如是，则文章的组织脉络顺畅，才能够呈现论理精微、见解明晰的效果。

2. 依理为文

庆历元年（1041），曾巩二十三岁，怀抱着满腔的期待，携未冠之年就已经取得的文名光环，抵达京城，参加进士考试。他见到了心仪已久的文坛前辈欧阳修，也结识了同属青年才俊的王安石，却不料考场失意，

---

① 〔宋〕曾巩：《阆州张侯庙记》，《曾巩集》卷十八，第297页。
② 〔宋〕曾巩：《思政堂记》，《曾巩集》卷十八，第288页。

从此足足沉潜了十六年。

宋仁宗嘉祐二年（1057），曾巩已经三十九岁，他终于考中进士。这一刻是他生命中最灿烂的时刻。令整个家族兴奋的是，不但他自己考上，亲弟曾牟、曾布，从弟曾阜，妹婿王无咎、王彦深，一门六人，居然同时考取进士，家门喜庆之盛，千古难有。

曾巩面对璀璨的生命前景，理应充满喜悦之情。在偕同家人满怀欣喜的还乡途中，同胞长妹也远道前来迎迓。然而不幸的是，还没等船队回到家乡，在真州（今江苏省仪征市），她居然染病身故。

曾巩的母亲早在长妹出生那年（1026）就已逝世；在他十八岁（1036）时，父亲被诬失官，困居乡里。直到庆历六年（1046），父亲带着长久困于肺病的曾巩，上京申述冤屈，没想到在路途中就抱着无限的遗憾而病逝。自己随后生命中的大喜，却无法同这些血缘至亲分享。曾巩对生命无常的憾恨，岂是一般人所能领受的？不但如此，随后还有殇女、亡妻的至痛相逼而来，真正是情何以堪。历经这样一连串的大悲大喜之后，嘉祐七年（1062）十一月五日，曾巩所撰写的《清心亭记》，就透露了他对生命参悟之后的感慨：

> 夫人之所以神明其德，与天地同其变化者，夫岂远哉？生于心而已矣。若夫极天下之知，以穷天下之理，于夫性之在我者，能尽之，命之在彼者，能安之，则万物之外至者，安能累我哉？此君子之所以虚其心也。①

曾巩不只拈出面对生命的无常，应该保持"虚其心"的态度，在"极天下之知，以穷天下之理"之后，还要以"尽性安命"的态度自我安顿。这些仍然是儒者的情志，他更进而以"斋其心"期许君子人等：

---

① 〔宋〕曾巩：《清心亭记》，《曾巩集》卷十八，第296页。

万物不能累我矣。而应乎万物，与民同其吉凶者，亦未尝废也。于是有法诫之设，邪僻之防，此君子之所以斋其心也。虚其心者，极乎精微，所以入神也。斋其心者，由乎中庸，所以致用也。①

即使是在遭逢伤痛之际，提出的观点不论是"虚其心"或是"斋其心"，其实曾巩所念兹在兹的应是"由乎中庸，所以致用也"这句话，仍然都是以"理"为其枢纽。曾巩的观点可解读为："虚其心"的意义，是在用最澄澈的心灵，去认识事理的精微；"斋其心"是以厚实的心量自持，更是要使自己发而用于世时，所言所行都能够以中庸之道为指归。但检视后代文士，在体会此一"理"字的时候，能切实符合"虚其心"与"斋其心"的前提的人已经不多。曾巩在《王子直文集序》中指出：

由汉以来，益远于治。故学者虽有魁奇拔出之材，而其文能驰骋上下，伟丽可喜者甚众，然是非取舍，不当于圣人之意者亦已多矣。故其说未尝一，而圣人之道未尝明也。士之生于是时，其言能当于理者，亦可谓难矣。②

所谓"圣人之意"是指起心动念时能与"圣人之道"相符合的情形。"道"落实在事物的种种现象上，就是"理"。所以发言为文时，倘若是不能当于"理"，是非取舍就不当于圣人之意。因此曾巩在评述文章的标准时，也就经常揭出此一"理"字。

晚周以来，作者嗜文辞，抒情思而已，然亦往往有可采者。溶诗尤清约谨严，而违理者少，亦近世之能言者也。③

---

① 〔宋〕曾巩：《清心亭记》，《曾巩集》卷十八，第296页。
② 〔宋〕曾巩：《王子直文集序》，《曾巩集》卷十二，第197页。
③ 〔宋〕曾巩：《鲍溶诗集目录序》，《曾巩集》卷十一，第192页。

> 长乐王向字子直，自少已著文数万言，与其兄弟俱名闻天下，可谓魁奇拔出之材，而其文能驰骋上下，伟丽可喜者也。读其书，知其与汉以来名能文者，俱列于作者之林，未知其孰先孰后。考其意，不当于理者亦少矣。①
>
> 为文思若决河，语出惊人，一时争传诵之。……其明于是非得失之理为尤详。②
>
> 于三才万物变化情伪，是非兴坏之理，显隐细巨之委曲，莫不究尽。③
>
> 读其文，诚闳壮隽伟，善反复驰骋，穷尽事理。④
>
> 向老傅氏，山阴人。与其兄元老读书知道理。其所为文辞可喜。⑤

在以上所引述的众多篇章中可以发现：曾巩在议论文章时，相当习惯于运用"理"字作为评述的标准，这些"理"都是"圣人之意"的发用。曾巩在《赠黎安二生序》中说：

> 世之迂阔，孰有甚于予乎？今生之迂，特以文不近俗，迂之小者耳，患为笑于里之人。若余之迂大矣……⑥

曾巩以"迂阔"作为对自我的嘲讽，他自述其迂阔的事实，是"知信乎古而不知合乎世，知志乎道而不知同乎俗"。"信乎古"，是因为他充满着向往的情怀；"志乎道"，则是严肃的认定。前者可以任由思绪的

---

① 〔宋〕曾巩：《王子直文集序》，《曾巩集》卷十二，第197—198页。
② 〔宋〕曾巩：《王平甫文集序》，《曾巩集》卷十二，第201页。
③ 〔宋〕曾巩：《类要序》，《曾巩集》卷十三，第210页。
④ 〔宋〕曾巩：《赠黎安二生序》，《曾巩集》卷十三，第217页。
⑤ 〔宋〕曾巩：《送傅向老令瑞安序》，《曾巩集》卷十四，第219页。
⑥ 〔宋〕曾巩：《赠黎安二生序》，《曾巩集》卷十三，第218页。

飞扬，后者却必然要落实在生命的体会与实践之中。严肃的"道"的确不是文章所容易陈述的范畴，却是理想永远追逐的标杆。那么至少就以衡诸生命经验的"理"作为审酌的标准，这是一道无论如何不容许再行撤除的界限，或许这就是曾巩之所以揭示"理"字，并且习惯于用"理"字来讨论文章的原因吧！

3. 文必征实

一般认为，集部的文章以辞采为先，子部的文章则以思想为主，而属于史部的文章则应该留心其所描述的客观事实。然而曾巩认为，在创作之际，如果能够与经书的传统思想相结合，往往就能成为其得以传世的重要原因，辞采反而极少成为他议论文章的重心。

在《南齐书目录序》中，他对上古时代的良史，在齐太史简，在晋董狐笔，认为这些"执简操笔而随者，亦皆圣人之徒也"，对他们的职务有无限的向往之情。曾巩固然承认司马迁具有特异的才华：

> 夫自三代以后，为史者如迁之文，亦不可不谓隽伟拔出之才、非常之士也。[1]

然而，即使对像司马迁这样的奇才，曾巩也并不是一味的称誉，他认为：

> 两汉以来，为史者去之远矣。司马迁从五帝三王既没数千载之后，秦火之余，因散绝残脱之经，以及传记百家之说，区区掇拾，以集著其善恶之迹、兴废之端，又创己意，以为本纪、世家、八书、列传之文，斯亦可谓奇矣。然而蔽害天下之圣法，是非颠倒而采摭谬乱者，亦岂少哉？[2]

---

[1] 〔宋〕曾巩:《南齐书目录序》,《曾巩集》卷十一，第188页。
[2] 〔宋〕曾巩:《南齐书目录序》,《曾巩集》卷十一，第188页。

司马迁能在艰困的环境中留存许多有价值的史实，并且建立了史书的书写体例，他认为"可谓奇矣"。然而，他也严格地指出"是非颠倒"与"采摭谬乱"，尤其在"蔽害天下之圣法"的部分，仍然要给予严厉的责备。

司马迁由个人的特殊见解所衍生而来的缺失，曾巩并未详细指陈其错谬的细节。然而，自古以来，良史之才殊不易得，确系不争的事实。于是他在同一篇文中有感而发：

> 将以是非得失兴坏理乱之故而为法戒，则必得其所托，而后能传于久，此史之所以作也。然而所托不得其人，则或失其意，或乱其实，或析理之不通，或设辞之不善，故虽有殊功盛德非常之迹，将暗而不章，郁而不发，而梼杌鬼瑣奸回凶慝之形，可幸而掩也。①

史书是跨越时代的著作，其影响深远，所以负责著作的史家，是否有深厚的素养，当然关系重大。倘若素养有所不足，"或失其意，或乱其实，或析理之不通，或设辞之不善"，包括各种内容和形式的缺失，都将挟着深远的影响，造成难以弥补的缺憾。

碑志之文介乎史部与集部之间，兼有两者的特质。在《秘书少监赠吏部尚书陈公神道碑铭》中，他针对碑志之文与史书的异同，及其写作的意义，提出这样的观点：

> 记德之史藏于有司，褒功之诏传于天下。维墓有碑，后嗣所以载吾先人之休声美实，而久废不立，惧无以饬其子孙于千万世，以为己羞。②

---

① 〔宋〕曾巩：《南齐书目录序》，《曾巩集》卷十一，第 187 页。
② 〔宋〕曾巩：《秘书少监赠吏部尚书陈公神道碑铭》，《曾巩集》卷四十七，第 642 页。

曾巩在《寄欧阳舍人书》中对碑志之文还有深入的讨论。他认为"铭志之著于世，义近于史"，碑志之文也像史书的传记一样，可以宣扬个人的成就而传之久远，其作用与效果确实接近于史书，却终究不是正式的史书，甚至不一定能登堂入室，左右视听。所以关于其文字与史传之间的运用标准，还是有异有同。

> 盖史之于善恶无所不书，而铭者，盖古之人有功德材行志义之美者，惧后世之不知，则必铭而见之。或纳于庙，或存于墓，一也。①

碑志之文多半是单行别传，撰就之后"或纳于庙，或存于墓"，都是单独、零星地保存在广阔的天地之间，会经过时间的洗濯和社会人群的汰选，而有传、有不传。所以就写作的要求而言，虽然不必如同史书一般有待史家筛选取择，却仍与史传文体一样，都要传于后世。

> 苟其人之恶，则于铭乎何有？此其所以与史异也。其辞之作，所以使死者无有所憾，生者得致其严。而善人喜于见传，则勇于自立；恶人无有所纪，则以愧而惧。至于通材达识，义烈节士，嘉言善状，皆见于篇，则足为后法警劝之道。非近乎史，其将安近？②

碑志之文，专门用以称述前人"功德材行志义之美"，也具有史传文体表彰个人事迹的功能，同样具备"警劝"的作用。所以碑志之文的写作，其实与史传文体一样，都必须切合于事实。不同的是：史传之文善恶并书，碑志之文仅书其善而已。一般写作碑志之文的目的，都是"使死者无有所憾，生者得致其严"，自有其实际而严肃的作用。只是为人子

---

① 〔宋〕曾巩：《寄欧阳舍人书》，《曾巩集》卷十六，第253页。
② 〔宋〕曾巩：《寄欧阳舍人书》，《曾巩集》卷十六，第253页。

孙者，往往都极力为其父祖勒铭，而不论其人"功德材行志义之美"的程度若何，以致碑志之文往往失真，也就逐渐失却其原始的面貌与作用。

倘若碑志之文能坚持对死者作正面而确实的推崇，尽管不作负面的叙述，不虚伪，不扭曲，也可以贴近"隐恶扬善"的生活实情，也更贴近一般人的生命态度。由是而有提醒振拔的效果，镌刻长存之后，经由血缘和地缘关系的触发，也可以推动生命价值的提升，其实是非常有意义的事。

曾巩《元丰类稿》中所收录的墓志铭，为近亲所写的占有很大比例，为其个人的特色。这些作品表现了曾巩对伦常关系的重视，而其遣词用字的细节，也就格外值得注意。他在《寄欧阳舍人书》中，就率直地提出这样的观点：

> 后之作铭者，常观其人。苟托之非人，则书之非公与是，则不足以行世而传后。故千百年来，公卿大夫至于里巷之士，莫不有铭，而传者盖少。其故非他，托之非人，书之非公与是故也。
>
> 然则孰为其人而能尽公与是欤？非畜道德而能文章者无以为也。①

曹丕在《典论·论文》中早已指出"铭诔尚实"的原则。碑志之文的写作态度必须"公与是"，唯有公允正直，不虚伪造假，才能传于后世。要使铭诔这种征实的特质充分显现，曾巩认为其先决条件，是选任优秀的作者。

> 盖有道德者之于恶人，则不受而铭之，于众人则能辨焉。而人之行，有情善而迹非，有意奸而外淑，有善恶相悬而不可

---

① 〔宋〕曾巩：《寄欧阳舍人书》，《曾巩集》卷十六，第253页。

以实指，有实大于名，有名侈于实。犹之用人，非畜道德者恶能辨之不惑，议之不徇？不惑不徇，则公且是矣。而其辞之不工，则世犹不传。于是又在其文章兼胜焉。故曰非畜道德而能文章者无以为也。①

他认为人之行事，在情与迹、名与实之间，存在种种差异，所以曾巩认定的"公"不是一般俗世中人的标准，而是必须以更莹澈的道德，作澄明的辨析。同样情形，曾巩的"是"也就必须是积极而正确地表达事实，而不只是消极地以不造假作自我约束而已。所以他认为碑志之文的作者"非畜道德者恶能辨之不惑，议之不徇？"。在这样的要求下，曾巩先把作者的门槛限制在具备精纯道德素养的人，至于"文章兼胜"的条件，则又把此种要求提升了一层。他认为唯有道德与文章兼擅，才能妥善地承担此一任务。

"公与是"属于价值判断的范畴，是"道"的层面；"文章兼胜"是"文"的层面。从曾巩对两者所使用笔墨的轻重看来，"畜道德而能文章"仍然是偏于"先道后文"的角度来处置的。

二、创作目标

熙宁五年（1072）闰七月，欧阳修逝世，曾巩撰作《祭欧阳少师文》，用以缅怀恩师。在一开头，他就说：

惟公学为儒宗，材不世出。文章逸发，醇深炳蔚。体备韩马，思兼庄屈。垂光简编，焯若星日。绝去刀尺，浑然天质。辞穷卷尽，含意未卒。读者心醒，开蒙愈疾。当代一人，顾无俦匹。②

---

① 〔宋〕曾巩：《寄欧阳舍人书》，《曾巩集》卷十六，第253页。
② 〔宋〕曾巩：《祭欧阳少师文》，《曾巩集》卷三十八，第526页。

对于他毕生所推崇、所挚爱的长辈，曾巩自然作了尽情的称誉，同时在这段文字中，以欧阳修的文章为标杆，也呈现了许多曾巩的文学观点。

1. 体备韩马，思兼庄屈

从读者的立场观察文章，从外缘言之，首先可以讨论的就是关于写作的体裁。从内容而言，则要寻求创作思想的脉络。

历代文学家当中，就书写体裁的多样性而言，韩愈堪称第一。尤其值得称道的是，同一文类，韩愈可以写出面貌迥异的不同篇章，察其文集，文类数与篇章数甚多，而篇篇手法不同，作法迥异，是历来写作者所艳羡称道处。整部《史记》兼备表、列传、书、本纪各体，司马迁在史学体裁方面的发明创制前无古人。他的散文书写手法，则是后代名家，尤其是唐宋以后作家效法的圭臬。

庄子与屈原两家的作品，就书写笔触的开阔与流畅而言，是先秦时期最具代表性的。其创作思想的脉络，变化多端，联想绵密，即使在两千多年之后，吾人展读这些成品，仍然会受到深刻的感染。

韩愈在生命发展明显出现顿挫的时期，写成《进学解》，借学生对于学习的质疑，巧妙地借他人杯酒，浇自家胸中块垒。他详细列举学习古代文史资料的经验，首先用了较多的篇幅介绍《书经》，其次是《春秋》《左传》《易经》《诗经》，在备述经书文字的内蕴特质之后，紧接着提到"下逮《庄》《骚》，太史所录"。就创作的学习途径而言，与曾巩所要彰显的心意毫无二致。

曾巩对韩、马两家在写作体裁的成就和贡献体会既深，也就成了他写作思想的重要元素来源。

欧阳修为北宋文学第一大家，诗、词、骈、散，无一不精，而且所撰各体文章也往往被视为北宋第一。曾巩以"体备韩马，思兼庄屈"称颂欧阳修文章创作思想的内涵与外缘，确实也恰如其分。

欧阳修尝自谓："得唐《昌黎先生文集》六卷，脱落颠倒无次序，因乞李氏以归。读之，见其言深厚而雄博。"① 欧阳修文与韩愈文有深厚渊源，是明确的事实。叶涛《重修实录本传》云："时韩愈文，人尚未知读也，修始年十五六，于邻家壁角破簏中得本，学之。后独能摆弃时俗故步，与司马迁、贾谊、扬雄、刘向、班固、韩愈、柳宗元争驰逐，侵寻乎其相及矣。"② 这里清楚地指明，欧阳修的古文就是从韩愈处学来的。

曾巩在称颂欧阳修之余，自己对于"体备韩马，思兼庄屈"，也是努力践行的。《元丰类稿》中诗歌、议论、书序、赠序、书函、杂记、制诰、谢表、札子、奏状、启状、祭文、墓志铭等文类，都为数甚多，细细考究各篇的布局及发展脉络，乃至其中所表达的生命意涵，同样也有各具特质，不相雷同，而又各尽精彩的表述。

2. 绝去刀尺，浑然天质

文学中"绝去刀尺，浑然天质"的情境，必须是不假雕饰的，尤其还要表现出涵浑自然的气象。这样的看法，既点出了欧阳修文章自然而流畅的风格，也揭示了曾巩对文章风格的主张。类似这样的描述，常常在他的文章中出现。

《寄王介卿》中有："始得读君文，大匠谢刀尺。"③《奉和滁州九咏之一·琅琊泉石篆》中有："笔端应驱鬼神聚，笔妙夐与阴阳争。刻雕万象出冥昧，不见刀斧曾经营。"④《奉和滁州九咏之七·石屏路》中有："石屏不见刀斧痕，石下初谁得行径？"⑤

虽然"不见刀斧"云者，或许是用以叙述石篆文字形体结构的精妙，

---

① 〔宋〕欧阳修:《记旧本韩文后》,《欧阳修全集》卷七十三, 第1056页。
② 〔宋〕叶涛:《重修实录本传》,《欧阳修全集》附录卷二, 第2670页。
③ 〔宋〕曾巩:《寄王介卿》,《曾巩集》卷二, 第18页。
④ 〔宋〕曾巩:《奉和滁州九咏之一·琅琊泉石篆》,《曾巩集》卷二, 第28页。
⑤ 〔宋〕曾巩:《奉和滁州九咏之七·石屏路》,《曾巩集》卷二, 第29页。

甚或是用以描写天然风物之优美。然而曾巩刻意运用"刀斧"的文字，正是有意唤起"人为"的联想。

当美丽的现象达到不可思议的地步，难免会勾起人工造假的怀疑心，于是乎，是"幻"？是"真"？在惊疑猜测间竟然可以形成极丰富的美感经验。"刀斧"与"刀尺"同样都是着力在雕琢修饰的部分，唯其把类似的人为造境都予以排除，然后才能对意境中的天然气韵，作毫无隔阂的探索与体会。先不问是运用艺术的哪一种形式，就理念而言，在曾巩来说，希望努力求其臻于"浑然天质"的态度，事实上都是互相一致的。

欧阳修自认为文章是学自韩愈，然而其模拟因袭的痕迹，几乎到了难以觉察的地步，这种情形正是欧公文章的高明之处。在《与王介甫第一书》中，曾巩转述欧阳修对王安石文章的期待时，他说：

> 欧公更欲足下少开廓其文，勿用造语及摸拟前人，请相度示及。欧云：孟韩文虽高，不必似之也，取其自然耳。①

可见"自然"正是曾巩所深刻领略的为文法则，而"勿用造语及摸拟前人"就是其中要点，既然代为传达转述，曾巩应该早已铭记在心。

韩琦所作的《墓志铭》云："景祐初，公与尹师鲁专以古文相尚，而公得之自然，非学所至，超然独骛，众莫能及。"②可见，欧阳修追求自然本色，以及"超然独骛"不事模拟的努力，是当时的至交如韩琦者所熟知的。

曾巩在《苏明允哀辞》中，曾用这样的文字陈述其写作态度："务一出己见，不肯蹑故迹。"③"不肯蹑故迹"固然是苏洵建言与为文的特色，曾巩把这样的发现特别加以标示，作为前辈写作成绩的标尺，到自己写

---

① 〔宋〕曾巩：《与王介甫第一书》，《曾巩集》卷十六，第 255 页。
② 〔宋〕韩琦：《墓志铭》，《欧阳修全集》附录卷三，第 2704 页。
③ 〔宋〕曾巩：《苏明允哀辞》，《曾巩集》卷四十一，第 561 页。

作时，自然也会以此自我期许。而此一观点，正可以与欧阳修的"不事模拟"互相呼应。

3. 辞穷卷尽，含意未卒

《周易·系辞》有云："书不尽言，言不尽意。"言有尽而意无穷，乃是生活中的常态。盖因具有时间与空间的事实，通过"言"的媒介，要想作完整的叙述有其困难。在运用媒介之际，时空已经转换，就难以避免原来的状貌失真，也就不足以针对"意"作精确的陈述。

其实文字已经是非常优质的传播媒介，却因为时空转换，言意之间不容易准确叠合。因为有此盲点，运用诠释性的文字就需要增加更多文字作展延性的补充，俾能有所补救，但却始终无法超越文字本身的缺陷与障碍，反而增加了其表达的复杂性。

言意表达上难免会有过与不及的现象，这正好可以用来呈现文章朦胧的艺术氛围，进而在不经意间，诠释文字所未必能诠释的部分。于是乎"含意不尽"的遗憾，也自有其文学的价值。而这些又正好是期待"尽意"者所必须容忍的现实。

曾巩对文字的诠释与表达能力的重视无须怀疑，他还以此作为写作能力的指标之一。然而对于不同的作家，他使用不同的语言则可说明其文字的技巧与成果。在《类要序》中，他称誉晏殊的著作：

> 于三才万物变化情伪，是非兴坏之理，显隐细巨之委曲，莫不究尽。[1]

在《赠黎安二生序》中，则说：

> 读其文，诚闳壮隽伟，善反复驰骋，穷尽事理，而其才力之放纵，若不可极者也。[2]

---

[1] 〔宋〕曾巩：《类要序》，《曾巩集》卷十三，第210页。
[2] 〔宋〕曾巩：《赠黎安二生序》，《曾巩集》卷十三，第217页。

"言"虽难以重现事实,能文章者为之,却足以曲尽事理,这是因为优秀的作者具有精确的表达能力。曾巩在此特别加以强调,是从文字阐述事理的效果而发言,也是单纯从文章修辞的角度而发言,而不同于《周易·系辞》与魏晋时代的王弼等人从知识论述的论理学层面作议论,于是其所获致的结果,当然会有歧异。

可是,在《祭欧阳少师文》中,曾巩用"辞穷卷尽,含意未卒"八字赞美恩师的文章,则表明其对含蓄蕴藉的文学技巧也表示认同,其实这是取自梅尧臣的意见。《六一诗话》云:

> 圣俞尝语予曰:"诗家虽率意,而造语亦难。若意新语工,得前人所未道者,斯为善也。必能状难写之景,如在目前,含不尽之意,见于言外,然后为至矣。"①

这段文字应该是对"含意未卒"所作的极佳诠释。因为"意新语工,得前人所未道者"就是"曲尽事理",而"含不尽之意,见于言外"就是"含意未卒"的积极内容。曾巩在《苏明允哀辞》中,曾提道:

> 其指事析理,引物托喻,侈能尽之约,远能见之近,大能使之微,小能使之著,烦能不乱,肆能不流。②

相较于前引的《六一诗话》,这段文字中对文字运用能力的巧妙诠释,显得更加明晰。曾巩指出,通过文章的书写,丰富的内容能够以简约的文字表现,遥远的事物能够呈现得如在眼前。于是乎,对于客观的时空,就能做到自在的超越。至于形体的大小,则在主观意识的操控下,可以不受既有形体的制约,而作微观的剖析,抑或作彰明的揭示。侈约、

---

① 〔宋〕欧阳修:《六一诗话》,《欧阳修全集》卷一百二十八,第1952页。
② 〔宋〕曾巩:《苏明允哀辞》,《曾巩集》卷四十一,第560页。

远近、大微、小著之间固然互相对立，却能够在对映之下，产生丰富的意涵，其本身就是"含意不尽"的示范。

一般而言，使用"诗"的体裁，恒多撷取具象的语言，让文字作跳跃式的叙述，语意之间常有留白，可以借着文字的晕染效果，在短章之中，产生丰富的意象，因而留有许多想象的余地。使用"文"的体裁，就比较偏用抽象的语言，多作诠释性的描述，由于语意之间衔接紧密，留白较少，所以可供想象的余地也较少。古文是实用性的语言，不受限于格律与韵脚，可作直接的陈述，使用的文字虽然简练，却往往可以作不同层次的描摹。在《王深父文集序》中，曾巩就说："其辞反复辨达，有所开阐，其卒盖将归于简也。"[1]语言文字本有其弹性的表达空间，有所开阐，就不只是依样画葫芦而已。然而，也因为古文简练，在适当的运用下，也可以在连缀之间，取得网络似的包举效果。

在《苏明允哀辞》中，曾巩还说："以余之所言，于余之所不言，可推而知也。"[2]在"言"能否尽"意"的问题上，从曾巩的诸多文字看来，他认为一个优秀的作者，要有能力使描述的对象全面呈现，只是在操控之间，可以借由隐匿与模糊的技巧，使文章也能够有"含意未卒"的趣味。

4. 系乎治乱，有用于世

儒者坚持生命的理想，也务求经世致用，不但要诉诸行事，也要见诸言辞文章。曾巩把这种特质在行事上、在文章中都完全彰显出来。综观曾巩毕生最为相得的人物，包括范仲淹、杜衍、欧阳修、余靖、蔡襄、王安石等，无一不是儒门中人，也无一不是致力于治国平天下事业的能臣。其中，他与欧阳修的师友情谊最早建立，也最为深固。甚至可以说，曾巩的师友关系是以欧阳修为核心，而逐渐向外推展扩大的。以欧阳修

---

[1]〔宋〕曾巩：《王深父文集序》，《曾巩集》卷十二，第196页。
[2]〔宋〕曾巩：《苏明允哀辞》，《曾巩集》卷四十一，第560页。

为影响曾巩最为深远的人物，应无疑义。在《祭欧阳少师文》中，曾巩对恩师自述："早蒙振拔。言由公诲，行由公率。"① 终其毕生，这样的情分一直清楚地存在于师徒之间。

此外，在生命的因缘际会中，曾巩得于其挚友王安石的影响也是尽人皆知的事实。王安石早岁就得意于功名，从政之后尽心尽力于公共事务，凡是足迹所到之处，可说是政绩卓著。凡此成就，曾巩皆耳闻目见之。曾巩更从幼年起，就在亲人的教诲下，深深领受了其祖父曾致尧勇于任事、刚毅直朴的入世胸怀。

这些人物并不都是并世而出的英雄豪杰，其生命取向同样是为社会国家善尽其力。环绕在曾巩周遭的，也尽是他们所共同营构的良好氛围。

年轻的曾巩初抵京华时，上书给当时的司谏田况就说："今世布衣多不谈治道，巩未尝一造而辄吐情实，诚有所发愤也。"② 这固然是他对田况担任谏官充满期待，盼望能够给予自己提拔的机会，更重要的因素应该是曾巩就是以治道自我期许的。这种情绪洋溢在曾巩的言行之间，所以他所传世的文章无一不是"言之有物"，"吐辞为经，举足为法"。至于无病呻吟与无的放矢之类的文字，在曾巩文章中自然就不曾出现。曾巩习惯于以儒家思想探究社会现象，也以儒者的情怀处理事务，因而重视"致用"的思绪就充分表现在其文字之间。

《宋史·欧阳修传》云："天资刚劲，见义勇为，虽机阱在前，触发之不顾。放逐流离，至于再三，志气自若也。"③ 欧阳修的生命情调，改作曾巩，似乎也是若合符节的。因为生命情调的契合，曾巩对欧阳修自然是拳拳服膺，对欧公的献议也是知无不言、言无不尽。庆历三年（1043）

---

① 〔宋〕曾巩：《祭欧阳少师文》，《曾巩集》卷三十八，第527页。
② 〔宋〕曾巩：《上田正言书》，《曾巩集》卷五十二，第706页。
③ 〔元〕脱脱等撰：《宋史》卷三百一十九《欧阳修传》，第10380页。

欧阳修知谏院,① 在获知这样的讯息之后,曾巩在《上欧阳舍人书》中就说:

> 当世之急有三:一曰急听贤之为事,二曰急裕民之为事,三曰急力行之为事。……能择之,试请行之,其心既果也,然后可以有为也。其为计虽迟,其成大效于天下必速。②

曾巩关心治国之术,力求所思所言能够施行,从而大有效用于天下,于是乎有补于时政的言论,遍存于其文集之中。在《王子直文集序》中,他通过对历史的考察指出:

> 《诗》《书》之文,自唐虞以来,至秦鲁之际,其相去千余岁,其作者非一人,至于其间尝更衰乱,然学者尚蒙余泽……
> 由汉以来,益远于治。……圣人之道未尝明也。士之生于是时,其言能当于理者,亦可谓难矣。由是观之,则文章之得失,岂不系于治乱哉?③

曾巩认为《诗》《书》之文,就是圣人之道,其特质就在能关切治乱得失的议题,所以能传世而不绝。由此可知,曾巩认为文章一旦脱离对治乱得失的关切,也就失去其存在的价值。

曾巩在《答李沿书》中虽也触及其他问题,然而所提出的写作观点中,最切要的部分还是在关心"致用"的一面:

> 夫足下之书,始所云者欲至乎道也,而所质者则辞也,无乃务其浅,忘其深,当急者反徐之欤!

---

① 《宋史》卷三百一十九《欧阳修传》:"仁宗更用大臣,杜衍、富弼、韩琦、范仲淹皆在位,增谏官员,用天下名士,修首在选中。"又《宋史》卷十一《仁宗本纪》:"(庆历三年八月)丁未,以范仲淹参知政事,富弼为枢密副使。"
② 〔宋〕曾巩:《上欧阳舍人书》,《曾巩集》卷十五,第235页。
③ 〔宋〕曾巩:《王子直文集序》,《曾巩集》卷十二,第197页。

> 夫道之大归非他，欲其得诸心，充诸身，扩而被之国家天下而已，非汲汲乎辞也。①

学习者"欲至乎道"，曾巩给予嘉勉。可是"所质者"提出的问题只是环绕在文辞的层次，他就不以为然。倘若能做到"得诸心，充诸身，扩而被之国家天下"，就是"内圣外王"，就是儒家事业的全部。如果舍弃了儒学的重心，只求文辞的曲折变化，的确是"务其浅"反而"忘其深"了。他接着还说：

> 其所以不已乎辞者，非得已也。孟子曰："予岂好辨哉？予不得已也。"此其所以为孟子也。②

孟子毕生阐述儒家之道，排拒杨墨、批驳诐辞。"予岂好辨哉？予不得已也"，孟子虽然难以掩饰其面对大环境的无奈，然而这又是何等昂扬的斗志，发之于文辞，是何等铿锵有力。

曾巩也作"所以不已乎辞者，非得已也"的宣示，何尝不是面对大时代的环境之时，也在寻思自我的定位。于是在文辞之间，遂有如此这般的自我期许。在《筠州学记》中，曾巩痛切地指出，自汉朝以后，儒家学说沉沦，于是乎：

> 六艺出于秦火之余，士学于百家之后。言道德者，矜高远而遗世用；语政理者，务卑近而非师古。刑名兵家之术，则狃于暴诈。惟知经者为善矣，又争为章句训诂之学，以其私见，妄穿凿为说。故先王之道不明，而学者靡然溺于所习。③

---

① 〔宋〕曾巩:《答李沿书》,《曾巩集》卷十六，第258页。
② 〔宋〕曾巩:《答李沿书》,《曾巩集》卷十六，第258页。
③ 〔宋〕曾巩:《筠州学记》,《曾巩集》卷十八，第300页。

在这样的环境下，从事文学的人就应该针对时弊，痛下针砭，以期有所振拔。倘若不然，就只能做"争为章句训诂之学"的俗儒，或是做"以其私见，妄穿凿为说"的陋儒，这都令人不以为然，还要大加挞伐。他对刘向、刘歆父子的不满，正是基于此种态度。刘向、刘歆父子处在一个还可以有所作为的承平之世，身居国家学术的高位，居然只成就《新序》这样的杂记而已，的确要愧对文学慧命的传承。他在《新序目录序》中就说：

> 自斯以来，天下学者知折衷于圣人，而能纯于道德之美者，扬雄氏而止耳。如向之徒，皆不免乎为众说之所蔽，而不知有所折衷者也。[1]

刘向、刘歆父子身居国家学术的高位，反而还不如扬雄能笃于所学，"折衷于圣人"。"折衷于圣人"就是曾巩为学的基本态度。文中他还指出：秦以前"先王之遗文虽在，皆绌而不讲"[2]，在能有所作为的时代，就必须要致力于文化的建设。刘向、刘歆父子没有努力以赴，自然是那个时代的悲哀。他说：

> 汉兴，六艺皆得于断绝残脱之余，世复无明先王之道以一之者。诸儒苟见传记百家之言，皆悦而向之。故先王之道为众说之所蔽，暗而不明，郁而不发。而怪奇可喜之论，各师异见，皆自名家者，诞漫于中国。一切不异于周之末世，其弊至于今尚在也。[3]

刘向、刘歆父子居高位，而好怪务奇，只能随"诸儒苟见传记百家

---

[1]〔宋〕曾巩：《新序目录序》，《曾巩集》卷十一，第177页。
[2]〔宋〕曾巩：《新序目录序》，《曾巩集》卷十一，第176页。
[3]〔宋〕曾巩：《新序目录序》，《曾巩集》卷十一，第176—177页。

之言，皆悦而向之"，只能作《新序》《说苑》一类的杂记小说而已，却任凭"先王之道为众说之所蔽，暗而不明，郁而不发"。曾巩认为，不能有助于儒家思想发展的事物，就应该予以谴责。曾巩在《王深父文集序》中如是说：

> 当先王之迹熄，六艺残缺，道术衰微，天下学者无所折衷，深父于是时奋然独起，因先王之遗文以求其意，得之于心，行之于己，其动止语默必考于法度，而穷达得丧不易其志也。①

对王回的志趣，曾巩给予高度肯定。他尤其指出，王回能做出"破去百家传注推散缺不全之经，以明圣人之道于千载之后，所以振斯文于将坠，回学者于既溺"②的成绩，是值得大书特书的事。曾巩对社会教化极为关切，他认定《王深父文集》的成绩"其于世教，岂小补之而已"。他完全从"致用"角度作衡量，其立场其实非常鲜明。

曾巩早期的交游有张持（字久中）其人，后不幸早逝。在《张久中墓志铭》中，曾巩记述其与众师友间的言行：

> 君为人深沉有大度，喜气节，重交游……凡君之与人交，喜穷尽其得失，其义足以正之，而其直未尝苟止也。至其与众人接，尤温以庄，不妄与之言。与之言，必随其材智所到，不病以其所不为。故君之友皆惮其严，而喜其相与之尽。众人之得君游者，亦皆喜爱而未尝有失其意者。③

曾巩把这篇文章归结在"然则君之事，其有取于世教"一语，即是现身说法，是求文章有用于国家社会之明证。文中又谓：

---

① 〔宋〕曾巩：《王深父文集序》，《曾巩集》卷十二，第196页。
② 〔宋〕曾巩：《王深父文集序》，《曾巩集》卷十二，第196页。
③ 〔宋〕曾巩：《张久中墓志铭》，《曾巩集》卷四十三，第590页。

于临川，出其文章，因与予言古今治乱是非之理，至于为心持身得失之际，于其义，余不能损益也。①

他指出，文章能致力于治国修己的方向，从内容而言就会成"不能损益"的佳篇。这种态度在《故朝散大夫尚书刑部郎中充天章阁待制兼侍读上轻车都尉赐紫金鱼袋孙公行状》中，也有相似的表露，他对孙甫的言行详加介绍：

公博学强记，其气温，其貌如不能自持。及与人言，反覆经史，上下千有余年，贯穿通洽，不可窥其际。……时从当世处士讲评，以为遂其好，而客或造其席者，与之言终日，不能以势利及也。其于人少合，亦不求其详，所与之合，亦不阿其意。……然已而朋党之议起，大臣多被逐，公之争论尤切，亦不自以为疑也。噫！可谓自信独立矣，可以观公之行也。所著《唐史记》七十五篇，以谓己之学治乱得失之说具于此，可以观公之志也。②

孙甫，字之翰，宋仁宗天圣五年（1027）同学究出身，天圣八年（1030）与欧阳修同及进士第。《曾巩集》卷五十二有《杂识二首》，其一即系曾巩记孙甫之言行者，与此篇《故朝散大夫尚书刑部郎中充天章阁待制兼侍读上轻车都尉赐紫金鱼袋孙公行状》可以互相参校。文中有云："庆历之间任时事者，其后余多识之，不党而知其过如之翰者，则一人而已矣。"③曾巩又有《寄孙之翰》，大约在孙甫担任江南东路转运使时所写。

---

① 〔宋〕曾巩：《张久中墓志铭》，《曾巩集》卷四十三，第590页。
② 〔宋〕曾巩：《故朝散大夫尚书刑部郎中充天章阁待制兼侍读上轻车都尉赐紫金鱼袋孙公行状》，《曾巩集》卷四十七，第648—649页。
③ 〔宋〕曾巩：《杂识二首·一》，《曾巩集》卷五十二，第719页。

皇祐五年（1053）孙甫知晋州时，曾巩又有《寄晋州孙学士》，可知两人之间往来密切，有相当程度的了解。孙甫学养既有可观，于是曾巩就详细描述了其论政的态度。

曾巩对于为政的相关议题，具有特别浓厚的兴趣。在《清心亭记》中有相当长篇的说辞：

> 夫人之所以神明其德，与天地同其变化者，夫岂远哉？生于心而已矣。若夫极天下之知，以穷天下之理，于夫性之在我者，能尽之，命之在彼者，能安之，则万物之自外至者，安能累我哉？……虚其心者，极乎精微，所以入神也。斋其心者，由乎中庸，所以致用也。然则君子之欲修其身，治其国家天下者，可知矣。①

曾巩试图从"心"的操持出发，应外物以"虚其心"的法则，自守则以"斋其心"的方式，彼此交相配合，以追求人格完美，最终无论是在"致用"一途，还是在求其面对"修其身，治其国家天下"的理想，无所愧怍而已。从以上种种都可以见到，曾巩议论文章，比较侧重于站在实用的立场，尤其是关乎世道人心，所以为政、治人是他最关切的部分。在《答孙都官书》中，他说：

> 凡巩之学，盖将以学乎为身，以至于可以为人也。②

这里所说的"学乎为身，以至于可以为人"，就是他自己平日为学与为文的态度，也是儒者"修身与治人"的事业，这些才是曾巩所要努力以赴的重点。

曾巩的文学观点，当然不同于晚唐文人的强调骈俪对偶，也不同于

---

① 〔宋〕曾巩：《清心亭记》，《曾巩集》卷十八，第296页。
② 〔宋〕曾巩：《答孙都官书》，《曾巩集》卷十六，第260页。

宋初西昆派作家的专事绮丽。对照于道学家怕"为文害道"而否定用心于文辞的观点，曾巩与他们也有甚大的差异。正是因为曾巩在修身之外，更在乎"可以为人"的政治事务，他特别强调实用，而不愿专门从义理的方向去用心，所以尽管《宋元学案》纳入欧、曾两家行谊，朱子也一再推崇两家文章，却始终未把欧、曾列为道学中人，其关键应该就在努力的方向上，有"致世用"与"道问学"的落差。

第三节　文学批评论

曾巩平生议论文章着墨不多，因缘际会与李白、鲍溶的遗迹遗文曾有交集，而有论述其文章的记录。至于与当代能文之士中年龄较长的多数有师友情谊，彼此恒以道义相期为尚。其中唯有苏洵，系同年友苏轼与苏辙之父，为之撰写哀辞；强至有文集求序，遂特别就其文章有所讨论，正好可以成为曾巩"文学评论"的重要资源。

一、论前代文

宋仁宗嘉祐二年（1057），曾巩被任命为太平州司法参军，次年春到任。到任以后，他曾经访寻在当涂的李白墓，作《谒李白墓》诗：

世间遗草三千首，林下荒坟二百年。信矣辉光争日月，依然精爽动山川。曾无近属持门户，空有乡人拂几筵。顾我自惭才力薄，欲将何物吊前贤？[①]

诗中以"信矣辉光争日月，依然精爽动山川"表达了对李白"世间

[①] 〔宋〕曾巩：《谒李白墓》，《曾巩集》卷六，第89页。

遗草三千首"的景仰之情。这时曾巩已四十岁,总算在追寻儒者生命的理想之间,初步找到落脚处,所以谦逊地以"顾我自惭才力薄"来自我介绍。他又有《代人祭李白文》云:

> 子之文章,杰立人上。地辟天开,云蒸雨降。播产万物,玮丽瑰奇。大巧自然,人力何施?又如长河,浩浩奔放。万里一泻,末势犹壮。大骋厥辞,至于如此。意气飘然,发扬俊伟。飞黄騕骎,轶群绝类。摆弃羁縶,脱遗辙轨。捷出横步,志狭四裔。侧睨驽骀,与无物比。始来玉堂,旋去江湖。麒麟凤凰,世岂能拘?古今僻儒,钩章摘字。下里之学,辞卑义鄙。士有一曲,拘牵泥滞。亦或狡巧,争驰势利。子之可异,岂独兹文?轻世肆志,有激斯人。①

曾巩对李白诗文的成就,有无限的推崇,称赞他是"意气飘然,发扬俊伟","麒麟凤凰,世岂能拘?"。但是"脱遗辙轨""捷出横步"等语言,也杂有不尽美善的意味。然而"子之可异,岂独兹文?轻世肆志,有激斯人",曾巩特别抓住李白生命中超卓独立的特质,给予深度的赞美。在《李白诗集后序》中,他则这样说:

> 白之诗连类引义,虽中于法度者寡,然其辞闳肆隽伟,殆骚人所不及,近世所未有也。《旧史》称白有逸才,志气宏放②,飘然有超世之心,余以为实录。③

这篇文章的写作时间,离他在太平州做官时,至少已隔八年。对于

---

① 〔宋〕曾巩:《代人祭李白文》,《曾巩集》卷三十八,第533页。
② 乾隆本及河洛版《曾巩全集》均作"远",《曾巩集》作"放",《旧唐书》卷一百九十(下)《文苑(下)》作"放"。
③ 〔宋〕曾巩:《李白诗集后序》,《曾巩集》卷十二,第194页。

在文学界早已享有盛名,甚至被誉为"诗仙""诗侠"的一代诗文巨匠,曾巩在生命稍事沉淀,重新审视李白的文学内容之后,仍然以"其辞闳肆隽伟"称颂之,则李白写作文章、运用文辞的能力,自然是曾巩所敬服的。他也认同《旧唐书》所作"(白)有逸才,志气宏放,飘然有超世之心"的评价。然而前代史书的评价,既然是以李白的志气为着眼点,曾巩就从这个角度指出,李白的诗作在内容方面所触及的价值观,确有"中于法度者寡"的缺点。可见曾巩正是从卫道致用的观念切入,从儒者为百姓承担责任的立场出发,对李白的缺憾处试作针砭。

显然曾巩并不以"超世"为文章的极致,而是要求文章入世,而且有用于世,这是曾巩"中法度"的理想。由此可见曾巩是把文学当作服务社会的工具,把运用文字的能力看作是在那样的时空中找到实践理想的着力点,让文章的成就作为走入社会的凭借。于是文章只是生命成长过程中的纪实,而其更重要的目的,则是在寻求贡献自己才智的机会。所以文字的仔细雕琢,只是"末道小技"而已。然而为求实践其"古之君子"的理想,文学之美如丽日在天,为人人所共见,到底还是不能不用心讲求的事务。

曾巩另有《鲍溶诗集目录序》,云:

> 盖自先王之泽熄而诗亡,晚周以来,作者嗜文辞,抒情思而已,然亦往往有可采者。溶诗尤清约谨严,而违理者少,亦近世之能言者也。①

鲍溶,字德源,唐宪宗元和四年(809)进士。他一生穷愁潦倒,落落寡合,后客死于洛阳。鲍溶与韩愈、李正封、孟郊、韦楚老、殷尧藩友善,与李益交谊尤深,其诗多怀古感兴、道途旅思之作。辛文

---

① 〔宋〕曾巩:《鲍溶诗集目录序》,《曾巩集》卷十一,第192页。

房《唐才子传》称其诗"气力宏赡,博识清度,雅正高古,众才无不备具"①。

二、论当代文

治平三年(1066)苏洵过世,曾巩在《苏明允哀辞》中称赞苏洵,就着力谈到他的文字运用之美:

> 闭户读书,居五六年,所有既富矣,乃始复为文。盖少或百字,多或千言,其指事析理,引物托喻,侈能尽之约,远能见之近,大能使之微,小能使之著,烦能不乱,肆能不流。其雄壮俊伟,若决江河而下也;其辉光明白,若引星辰而上也。②

曾巩称赞苏洵的文章,先提到"所有既富矣,乃始复为文"。他认为,一个优秀的作家必须有丰富的学识积累,其文章才特别有条理,所以才有"侈能尽之约,远能见之近,大能使之微,小能使之著"的特质。值得注意的是,这几句赞美的文辞,指出苏洵擅长以言简意丰的特性,达到言近旨远、深入浅出、以小见大的效果,这是从呈现思想的成果来叙述,而不讨论文章中所呈现的思想内容。

在这篇文章中,曾巩还提到苏洵的写作方向:

> 每于其穷达得丧,忧叹哀乐,念有所属,必发之于此。于古今治乱兴坏,是非可否之际,意有所择,亦必发之于此。于应接酬酢万事之变者,虽错出于外,而用心于内者,未尝不在此也。③

---

① 〔元〕辛文房著,傅璇琮主编:《唐才子传校笺》卷六,中华书局,1995年,第53—54页。
② 〔宋〕曾巩:《苏明允哀辞》,《曾巩集》卷四十一,第560页。
③ 〔宋〕曾巩:《苏明允哀辞》,《曾巩集》卷四十一,第560页。

可见，苏洵的文辞都是有感而发，而非无病呻吟。一般人倘若只是逞其文辞，不能在实质的层面用心，就不是曾巩所认同的做法。

治平四年（1067），曾巩应苏轼、苏辙的请求写这篇哀辞。他与苏轼、苏辙都是同年进士，苏轼还是他直史馆的同僚，所以为文难免会有所溢美。曾巩并没有在苏洵的思想方面大作文章，然而文中有谓"以余之所言，于余之所不言，可推而知也"，曾巩还是很负责地肯定他自己写作这篇文章的忠实性，并没有谀词虚美。

强至（1022—1076），字几圣，是曾巩弟曾肇的岳父[1]，庆历六年（1046）进士，充泗州司理参军，历官浦江、东阳、元城令。英宗治平四年（1067），韩琦判永兴军，辟为主管机宜文字，辗转在韩幕府六年。神宗熙宁五年（1072），召判户部勾院，迁群牧判官。熙宁九年（1076），迁祠部郎中、三司户部判官。不久卒，年五十五。其子强浚明集其所遗诗文为《祠部集》四十卷，曾巩为之序，已佚。

清四库馆臣据《永乐大典》辑为《祠部集》三十五卷，其中卷三十一有《回越州通判曾学士书》云："二气交泰，百家浸亨。茂对岁端，宣应时祉。恭以某官学探圣际，文醇古初。颉颃严涂，久积士林之望；徘徊别乘，尚深贤器之藏。年篽更新，召函垂至。首纾庆问，倍戢感惊。"[2] 其用语古奥，颇有当时所谓"太学体"风气。曾巩相与诗文往来，有七言律诗《酬强几圣》[3]，表达他对强至风采的推崇。

曾巩有《强几圣文集序》，称述他平素的著作：

> 及为吏，未尝不以其闲益读书为文。尤工于诗，句出惊人。

---

[1] 参见杨时《龟山集》卷二十九《曾文昭公行述》云："（曾肇）娶强氏，累封和义郡君，尚书祠部郎中、三司户部判官讳至之女也。有贤行，能宜家。"
[2] 〔宋〕强至：《回越州通判曾学士书》，《祠部集》卷三十一，《四库全书》本。
[3] 见《曾巩集》卷七《酬强几圣》诗云："俯仰林泉绕舍清，经年闲卧济南城。山田雨足心无事，水榭华开眼更明。新霁烟云飞观出，晚凉歌吹画桥横。寄声裴令樽前客，只欠高谈一座倾。"此诗应作于曾巩在济南为官时。

世皆推其能，然最为相国韩魏公所知。魏公既罢政事，镇京兆，及徙镇相魏，常引几圣自助。魏公喜为诗，每合属士大夫、宾客与游，多赋诗以自见。其属而和之者，几圣独思致逸发，若不可追蹑，魏公未尝不叹得之晚也。①

曾巩对强至的诗文作如是称赞：

> 尤工于诗，句出惊人，世皆推其能……独思致逸发，若不可追蹑……魏公每上奏天子，以岁时庆贺候问，及为书记通四方之好，几圣为属稿草，必声比字属，曲当绳墨，然气质浑浑，不见刻画，远近多称颂之。及为他文，若志铭序记、策问学士大夫，则简古典则，不少贬以就俗。②

韩琦（1008—1075），字稚圭，《宋史》记述他出身世宦之家，端重寡言，不好嬉弄，性纯一，无邪曲，学问过人。嘉祐三年（1058）出任宰相。英宗即位后封魏国公。欧阳修称其"临大事，决大议，垂绅正笏，不动声气，而措天下于泰山之安，可谓社稷之臣"③。英宗治平四年（1067），韩琦判永兴军，辟强至主管机宜文字，作为韩琦幕僚，"为属稿草，必声比字属，曲当绳墨"，则"气质浑浑""简古典则"的风格，正好恰如其分地把韩琦的神态呈现出来。

三、史志文字

文艺如李白、鲍溶，致用如苏洵、强至，曾巩对他们文集的看法难免都还有所保留。对于以征实、鉴戒为主的史书，曾巩认为就更应该重

---

① 〔宋〕曾巩：《强几圣文集序》，《曾巩集》卷十二，第 202 页。
② 〔宋〕曾巩：《强几圣文集序》，《曾巩集》卷十二，第 202—203 页。
③ 〔宋〕欧阳修：《相州昼锦堂记》，《欧阳修全集》卷四十，第 587 页。

视其思想层面的价值。曾巩在《南齐书目录序》中,就针对史书撰写的态度,清楚地表达了他的看法。他说:

> 将以是非得失兴坏理乱之故而为法戒,则必得其所托,而后能传于久,此史之所以作也。然而所托不得其人,则或失其意,或乱其实,或析理之不通,或设辞之不善,故虽有殊功韪德非常之迹,将暗而不章,郁而不发,而梼杌嵬琐奸回凶慝之形,可幸而掩也。①

"以是非得失兴坏理乱之故而为法戒"是曾巩撰写史书的标准。他认为史书必须有着严格的是非得失之分际,必须如实地显现出兴坏理乱的原因。如果不能做好,即使是著名的司马迁、萧子显,他都要予以强烈的批评:

> 子显之于斯文,喜自驰骋,其更改破析刻雕藻缋之变尤多,而其文益下。②

曾巩认为萧子显的缺点,就是太刻意追求文字表象的华丽与变化,违逆了史学家"言必征实"的原则,这是非常错误的做法。至于《史记》一书,当然有一定的成就,但是曾巩却指出司马迁的缺点是:"蔽害天下之圣法,是非颠倒而采摭谬乱者,亦岂少哉?"③司马迁宣扬美善的一面有所不足,采摭资料的方向谬乱,善可为法、恶应足戒的部分做得不够,这是何等严厉的指责。曾巩在文中继续说明他的理由:

> 然顾以谓明不足以周万事之理,道不足以适天下之用,智不足以通难知之意,文不足以发难显之情者,何哉?盖圣贤之高

---

① 〔宋〕曾巩:《南齐书目录序》,《曾巩集》卷十一,第187页。
② 〔宋〕曾巩:《南齐书目录序》,《曾巩集》卷十一,第188页。
③ 〔宋〕曾巩:《南齐书目录序》,《曾巩集》卷十一,第188页。

致,迁固有不能纯达其情,而见之于后者矣,故不得而与之也。①

曾巩认为司马迁对"圣贤之高致"有"不能纯达其情"的缺点,记录圣贤的嘉言懿行不足,遂使后世无法追寻圣贤的行事言谈而有所取法。其根本原因则是"明不足以周万事之理,道不足以适天下之用,智不足以通难知之意",认为司马迁在思想的层面,对古人的心意之理解仍然有所不足,故无法适合天下之用。

那么,司马迁真是对古人的心意理解不足吗?《史记》的缺点应该是司马迁过度地追求搜集"散绝残脱",而又刻意地"创己意",建立各种特殊观点有以致之罢了,所以曾巩并不是想要掩盖司马迁在史学上"可谓奇矣"的成就。可以说,曾巩对司马迁是褒贬兼而有之的。

相较于司马迁,曾巩对后代的史书撰作人,就更不能认同了。他说:"迁之得失如此,况其他邪?至于宋、齐、梁、陈、后魏、后周之书,盖无以议为也。"②可见,曾巩对后世的史书,极为不满,几乎没有一本可以入他的眼:

> 数世之史既然,故其事迹暧昧,虽有随世以就功名之君,相与合谋之臣,未有赫然得倾动天下之耳目,播天下之口者也。而一时偷夺倾危、悖礼反义之人,亦幸而不暴著于世,岂非所托不得其人故也?可不惜哉!③

值得注意的是,曾巩对于这些史书的不满,固然是因为史书的作者"未有赫然得倾动天下之耳目,播天下之口"的写作能力,更重要的是"所托不得其人",于是就早已注定了这些史书卑陋不传的命运。更糟

---

① 〔宋〕曾巩:《南齐书目录序》,《曾巩集》卷十一,第188页。
② 〔宋〕曾巩:《南齐书目录序》,《曾巩集》卷十一,第188页。
③ 〔宋〕曾巩:《南齐书目录序》,《曾巩集》卷十一,第188页。

糟的是，这些史书中，"一时偷夺倾危、悖礼反义之人，亦幸而不暴著于世"。可知，曾巩认为无法完全展现史书所应有的"著其善恶之迹、兴废之端"的功能，才是最实际的缺陷。

他认为，当史书不存在警劝效用时，才是史书的悲哀，才是真正值得关切的所在。所以曾巩在看待文章作家时，不分史部、子部、集部，他所抱持的态度，一概都是依循儒家所坚持的理想，都是务求经世致用的观点。

奏议一类文章，用于朝廷上君臣之间探讨政务，历来不乏忠臣披肝沥胆尽心进其忠忱的内容，然而言者谆谆听者藐藐，能听言的皇帝屈指可数。为臣者能久居庙堂之上，不困于政争，不至于斥逐，复能不屈其志累累进言，使奏议终能单独缀辑成书者，盖亦罕矣。而奏议之文，无不因事而发，即当时国政要务而言，尽是历史现场之重要史料，可谓珍贵无比。曾巩有《范贯之奏议集序》，恰好阐述了曾巩对这类文字的意见与期许：

> 盖自至和已后十余年间，公常以言事任职。自天子、大臣至于群下，自掖庭至于四方幽隐，一有得失善恶，关于政理，公无不极意反复，为上力言。或矫拂情欲，或切劘计虑，或辨别忠佞而处其进退。章有一再或至于十余上，事有阴争独陈，或悉引谏官御史合议肆言。①

范师道（1005—1063），字贯之，为范仲淹侄，著有奏议二十卷及文集五十卷，至和元年（1054），获荐为侍御史。曾巩以为仁宗皇帝能虚心纳谏，"因人而不自用""是非与夺，则一归之公议，而不自用也。其所引拔以言为职者，如公皆一时之选"，是由于仁宗肯用优秀人才，加上在

---

① 〔宋〕曾巩：《范贯之奏议集序》，《曾巩集》卷十二，第200页。

位时久，政局稳定，"其仁如天，至于享国四十余年，能承太平之业"。①只有客观条件许可，才能有范师道这样的奏议文章存在。

> 后世得公之遗文，而论其本，见其上下之际相成如此，必将低回感慕，有不可及之叹，然后知其时之难得。则公言之不没，岂独见其志，所以明先帝之圣德于无穷也。②

曾巩认为盛世文章传世，赖乎皇帝圣德，完全是儒家传统观点。

> 公与同时之士，亦皆乐得其言，不曲从苟止。故天下之情因得毕闻于上，而事之害理者常不果行。至于奇邪恣睢，有为之者，亦辄败悔。故当此之时，常委事七八大臣，而朝政无大阙失，群臣奉法遵职，海内乂安。③

奏议文章必须有优质的从政人员才可能产生，也只有优秀的奏议文章才能助其作出治国平天下的贡献。

晏殊（991—1055），字同叔，谥号元献。他生平著作丰富，多半已经佚散，现存《珠玉词》一卷传于世。他的作品中有不少脍炙人口的名句，如"无可奈何花落去，似曾相识燕归来""昨夜西风凋碧树，独上高楼，望尽天涯路"等，一般人只知他是著名词人。曾巩《类要序》云：

> 公所为《类要》上中下帙，总七十四篇，凡若干门，皆公所手抄。乃知公于六艺、太史、百家之言，骚人墨客之文章，至于地志、族谱、佛老、方伎之众说，旁及九州之外，蛮夷荒忽诡变奇迹之序录，皆披寻绎，而于三才万物变化情伪，是

---

① 〔宋〕曾巩：《范贯之奏议集序》，《曾巩集》卷十二，第200页。
② 〔宋〕曾巩：《范贯之奏议集序》，《曾巩集》卷十二，第200页。
③ 〔宋〕曾巩：《范贯之奏议集序》，《曾巩集》卷十二，第200页。

非兴坏之理，显隐细巨之委曲，莫不究尽。①

由此可知晏殊的《类要》同于百科全书，亦可归在史部杂纂之林。当其时印刷未臻盛行，资料检得不易，饱学之士如白居易有《白氏六帖》，祝穆著《古今事文类聚》七集，其中文辞都可方便学者撰写诗文时摘取。

> 晏元献公……管国枢要，任政事，位宰相。其在朝廷五十余年，常以文学谋议为任，所为赋、颂、铭、碑、制、诏、册、命、书、奏、议、论之文传天下，尤长于诗，天下皆吟诵之。②

晏殊乃北宋重臣，官至同平章事兼枢密使，且有诗文名篇传世，手抄《类要》正是其为扎实地做学问所奠定的基础，则其成功岂是偶然？故曾巩又云：

> 当真宗之世，天下无事，方辑福应，推功德，修封禅，及后土、山川、老子诸祠，以报礼上下。左右前后之臣，非工儒学，妙于语言，能讨论古今，润色太平之业者，不能称其位。公于是时为学者宗，天下慕其声名。人见公应于外者之不穷，而不知公之得于内者深也。③

曾巩撰作此文，不胜感慨，遂有以下评论：

> 公之得于内者在此也。公之所以光显于世者，有以哉！
> 观公之所自致者如此，则知士不素学而处从官大臣之列，

---

① 〔宋〕曾巩：《类要序》，《曾巩集》卷十三，第210页。
② 〔宋〕曾巩：《类要序》，《曾巩集》卷十三，第210页。
③ 〔宋〕曾巩：《类要序》，《曾巩集》卷十三，第210页。

备文儒道德之任,其能不馁且病乎?①

史志文字取材繁多,曾巩不只用心整理传志史籍,在多篇目录序中也展现了他深于史学的精到见解,即使在传世的有限文章中,依然飒爽地表现了他对史料的采择以及对写作环境的关注的坚持与感慨。

第四节　文学成就

在文学史上,曾巩最突出的地位,是与韩愈、柳宗元、欧阳修、苏洵、苏轼、苏辙、王安石并称为"唐宋八大家",其著作成果甚为丰富,传世作品甚多。韩维是曾巩的同僚,在他所写的《神道碑》中说:"公平生无所好,惟藏书至二万卷,皆手自雠定。又集古今篆刻为《金石录》五百卷,出处必与之俱。既殁,集其遗稿,为《元丰类稿》五十卷,《续元丰类稿》四十卷,《外集》十卷。"②这些丰富的遗产,收录了他生平的重要记忆。宋朝南迁以后,《续元丰类稿》和《外集》就散佚不全。《郡斋读书志》仅著录《元丰类稿》五十卷。《直斋书录解题》还著录《续元丰类稿》四十卷,以及朱熹所撰《年谱》一卷。等到元朝以后,只剩《元丰类稿》五十卷传世。明代以后辑佚所得,除金代中叶临汾刻本《南丰曾子固先生集》三十四卷复出,提供部分散佚诗文之外,零星所得极其有限。相关作品绝大多数都已经收入中华书局印行的《曾巩集》之中。

《宋史·曾巩传》对曾巩的评论是:

> 为文章,上下驰骋,愈出而愈工,本原《六经》,斟酌于司马迁、韩愈,一时工作文词者,鲜能过也。……立言于欧阳修、

---

① 〔宋〕曾巩:《类要序》,《曾巩集》卷十三,第210页。
② 〔宋〕韩维:《神道碑》,《曾巩集》附录,第804页。

王安石间，纡徐而不烦，简奥而不晦，卓然自成一家，可谓难矣。①

这样的评论，很可以代表一般人对曾巩文章的看法。王安石说："曾子文章众无有，水之江汉星之斗。"苏轼说："曾子独超轶，孤芳陋群妍。"苏辙说："儒术远追齐稷下，文词近比汉京西。"曾巩能得到同一时代的文学名家一致的推崇，究其原因还是其学有所本，言有所据，行文精彩，无愧于位居当时古文大家之列。他的文学成就，在历史上自有他无可抹灭的地位。曾肇在《行状》中，大书特书地赞扬：

> 其所为文，落纸辄为人传去，不旬月而周天下。学士大夫手抄口诵，唯恐得之晚也。盖自扬雄以后，士罕知经，至施于政事，亦皆卑近苟简，故道术浸微，先王之迹不复见于世。公生于末俗之中，绝学之后，其于剖析微言，阐明疑义，卓然自得，足以发六艺之蕴，正百家之缪，破数千载之惑。其言古今治乱得失是非成败，人贤不肖，以至弥纶当世之务，斟酌损益，必本于经，不少贬以就俗，非与前世列于儒林及以功名自见者比也。至其文章，上下驰骋，愈出而愈新，读者不必能知，知者不必能言。盖天材独至，若非人力所能，学者愈精覃思，莫能到也。世谓其辞于汉唐可方司马迁、韩愈，而要其归，必止于仁义，言近指远，虽《诗》《书》之作者未能远过也。②

曾肇的确是深知其兄的为文与为人，文中所谓"发六艺之蕴，正百家之缪，破数千载之惑""于汉唐可方司马迁、韩愈""天材独至，若非人力所能"或许溢美，"不旬月而周天下"或许言过其实，然而在写作

---

① 〔元〕脱脱等撰：《宋史》卷三百一十九《曾巩传》，第10392—10396页。
② 〔宋〕曾肇：《行状》，《曾巩集》附录，第791页。

时"必本于经""必止于仁义",善于"剖析微言,阐明疑义",的确是曾巩文章最重要的特性,"不少贬以就俗"也充分显示了曾巩卓然自得的风格。

　　曾巩从青年时期就获致写作的盛名,终其一生用心撰述所得的成绩粲然可观。他所写的文章都是"因事而发",都是针对时政提出的看法,为解决各种政治、社会问题提供了办法。虽然时移世易,曾巩的意见难免与现在的时空不相对应,然而其人忠于其所体会的儒家思想,以及其文丰富多彩的姿容,仍然值得后人深思,并且足以作为采择效法的对象。

　　从曾肇对其兄的作品所作的总结性评论看来,曾巩"生于末俗之中,绝学之后"而能够拥有如许优秀的成绩,的确值得后人尊敬。

结　论

人文领域赖有英雄豪杰踵出，有所献替然后始能成就其丰富而多彩之面貌，至于学术与政治环境则对当代具有关键性的影响。儒家学术在北宋一朝得到来自政治的奥援，加上科举制度与学校增置之影响，因势成长，呈现出由扩大而变革、由充实而更新之现象。

在中国历史上，北宋是一个相当重视知识的时代。作为优秀的知识分子，曾巩在家族与朋侪的陪伴中成长，注重个人的修养与内涵，期待有经世致用的机会以提升其生命价值。

他出身于世世代代都是儒者的家庭，毕其一生的环境也始终都是以儒家学术思想为基调，他承袭传统的社会价值，去争取仕宦的机会，以寻求生命的着力点，却走得相当曲折而漫长。科举考试磨损了他不少的锐气与抱负，然而他终究通过门槛走入仕途。

研读他的文章，可以明显感受到他对生命理想的执着，无不坚持儒者立场；文字间俯拾皆是儒者理念，诗书仁礼、修齐治平，无不研精覃思深有所得。他出仕以后，所到之处治理有功，才兼内外，不只在当代拥有崇高的声望，对于追随的后学也有长远的影响。

曾巩终究还是幸运的，在整个国家社会优越而丰厚的条件下，在整个家族踔厉奋发的气氛中，他以"经学"的研读作为生命的起点，实实在在地"本原《六经》"，奠定了他深厚的学术基础。他深信经学是"万世之法",可以"测之而益深,穷之而益远"①,他提醒自己"能尽心,然后能自得之"②。于是,他自如地以经书的内容,表达诚恳的心念,在治学与思辨、治心与养性方面,在儒学领域中自在遨游;他更以圣贤的鸿图作为施政的借鉴,政刑运用适当,德化深入民心,在这些方面他都交出了引人注目的成绩。

曾巩以文学名家,在北宋文坛拥有崇高的声誉,是唐宋八大家之一。在中国历史上,他并未被定位为思想家,但是他的思想,正如他的诗文一样,在当代与后代都有相当程度的影响。他师欧友王,超越汉儒章句的框架,"论道德之旨,而知应务之非近;议从政之体,而知法古之非迂。不乱于百家,不蔽于传疏"③。他顺应当时学术的发展,对古人的成就,在肯定之余,还有更多的期许与导向。他在意经学的传承,希望借由考试时策论经义的规定,"使之人占一经",以带动经学研究的风气。他在许多宋代理学家之前,深入地探索了心性、中道、论学、思辨等观点,还用《洪范传》以印证其为政的各种举措。其中对于庶民的珍重,以及对于政刑所提供的观点、经验与法则,尤其发人深省。通过经籍的研读,曾巩具体地在儒者所重视的修身与为政方面,借由《洪范传》作精微深入的剖析。他对经学的新走向,乃至于对理学的开发,对经书内容的发挥,对古人古事的看法,得到诸如朱熹、刘埙等人的极力推崇,明朝古文唐宋派、清朝桐城派学者对他的推崇更多。

林希在所撰的《墓志》中,对他毕生的学术文章作这样的总评:

> 公于经,微言粤旨,多所自得。一不蔽于俗学,随问讲解,以开学者之惑。其议论古今治乱得失贤不肖,必考诸道,不少贬以合世。其为文章,句非一律,虽开合驰骋,应用不穷,然言近

---

① 〔宋〕曾巩:《王容季文集序》,《曾巩集》卷十二,第 199 页。
② 〔宋〕曾巩:《王容季文集序》,《曾巩集》卷十二,第 199 页。
③ 〔宋〕曾巩:《筠州学记》,《曾巩集》卷十八,第 301 页。

指远，要其归必止于仁义，自韩愈氏以来，作者莫能过也。①

曾巩在许多论题上卓有创见，他的文章可以说是处处充满经学家的认真、史学家的丰富和文学家的精彩。曾巩虽然未能成为理学中人，但全祖望辑补《宋元学案》时，特别增列以欧阳修为主的《庐陵学案》，而纳曾巩的生平行谊于附录中。可见曾巩的学术贡献，即使是从理学家的传承系统中观察，还是要给予肯定与认同的。

曾巩的生命中，可以充分显现儒家入世精神的部分，除了经学思想之外，在史学与文学方面也有具体的成绩。

北宋承唐末五代长久纷乱之后，诸帝相承，俱能垂意文治之事业，历朝皇帝均以史料史籍之编纂为要务。曾巩因缘际会，既有校理前世史书的机会，又投身史馆，涉及《英宗实录》与《五朝国史》的撰作工作。虽然他两度恭逢盛事，却都未能竟其伟业而留名典册。但是他在筹划之策、载记之初所留下的精金美玉，依旧耀人眼目。尤其"其明必足以周万事之理，其道必足以适天下之用，其智必足以通难知之意，其文必足以发难显之情"②数语，千古之下，仍然可以撼动人心。其眼界，其涵养，相较于自古以来史官、史家、史学领域的英雄豪杰，何遑多让？尤其是他在目录序十二篇中所呈现的深厚学养，特立于丰赡的中华文化长河中，所焕发的光芒，千载之后依然耀眼。

曾巩长于文学，自来列名在古文大家之中，为后人所推崇。传世的《元丰类稿》在相当程度上保存了曾巩生平的重要著作，多从文学的角度了解曾巩，是历来学者的共识。

曾巩文学确有可观，文字运用能力超凡，"未冠，名闻四方"③。景祐三

---

① 〔宋〕林希：《墓志》，《曾巩集》附录，第798页。
② 〔宋〕曾巩：《南齐书目录序》，《曾巩集》卷十一，第187页。
③ 〔宋〕曾肇：《行状》，《曾巩集》附录，第791页。

年（1036），曾巩年十八，与叔父、昆弟游玉山小岩，同行族兄曾晔已登进士第，而独曾巩有游记传世。是岁，其父登进士第，十二年后受诬，也倚仗曾巩作《代人上州牧书》得以缓解，从此可见一斑。

　　曾巩文集中，虽未见专文阐述文学思想，其有关作品、作家以至文学批评等论述文字散在各篇，但加以汇集检索，仍可发现其所有论点，依然是以经学为其主轴。《宋史·曾巩传》关于他"本原《六经》"的评价的确是十分贴切的论断。

主要参考文献

一、著作

1. 〔汉〕班固撰，〔唐〕颜师古注：《汉书》，中华书局，1962年。

2. 〔清〕毕沅撰，标点续资治通鉴小组点校：《续资治通鉴》，中华书局，1957年。

3. 岑仲勉著：《隋唐史》，商务印书馆，2015年。

4. 〔明〕陈邦瞻撰，河北师范学院历史系中国古代史组点校：《宋史纪事本末》，中华书局，2015年。

5. 〔宋〕陈长方：《步里客谈》，《四库全书》本。

6. 〔宋〕陈均：《九朝编年备要》，《四库全书》本。

7. 〔宋〕陈善撰，查清华整理：《扪虱新话》，大象出版社，2019年。

8. 〔宋〕陈师道撰，〔宋〕任渊注，冒广生补笺，冒怀辛整理：《后山诗注补笺》，中华书局，1995年。

9. 〔宋〕陈振孙：《直斋书录解题》，《四库全书》本。

10. 〔宋〕程颢、〔宋〕程颐著，王孝鱼点校：《二程集》，中华书局，2004年。

11. 〔宋〕范仲淹撰，李勇先等点校：《范仲淹全集》，中华书局，2020年。

12. 傅璇琮、祝尚书主编：《宋才子传笺证·北宋前期卷》，辽海出版社，2011年。

13. 〔宋〕高似孙著，王群栗点校：《史略》，浙江古籍出版社，2015 年。

14. 〔清〕顾炎武：《日知录》，《四库全书》本。

15. 〔明〕归有光著，彭国忠等校点：《震川先生集》，上海人民出版社，2020 年。

16. 〔清〕黄宗羲著，陈乃乾编：《黄梨洲文集》，中华书局，2009 年。

17. 〔清〕黄宗羲原撰，〔清〕全祖望补修，陈金生、梁运华点校：《宋元学案》，中华书局，1986 年。

18. 〔清〕纪昀总纂：《江西通志》，《四库全书》本。

19. 〔清〕纪昀总纂：《四库全书总目提要》，河北人民出版社，2000 年。

20. 江西省南丰县史志编纂委员会办公室编：《南丰县志》，中共中央党校出版社，1994 年。

21. 江西省文学艺术研究所编：《曾巩研究论文集》，江西人民出版社，1986 年。

22. 孔凡礼撰：《苏轼年谱》，中华书局，1998 年。

23. 〔宋〕黎靖德编，王星贤点校：《朱子语类》，中华书局，1986 年。

24. 〔宋〕李昉等编：《太平御览》，中华书局，1960 年。

25. 〔宋〕李昉等编：《太平广记》，中华书局，1961 年。

26. 〔宋〕李昉等编：《文苑英华》，中华书局，1966 年。

27. 〔宋〕李觏：《盱江集》，《四库全书》本。

28. 〔宋〕李焘撰，上海师范大学古籍整理研究所、华东师范大学古籍整理研究所点校：《续资治通鉴长编》，中华书局，2004 年。

29. 〔宋〕李心传撰，徐规整理：《建炎以来朝野杂记》，大象出版社，2019 年。

30. 李震：《曾巩年谱》，苏州大学出版社，1997 年。

31. 〔宋〕刘克庄：《后村诗话》，《四库全书》本。

32. 〔后晋〕刘昫等撰：《旧唐书》，中华书局，1975 年。

33. 〔元〕刘埙：《隐居通议》，《四库全书》本。

34. 〔宋〕柳开：《河东集》，《四库全书》本。

35. 柳诒徵：《中国文化史》，中华书局，2015年。

36. 〔宋〕陆游撰，李剑雄、刘德权点校：《老学庵笔记》，中华书局，1979年。

37. 〔元〕马端临：《文献通考》，《四库全书》本。

38. 〔清〕马瑞辰撰，陈金生点校：《毛诗传笺通释》，中华书局，1989年。

39. 〔宋〕梅尧臣：《宛陵集》，《四库全书》本。

40. 〔法〕孟德斯鸠著，严复译：《孟德斯鸠法意》，商务印书馆，1981年。

41. 〔宋〕欧阳修撰，〔宋〕徐无党注：《新五代史》，中华书局，1974年。

42. 〔宋〕欧阳修著，李逸安点校：《欧阳修全集》，中华书局，2001年。

43. 〔宋〕欧阳修、〔宋〕宋祁撰：《新唐书》，中华书局，1975年。

44. 〔清〕潘永因：《宋稗类钞》，《四库全书》本。

45. 〔宋〕彭百川：《太平治迹统类》，《四库全书》本。

46. 〔清〕皮锡瑞著，周予同注释：《经学历史》，中华书局，1959年。

47. 钱穆：《中国学术思想史论丛》，东大图书公司，1978年。

48. 〔宋〕强至：《祠部集》，《四库全书》本。

49. 〔宋〕秦观撰，徐培均笺注：《淮海集笺注》，上海古籍出版社，1994年。

50. 〔清〕全祖望撰，朱铸禹汇校集注：《全祖望集汇校集注》，上海古籍出版社，2000年。

51. 〔清〕阮元校刻：《十三经注疏 清嘉庆刊本》，中华书局，2009年。

52. 〔宋〕邵博撰，李剑雄、刘德权点校：《邵氏闻见后录》，中华书局，1983年。

53. 〔宋〕石介：《徂徕集》，《四库全书》本。

54. 〔宋〕司马光：《传家集》，《四库全书》本。

55. 〔汉〕司马迁撰，〔南朝宋〕裴骃集解，〔唐〕司马贞索隐，〔唐〕张守节正义：《史记》，中华书局，1982年。

56. 〔宋〕苏轼撰，〔明〕茅维编，孔凡礼点校：《苏轼文集》，中华书局，

1986年。

57. 〔宋〕苏轼撰，〔清〕王文诰辑注，孔凡礼点校：《苏轼诗集》，中华书局，1982年。

58. 〔宋〕苏辙著，曾枣庄、马德富校点：《栾城集》，上海古籍出版社，1987年。

59. 〔宋〕孙觌：《鸿庆居士集》，《常州先哲遗书》本。

60. 〔宋〕唐士耻：《灵岩集》，《四库全书》本。

61. 〔元〕脱脱等撰：《宋史》，中华书局，1977年。

62. 〔宋〕王安石撰：《临川先生文集》，中华书局，1959年。

63. 〔宋〕王安石著，唐武标校：《王文公文集》，上海人民出版社，1974年。

64. 王国维著：《观堂集林》，中华书局，1959年。

65. 〔宋〕王明清撰，田松清校点：《挥麈录》，上海古籍出版社，2012年。

66. 〔清〕王鸣盛著，陈文和主编：《尚书后案》，中华书局，2010年。

67. 〔宋〕王辟之撰，吕友仁点校：《渑水燕谈录》，中华书局，1981年。

68. 〔宋〕王钦若等编纂，周勋初等校订：《册府元龟》，凤凰出版社，2006年。

69. 〔宋〕王应麟：《困学纪闻》，《四库全书》本。

70. 〔宋〕王应麟：《玉海》，《四库全书》本。

71. 〔宋〕王禹偁：《小畜集》，《四库全书》本。

72. 〔唐〕魏征、〔唐〕令狐德棻撰，《隋书》，中华书局，1973年。

73. 〔元〕辛文房著，傅璇琮主编：《唐才子传校笺》，中华书局，1995年。

74. 〔清〕徐松辑，刘琳等校点：《宋会要辑稿》，上海古籍出版社，2014年。

75. 颜尚文著：《隋唐佛教宗派研究》，新文丰出版公司，1980年。

76. 〔宋〕杨时：《龟山集》，《四库全书》本。

77. 〔宋〕叶梦得撰，〔宋〕宇文绍奕考异，侯忠义点校：《石林燕语》，中华书局，1984年。

78. 〔宋〕余靖：《武溪集》，《四库全书》本。

79. 余嘉锡著：《四库提要辨证》，中华书局，2007 年。

80. 虞云国著：《宋代台谏制度研究》，上海社会科学院出版社，2001 年。

81. 〔清〕袁枚著，王英志编纂校点：《小仓山房文集》，浙江古籍出版社，2015 年。

82. 〔宋〕曾巩：《元丰类稿》，中华书局，1912 年。

83. 〔宋〕曾巩撰，陈杏珍、晁继周点校：《曾巩集》，中华书局，1984 年。

84. 曾枣庄、刘琳主编：《全宋文》，上海辞书出版社、安徽教育出版社，2006 年。

85. 〔宋〕曾肇：《曲阜集》，《四库全书》本。

86. 〔清〕查慎行著，王友胜校点：《苏诗补注》，凤凰出版社，2013 年。

87. 〔宋〕张邦基撰，孔凡礼点校：《墨庄漫录》，中华书局，2002 年。

88. 〔宋〕章如愚编：《群书考索续集》，《四库全书》本。

89. 〔清〕章学诚著，叶瑛校注：《文史通义校注》，中华书局，1985 年。

90. 〔唐〕智昇：《开元释教录》，《四库全书》本。

91. 〔宋〕朱弁撰，孔凡礼点校：《曲洧旧闻》，中华书局，2002 年。

92. 〔宋〕朱熹：《晦庵集》，《四库全书》本。

93. 〔宋〕朱熹撰：《四书章句集注》，中华书局，1983 年。

94. 〔清〕朱彝尊：《经义考》，《四库全书》本。

二、论文

1. 金毓黻：《唐宋时代设馆修史制度考》，《说文月刊》，1942 年第 3 卷第 8 期。

2. 洛原：《宋曾巩墓志》，《文物》，1973 年第 3 期。

3. 汤用彤：《论中国佛教无"十宗"》，《哲学研究》，1962 年第 3 期。